民間信仰的社會互動
山西賈村賽社及其戲劇活動

王學鋒 著

臺灣 學生書局 印行

劉　序

　　中國戲曲研究從 20 世紀 80 年代以後引進了民俗學、人類學等
學科的研究方法，將戲曲放在一個廣闊的社會文化背景下，以新的
視野看待戲曲的發生和發展。從 1983 年開始編纂的 30 卷本《中國
戲曲志》，在張庚、郭漢城、余從等先生的倡導下，除了設置戲曲
本體的有關章節外，還設置了文物古蹟、演出場所、演出習俗、諺
語口訣等與戲曲相關的部類，並在編纂中強調到民間最基層搜集文
物、文獻資料，向老藝人、老戲迷、老觀眾調查考證，以實事求
是、記實為原則，為後來的戲曲民俗學、戲曲人類學的研究積累了
豐富的資料，打下了一個良好的基礎。經過長時間的準備，2004
年中國藝術研究院招收了首屆研究戲曲民俗學的碩士和博士。王學
鋒很幸運由山西師大戲曲文物研究所考入中國藝術研究院，成為由
我指導的第一批攻讀戲曲民俗學方向的博士研究生。

　　研究戲曲民俗學，首先要把民間戲劇作為研究對象，除了運用
傳統的戲劇學、史學、文獻學的研究方法外，還要借助民俗學、人
類學、比較學的研究方法。王學鋒在山西師大攻讀碩士研究生時，
在馮俊傑教授指導下打下扎實的戲曲史學、戲曲文物學的基礎，並
在山西做過戲曲文物的田野考察。山西上黨地區是我國戲曲的發祥
地之一，我國現存最早的古戲臺，建於金大定二十三年（1183）的

高平縣王報村二郎廟戲臺就屬這一地區；在上黨地區，除了融昆、梆、羅、卷、黃五種聲腔的上黨梆子、襄武秧歌等近現代劇種外，還有極具研究價值、由宋金時期遺存下來的古老劇種隊戲。更為重要的是在編纂《中國戲曲志·山西卷》時發現的明萬曆年間抄錄的反映古代上黨地區民間祭祀和藝術活動的《迎神賽社禮節傳簿》，為研究中國古代民間祭祀活動和戲曲演出提供了非常珍貴的資料。王學鋒在認真研讀前輩學者研究成果的基礎上，將還能按《迎神賽社禮節傳簿》延續舉辦賽社活動的潞城縣賈村作為自己跟蹤考察的基地，從 2006 年至 2011 年，先後數次到該村考察，訪問參與祭祀活動的組織者、主持者、藝人、村民，並多次全程參加了該村的賽事活動。他的這本著作，就是他考察研究的成果。

王學鋒在他的這本著作中，綜合運用了民俗學、人類學、戲劇學的研究方法，透過賈村這一個文化空間，深入考察了從農耕時代一直延續到當代的民間祭祀活動與民俗、民間戲劇的關係；民間祭祀活動與學者文化考察的互動關係；民間祭祀活動與當地政府的關係；民間祭祀活動與村民經濟利益的關係；文化學者和民間祭祀主持人、民間藝人在祭祀活動中的重要作用等等。這本專著給讀者留下的印象，不是宏觀的、抽象的、零散的，而是微觀的、具象的、立體的，然而也更具有典型性，更具有科學和學術價值。賈村是中國北方農村的一個縮影，賈村民間祭祀活動保留了中國農耕時代農村宗法社會文化藝術活動的全部特徵。賈村的民間戲劇就是在這樣一個具體的文化空間中傳承下來的。所以要保護好民間戲劇，首先要保護好民間戲劇賴以生存的文化空間，這是我讀了王學鋒的這部書稿後加深的感想。

　　王學鋒的文風和他的為人、性格一樣真切樸實。這可能與他父親的影響和家教有關。他的父親退休前在山西省戲劇研究所資料室任職，工作非常認真細緻。學鋒像他父親一樣，對自己寫的文章字斟句酌，反覆修改，一絲不苟。我相信讀者看了他的這本著作後會有和我一樣的感受。

劉文峰

2011 年 9 月 7 日

（作者為中國藝術研究院戲曲研究所副所長、研究員）

自 序

　　畢業後，幾位師友好意勸我出版博士論文，我總不知如何應對。論文的寫作很倉皇，我一直希望有機會好好修改，但憑自己有限的學識，總覺難得輕鬆地處理這部稿子。拖延既久，自己倒散漫起來。感謝王馗老師的鼓勵，我把論文電郵給學生書局，有點出乎意料，拙稿通過了學生書局外審。學生書局的認可，使我對學術此道，不由多生幾分信念。外審老師、編委會老師對拙稿提出了中肯的修改意見，我自己亦勉力重新斟酌文字，順理邏輯，盡可能在現有框架下彌補錯漏，完善論述。經此修改，或不負眾人厚愛。

　　書稿的完成，首先感謝導師劉文峰老師的指導和關愛。回想起來，感謝劉老師接納我，使我得償心願，到北京讀書求學。在我三年問學、四年工作中，劉老師給予了很大的寬容，雖是導師，他從不把自己在學術上的意見強加於我，幾年來讓我自由生長。劉老師亦待我溫和，經常關心我的生活，為我指點人生迷津，每次談話，總令我心生暖意。感謝劉老師給予我的這一切。在撰寫論文的階段，從開題到答辯，余從、周華斌、周傳家、秦華生、劉禎、賈志剛、何玉人、劉彥君、宋寶珍、田芬等諸位老師提出了各種問題，使論文思路漸趨清晰，感謝他們的指教和批評。感謝王馗老師，論文的寫作承他恩惠甚多，他無私而熱情地啟發我做賈村研究，並提

供了己藏的大量一手資料。論文寫作困難之時，我常向他請教，每使我深受教益。論文完成後，他又不斷地以新的問題和視角回應賈村研究，很感謝這種對話。我就讀於山西師大戲曲文物研究所時所受到的實地調查的學術訓練對我有不小的影響，感謝業師馮俊傑老師及黃竹三、車文明、王福才、延保全等諸位老師的悉心指教，車文明老師還慷慨提供了許多賈村照片資料。

田野考察費心費力，真誠感謝給予我幫助的賈村村民們。杜同海先生慷慨地讓我住在他家裏，並毫無保留地提供了大量的賽社資料，還為我積極聯繫訪談其他村民，他對賈村賽社的不竭熱情和精力讓我感佩，他的老伴兒牛鳳只阿姨也待我甚好，每次離開賈村，她都心生掛念，令我不捨。秦連升（及其兒子和媳婦）、崔金旺、孫來貴、張紅林、張余俊、曹拴牛、申枝群、崔福平、王發群、王保珠、王巧蓮、靳福來、王國良、王東梅、曹成虎、衛前秀、李胡平、宋紅日、宋春蓮以及其他不知名的村民，或願意接受我的訪談，或提供資料和各種便利，他們都熱情地接受了我。南舍村的孫根保先生年近七十，親自騎電動車帶我考察南舍村各處廟宇，他和他的家人也熱情招待了我。壺關縣樂戶後人牛琦雲先生，為我慷慨提供了許多樂戶資料，並安排我住在他的家裏，非常感謝他和他的家人的熱情款待，訪談觸動了他內心的許多情感，使他徹夜不眠，令我覺得抱歉和感動。北京的曹培林先生身罹重症，說話已很困難，但仍然懷著對賈村故土的熱愛之心接受了我的採訪，我對打擾頗為不安，謝謝他和他的兒子曹潞、兒媳劉繡閣對我的信任。長治市文化局陳秀英、史俊長、時任潞城市文化局局長成志勤、時任翟店鎮鎮長張潞萍等人都很客氣地或接受我的採訪，或提供幫助。長

治市戲劇研究院的李天生老師，對晉東南賽社極為熟悉，他精專的指教點撥，使我獲益匪淺，非常感謝。長子說書著名藝人李先玲老師也在家中熱情接受了我的採訪，她認真回憶了在賈村演出的情形，謝謝她。感謝長治的申雙魚先生，素昧平生，提供了《上黨民間文藝觀》一書。在田野考察的準備階段，中國儺戲學研究會提供了諸多幫助和便利，劉精瑛、孫俊士、張豔琴諸友為我提供了各種幫助。在論文準備和完成的階段，師妹陳美青、錢建華曾對我慷慨幫助，一併致謝。

論文完成後，賈村杜同海先生曾認真閱讀，寫給我近十頁的批評意見。導師劉文峰老師曾推薦拙稿部分內容在《中南民族大學學報》、《民族遺產》發表，學兄杭春曉、李衛為拙稿慷慨提供了在《中國藝術學》、《中國文化畫報》的發表機會。中國儺戲學研究會提供了一次赴賈村考察的機會，並給予我機會參與吸納賈村賽社文化基地為學會團體會員的工作，對我的研究幫助很大。臺灣東吳大學的王秋桂老師得知我的研究題目後，曾予指教。中國藝術研究院音樂研究所的項陽老師對拙稿很是鼓勵，今年賈村「四月會」，我有幸和項陽老師及他帶領的郭威等弟子一同考察，所獲良多。長治學院的衛崇文、段建宏等老師和同學們也曾在我們去年的共同考察中給予各種幫助並多有交流。均此致謝。

我的好友趙利兵、楊抒、張欣、唐然、李小菊曾分別在這幾年的考察中與我相伴。老友孟利峰曾將拙稿推薦給主持木鐸工作室的賈勤，賈勤的豪氣干雲，至今令我感念於心。一併致謝。

感謝我的父母、姥姥、姨姨姨夫、姐姐姐夫、哥嫂對我的愛護和支持，讓我心無旁鶩，肆意於讀書生活。

　　最後，再次感謝學生書局的鼓勵及編委會老師、外審老師、編輯陳蕙文老師的認真工作，使我有機會感謝幫助過我的師友親朋，印記自己的生命。在此，特敬呈拙作，請師友親朋和讀者諸君不吝批評。

2011 年 10 月 18 日於北七家鎮

民間信仰的社會互動
——山西賈村賽社及其戲劇活動

目　次

圖　次

表　次

緒　論

一、緣起

　　20 世紀 80 年代以來以《禮節傳簿》❶為代表的一系列明清民間賽社抄本的重要發現和 20 世紀 90 年代以來對以樂戶為首的賤民群體的重新觀照，使晉東南逐漸成為戲劇學、音樂學、民俗學、人類學、社會學等學科的關注重心之一和研究交彙之地，研究成果斐然。作為 2006 年長治「賽社與樂戶文化」國際學術研討會的重要內容，晉東南潞城市賈村分別在當年 4 月底 5 月初和 8 月 11－14 日進行了兩次賽社活動的表演，這兩次賽社表演再次提醒戲劇史研究者等各學科學者晉東南賽社文化研究具有的重要意義。治戲劇史者往往借著近 20 年來豐厚的學術積累「往回看」，即便是積極組

❶　《禮節傳簿》的全稱是《迎神賽社禮節傳簿四十曲宮調》，對《迎神賽社禮節傳簿四十曲宮調》的簡稱有不同用法，山西省戲劇研究所〈上黨古賽史料新發現〉（《戲友》，1986 年第 4 期，頁 65－71）簡稱「《禮節簿》」，寒聲等〈《迎神賽社禮節傳簿四十曲宮調》初探〉（《中華戲曲》第 3 輯，太原：山西人民出版社，1987 年，頁 118－136）簡稱「《禮節傳簿》」，李天生〈《唐樂星圖》散論〉（《戲友》，1990 年增刊，頁 49－75）簡稱「《周樂星圖》」，各有道理，本書採用習慣用法。

織和參與 2006 年賈村賽社演出這樣的當代實踐也多著眼於歷史文獻層面的追蹤和考索，那麼，如何看待至今仍與賈村村民日常生活緊密相關、還在認真舉行著的賽社及其戲劇活動？既說晉東南一地擁有悠久的賽社與戲劇文化傳統，那麼這個文化傳統在當代是如何傳承的？它對每一個身處其中的人還發生著作用嗎？是否可以通過對當代賽社活動結構的揭示啟動對那些歷史文獻的重新理解？又如何借助歷史文獻的重新理解，來「以古視今」？賽社傳統的差異性、歷史性、建構性何在？本書尚無能力解答這些問題，但以為以村落為單位的個案研究是重要的基礎工作之一。

二、前賢研究

近 20 年來，有多位學者進入賈村村落進行各種形式的考察與研究，雖然他們「進入」程度不一，研究也幾乎都不以賈村本身為對象，但這些屢次「進入」的歷史顯示了外部世界對賈村的不同介入方式、程度和影響，以下略作梳理：山西省的戲劇學者寒聲等人在 20 世紀 80 年代對晉東南賽社抄本《禮節傳簿》進行過整理研究，他們在後來出版的《上黨儺文化與祭祀戲劇》一書中提到《禮節傳簿》應為賈村之物❷，他們可能在賈村做過一定程度的調研。山西省上黨戲劇藝術研究院的李天生較早對賈村辦賽活動進行了研究，他採訪了賈村參加過碧霞宮賽的幾位廚師、執役人員和曾參與

---

❷ 寒聲、栗守田、原雙喜等人對《禮節傳簿》的校注最早在《中華戲曲》第 3 輯（太原：山西人民出版社，1987 年，頁 51－117）發表，後來寒聲等人又在寒聲主編的《上黨儺文化與祭祀戲劇》一書中對校注作了修訂（北京：中國戲劇出版社，1999 年，頁 25－92）。

過辦賽活動的村民，《中華戲曲》發表他的〈《唐樂星圖》校注〉時附錄了〈賈村賽社採訪記〉一文，其文介紹了賈村辦賽的一些細節❸。李天生還參與了賈村 1997、1999 年的辦賽活動，並任「總導演」。山西師大中文系的段友文曾赴賈村作過一些調查，並發表了〈晉東南潞城迎神賽社習俗考述〉一文，他將潞城辦賽分為「官賽」、「鄉賽」、「村賽」三種類型，對賈村碧霞宮鄉賽的「二月二」、「四月四」賽社習俗以及當地蝗皇爺、三峻爺信仰作了較為詳細的介紹❹。山西師大戲曲文物研究所曾多次赴賈村進行戲曲文物的調查並觀看賽社表演：馮俊傑、王福才、王廷信等人於 1999 年觀看了「四月四」賽社活動，王福才在隨後發表的〈山西中南部神廟碑刻中的戲曲民俗資料輯錄〉一文將賈村「觀音廟」戲臺（即本書所謂三大士廟戲臺）作為佛教寺廟戲臺的代表之一進行了簡介並附圖❺；黃竹三、馮俊傑、車文明等人於 2001 年觀看了「二月二」香火會活動，並進行了錄影。臺灣學者吳秀玲也於 1999 年參加了賈村「四月四」賽社活動並進行了錄影，後來她發表了〈論晉東南古賽演戲的儀式性因素〉❻一文，對晉東南古賽演出中的儀式性因素進行了總結和概括，探討了儀式與戲劇的關係問題。她的博士論

---

❸　李天生〈賈村賽社採訪記〉，《中華戲曲》第 13 輯，太原：山西古籍出版社，1993 年，頁 126－129。

❹　段友文〈晉東南潞城迎神賽社習俗考述〉，《民俗曲藝》第 110 期，臺北：財團法人施合鄭民俗文化基金會，1997 年，頁 1－20。

❺　王福才〈山西中南部神廟碑刻中的戲曲民俗資料輯錄〉，《民俗曲藝》第 127 期，臺北：財團法人施合鄭民俗文化基金會，2000 年，頁 23－56。

❻　吳秀玲〈論晉東南古賽演戲的儀式性因素〉，《民俗曲藝》第 128 期，臺北：財團法人施合鄭民俗文化基金會，2000 年，頁 275－300。

文以晉東南賽社活動為題❼。2005 年 11 月至 2006 年 8 月間，中國儺戲學研究會為籌辦和組織「山西長治賽社與樂戶文化國際學術研討會」曾多次進入賈村，對當地辦賽活動有很大的影響，帶來了眾多的媒體和研究人員對賈村的關注。

　　除了上述對賈村進行的實地考察之外，利用文獻資料進行的探討並不多，這些討論基本上集中於《禮節傳簿》是否為賈村辦賽所用這一問題。《禮節傳簿》最初在《戲友》1986 年第 4 期公佈時，公佈者根據抄本中「樂臺出牌」是由「潞城縣南賈村」，認為抄本是賈村碧霞宮辦官賽用本，但又認為是由潞城南舍村曹氏兄弟先祖曹震興主持碧霞宮官賽所用底本❽。隨後，寒聲等先在《中華戲曲》第 3 輯發表的〈《迎神賽社禮節傳簿四十曲宮調》注釋〉中認為抄本「原屬潞城縣南賈村」，但對「明萬曆二年，曹家由南賈村謄寫此本，是為了給本村『調家龜』禮節作依據，抑是當初曹家即任南賈村大賽主禮生自己復謄的，不得而知」❾，後來於《上黨儺文化與祭祀戲劇》中對此說修訂，認為「此本祖本確系原南賈村某堪興家所有」，實則是承認了《禮節傳簿》並非南舍村曹家祖傳❿。李天生也指出《禮節傳簿》是賈村辦賽所用之本⓫。筆者曾於

---

❼　蒙山西師大黃竹三老師、臺灣王秋桂老師相告，謹致謝意。

❽　山西省戲劇研究所〈上黨古賽史料新發現〉，《戲友》1986 年第 4 期，頁 66。

❾　寒聲等〈《迎神賽社禮節傳簿四十曲宮調》注釋〉，《中華戲曲》第 3 輯，太原：山西人民出版社，1987 年，頁 56。

❿　寒聲主編《上黨儺文化與祭祀戲劇》，北京：中國戲劇出版社，1999 年，頁 27。

⓫　採訪時間：2006 年 12 月 6 日，採訪地點：李天生先生家。

2006 年 11 月 29 日在賈村作調查時，在賈村賽社組織者杜同海的幫助下採訪了賈村陰陽牛金貴妻弟孫來貴老人，從訪問可知，潞城市南舍村曹占鼇（滿金）獻出的《禮節傳簿》是牛金貴曾任賈村碧霞宮賽主禮生時所用之物❶。本書認為，一方面，據《禮節傳簿》抄本中「潞城縣南賈村維首同主禮生姓××」❸一語，可知抄本為賈村辦賽時所用；另一方面，抄本流傳情況的鑒別已越來越清晰。故認定，《禮節傳簿》應是賈村辦賽所用底本。清道光年間抄本《禮節傳簿曲目文範》可能也與賈村賽社有關。抄本中《盥洗文》有「伏以尊神：金梳奏獻，照耀珊瑚之影；玉攏上陳，動現碧霞之光」❹之句，應是為碧霞元君盥洗。此抄本發現於潞城南舍曹占標家，可能與《禮節傳簿》同樣得自賈村，或許抄本中的「碧霞元君」即指賈村碧霞宮中的「碧霞元君」。雖然對《禮節傳簿》是否原屬賈村有所討論，但圍繞《禮節傳簿》等抄本進行的戲劇研究並沒有和賈村當地的賽社傳統與現狀聯繫起來。

　　與對賈村的寥寥研究相比，對整個晉東南地區的戲劇、賽社、樂戶研究卻有頗多的成績，有必要作一個大略的梳理，對這些成績的及時整理正是將賈村研究與晉東南研究進行的學術史對接，可以

❶　杜同海後來在〈關於《禮節傳簿》流傳的一點說明〉（《中華戲曲》第 37 輯，北京：文化藝術出版社，2008 年，頁 395－396）一文中作了更為詳盡的說明。順便指出，此文刊印時「曹滿金」、「牛金貴」被誤為「曹滿全」、「牛全貴」。

❸　〈迎神賽社禮節傳簿四十曲宮調〉，《中華戲曲》第 3 輯，太原：山西人民出版社，1987 年，頁 13。

❹　寒聲主編《上黨儺文化與祭祀戲劇》，北京：中國戲劇出版社，1999 年，頁 506。

見出賈村研究的意義。前賢研究大體分如下幾類：

1.賽社文獻的搜集、整理和分析，賽社歷史的考索與賽社文化的討論。

賽社文獻的搜集、整理、分析主要體現在一系列明清賽社抄本的發現與研究上。迄今發現的以《禮節傳簿》為代表的 16 種賽社抄本都得到了校注，包括寒聲等、廖奔❶對《禮節傳簿》的校注，李天生對《唐樂星圖》的校注❻，楊孟衡等對《唐樂星圖》等 14 種賽社抄本的校注❼，寒聲等對《禮節傳簿曲目文範》的校注❽。在這些校注基礎上，寒聲等〈《禮節傳簿》研究〉❾、李天生〈《唐樂星圖》散論〉❷、寒聲等〈《迎神賽社祭祀文範及供盞曲

---

❶ 廖奔〈《迎神賽社禮節傳簿》箋釋〉，廖奔《宋元戲曲文物與民俗》，北京：文化藝術出版社，1989 年，頁 371－421。

❻ 李天生〈《唐樂星圖》校注〉先在《戲友》1990 年增刊發表，後又經過修訂在《中華戲曲》第 13 輯（太原：山西古籍出版社，1993 年，頁 1－130）發表。

❼ 楊孟衡等人校注的 14 種賽社抄本之一〈賽上雜用神前本〉在《中華戲曲》第 16 輯發表（太原：山西古籍出版社，1995 年，頁 32－81），後來楊孟衡校注的全部 14 種賽社抄本又於 2000 年由臺北財團法人施合鄭民俗文化基金會以《上黨古賽寫卷十四種箋注》為名出版。

❽ 寒聲等人對《禮節傳簿曲目文範》的校注先在《中華戲曲》第 11 輯（太原：山西人民出版社，1991 年，頁 1－62）以〈迎神賽社祭祀文範及供盞曲目〉之名發表，後收入《上黨儺文化與祭祀戲劇》（北京：中國戲劇出版社，1999 年）一書，並改名《禮節傳簿曲目文範》。

❾ 寒聲等〈《禮節傳簿》研究〉上、中、下，《民俗曲藝》第 60、61、62 期，臺北：財團法人施合鄭民俗文化基金會，1989 年，頁 4－60、38－81、94－114。

❷ 李天生〈《唐樂星圖》散論〉，《戲友》1990 增刊，頁 49－75。

目》的史料價值〉❷、廖奔〈晉東南祭神儀式抄本的戲曲史料價值〉❷、楊孟衡等〈上黨古賽祭儀考述〉❷、李天生等〈賽社祭儀與樂戶伎藝〉❷、楊孟衡〈潞城南舍調家龜〉❷、楊孟衡〈古賽贊詞考〉❷等文對晉東南賽社的歷史、流變、儀規、價值等方面作了詳細的論述，李天生〈山西賽社文化述論〉一文還對山西賽社文化的源流、特徵、價值作了細緻的梳理和總體的論述❷。另外，晉東南當地的賽社研究者張振南、栗守田、原雙喜等人在賽社歷史資料的搜集、整理、研究方面亦有許多豐富的成果❷。

　　雖言「賽社」，但上述研究多側重於賽的研究，與賽文化受到的重視相比，社文化似乎並沒有在晉東南研究領域中得到相應的重視，如趙世瑜所說：「民俗學家或民間戲曲研究者多注重表演本身

❷　寒聲等〈《迎神賽社祭祀文範及供盞曲目》的史料價值〉，《中華戲曲》第11輯，太原：山西人民出版社，1991年，頁63－71。

❷　廖奔〈晉東南祭神儀式抄本的戲曲史料價值〉，《中華戲曲》第13輯，太原：山西古籍出版社，1993年，頁131－157。

❷　楊孟衡等〈上黨古賽祭儀考述〉，《中華戲曲》第16輯，太原：山西古籍出版社，1995年，頁82－100。

❷　李天生等〈賽社祭禮與樂戶伎藝〉，《民俗曲藝》第115期，臺北：財團法人施合鄭民俗文化基金會，1998年，頁211－246。

❷　楊孟衡〈潞城南舍調家龜〉，《民俗曲藝》第115期，臺北：財團法人施合鄭民俗文化基金會，1998年，頁267－310。

❷　楊孟衡〈古賽贊詞考〉，《中華戲曲》第28輯，北京：文化藝術出版社，2003年，頁263－316。

❷　李天生〈山西賽社文化述論〉，《山西區域社會史研討會論文集》，2003年，頁288－298。

❷　這些文章大都收集在《上黨儺文化與祭祀戲劇》（北京：中國戲劇出版社，1999年）一書中。

的描述，忽視其制度的或組織的基礎，因此對明清以來的社的研究都多少存在缺陷。」㉙上述對賽社文獻的整理與研究工作幾乎都是由戲劇學者做出的，從學術背景上看，對社的研究的「缺陷」是可以理解的。卜鍵《從祭賽到戲曲》中對「先秦的社與社戲」的研究是從事戲劇史研究的學者中少見的對「社」的研究之作，該文對先秦時代的社、社祭與社戲的關係作了詳盡的討論。近來車文明〈對宋元明清民間祭祀組織「社」與「會」的初步考察〉㉚一文對卜鍵文有所補充，一方面在論述時段上延伸到宋代以後，另一方面對鄉村的「社」、「會」頗為重視。該文從祭祀組織的角度對「社」、「會」的特徵、類型、組織狀況、「社」「會」與基層政權的區別等方面作了討論，值得注意的是，作者充分利用了晉東南的賽社資料，對晉東南賽社研究無疑有所拓展。

  2.戲劇史研究。

  晉東南賽社文獻的發現為戲劇史研究提供了許多新的思考方向，如黃竹三㉛、麻國鈞㉜等人對隊戲的研究涉及了戲劇演出的臺

㉙ 趙世瑜〈明清華北的社與社火——關於地緣組織、儀式表演以及二者的關係〉，趙世瑜《狂歡與日常——明清以來的廟會與民間社會》，北京：三聯書店，2002年，頁231－251。

㉚ 車文明〈對宋元明清民間祭祀組織「社」與「會」的初步考察〉，麻國鈞、劉禎主編《賽社與樂戶論集：山西長治賽社與樂戶文化國際學術研討會論文集》，北京：中國戲劇出版社，2006年，頁65－79。

㉛ 黃竹三〈談隊戲〉，《民俗曲藝》第115期，臺北：財團法人施合鄭民俗文化基金會，1998年，頁247－266。

㉜ 麻國鈞〈「行」的儀禮→「停」的戲劇〉，《戲劇》2000年第3期，頁49－66。

上臺下、表演中「行」與「停」的關係問題；如胡忌❸❸通過賽社中
前行贊詞的考述指向的院本流傳等問題；如康保成❸❹等人的竹竿子
研究、麻國鈞❸❺的供盞儀式研究對探討宮廷祭禮與民間戲劇關係的
啟示；如張之中❸❻、班友書❸❼、王安祈❸❽、丘慧瑩❸❾對南戲傳奇進
入賽社的研究引發戲曲南北交流的思考；如吳秀玲❹⓿、郝譽翔❹❶的
研究涉及對晉東南賽社儀式與戲劇關係問題的思考等；如山西師大

---

❸❸　胡忌〈金元院本的流傳〉，《藝術研究》第 9 輯，杭州：浙江藝術研究所，
　　　1988 年，頁 68－104。

❸❹　對竹竿子的研究較多，可參看康保成〈竹竿子再探〉（《文藝研究》，2001
　　　年第 4 期，頁 103－110）、〈竹竿子補說〉（《民俗曲藝》第 133 期，頁 9
　　　－42）；麻國鈞〈「行」的儀禮→「停」的戲劇〉附考〈竹竿子‧前行與治
　　　道〉（《戲劇》，2000 年第 3 期，頁 49－66）等文。

❸❺　麻國鈞〈供盞儀式考略〉，麻國鈞、劉禎主編《賽社與樂戶論集：山西長治
　　　賽社與樂戶文化國際學術研討會論文集》，北京：中國戲劇出版社，2006
　　　年，頁 1－38。

❸❻　張之中〈中國古代戲曲的南北交流——《禮節傳簿》探索之二〉，《中華戲
　　　曲》第 8 輯，太原：山西人民出版社，1989 年，頁 132－146。

❸❼　班友書〈談談我對「供盞隊戲」部分曲目的淺見——讀《禮節傳簿》〉，
　　　《中華戲曲》第 10 輯，太原：山西人民出版社，1991 年，頁 188－190。

❸❽　王安祈〈再論明代折子戲〉，王安祈《明代戲曲五論》，臺北：大安出版
　　　社，1990 年，頁 1－47。

❸❾　丘慧瑩〈再論《禮節傳簿》中的南戲傳奇〉，麻國鈞、劉禎主編《賽社與樂
　　　戶論集：山西長治賽社與樂戶文化國際學術研討會論文集》，北京：中國戲
　　　劇出版社，2006 年，頁 261－284。

❹⓿　吳秀玲〈論晉東南古賽演戲的儀式性因素〉，《民俗曲藝》第 128 期，臺
　　　北：財團法人施合鄭民俗文化基金會，2000 年，頁 275－300。

❹❶　郝譽翔〈從儀式到戲劇：一個以中國民間迎神賽社為例的初步研究〉，《東
　　　華人文學報》1999 年第 1 期，頁 211－233。

戲曲文物研究所❷對太行地區賽社與演劇的考述啟示的以廟宇為中心的祭祀與戲劇的關係問題；如白秀芹❸的博士論文促發的對迎神賽社與民間演劇關係的總體思考等。

　　3.儺戲、儺文化研究。

　　20 世紀八九十年代以來的儺文化熱在對晉東南的研究中也有相當的影響，20 世紀 90 年代初期，關於晉東南儺戲和儺文化的研究之作陸續發表，寒聲主編的《上黨儺文化與祭祀戲劇》❹一書是其中的犖犖大者，收錄了許多儺戲劇本和資料，並勾勒了上黨儺文化的歷史軌跡，其他研究如何加焉等❺、張之中❻、周華斌❼、韓樹偉❽、楊孟衡❾、黃竹三❺⓪、王福才❺①、李天生❺②、容世誠❺③等人

---

❷　馮俊傑主編《太行神廟及賽社演劇研究》，《民俗曲藝》叢書第八輯，臺北：財團法人施合鄭民俗文化基金會，2000 年。

❸　白秀芹《迎神賽社與民間演劇》，中國藝術研究院博士論文，2004 年。

❹　寒聲主編《上黨儺文化與祭祀戲劇》，北京：中國戲劇出版社，1999 年。

❺　何加焉等〈儺戲衍變的文化背景〉，《中華戲曲》第 10 輯，太原：山西人民出版社，1991 年，頁 156－165。

❻　張之中〈山西儺戲概述〉，《民俗曲藝》第 70 期，臺北：財團法人施合鄭民俗文化基金會，1991 年，頁 109－128。

❼　周華斌〈中原儺戲源流〉，《中華戲曲》第 12 輯，太原：山西人民出版社，1992 年，頁 1－27。

❽　韓樹偉〈上黨隊戲與賽和儺〉，《中華戲曲》第 12 輯，太原：山西人民出版社，1992 年，頁 311－325。

❾　楊孟衡〈由「儺」入「賽」說〉，《中華戲曲》第 12 輯，太原：山西古籍出版社，1992 年，頁 180－192；楊孟衡〈「儺」在「賽」中——上黨古賽「監齋」剖析〉，《戲友》，1998 年第 2 期，頁 10－14。

❺⓪　黃竹三〈儺戲的界定和山西儺戲辨析〉，黃竹三《戲曲文物研究散論》，北京：文化藝術出版社，1998 年，頁 225－244。

的文章或對儺戲源流進行考辨，或勾稽晉東南賽社戲劇中的儺的影蹤，或進行儺、賽關係的比較等，均各有成績。其中，對儺賽關係的比較和討論，是晉東南儺戲、儺文化研究的特點之一。楊孟衡〈由「儺」入「賽」說〉等文和李天生〈儺賽流變及其戲〉一文都認為儺、賽各有其淵源，只是後來的發展使兩者很難絕然分開，從今天賽社戲劇活動中可以看到儺進入賽的很多例子。儺的研究視角的引入，使學界對晉東南賽社文化有了更為深入的瞭解。

　　4.樂戶研究。

　　樂戶研究在對晉東南的研究中出現較晚，20 世紀 90 年代中期以後，相關研究才逐漸多起來，但對樂戶這一特殊群體的重新審視卻使研究者在對賽社變化中最根本的人的因素的考察中找到了一條有效的途徑。1993 年項陽因參與《中國音樂文物大系·山西卷》開始進行的山西樂戶研究和 1994 年以來喬健主持的「山西樂戶研究」計劃最終形成了《山西樂戶研究》❺❹和《樂戶：田野調查與歷史追蹤》❺❺兩部著作，引發了學界對晉東南樂戶群體的持續關注。對晉東南樂戶的研究共有三類，一是圍繞賽社進行的樂戶研究，並

❺❶　王福才〈河北儺戲《捉黃鬼》源於山西上黨賽社考〉，《山西師大學報》1995 年第 3 期，頁 47－49。

❺❷　李天生〈儺賽流變及其戲〉，申雙魚主編《上黨民間文藝觀》，香港：天馬圖書公司，1999 年，頁 131－155。

❺❸　容世誠〈關公戲的驅邪意義〉，容世誠《戲曲人類學初探》，南寧：廣西師範大學出版社，2003 年，頁 1－24。

❺❹　項陽《山西樂戶研究》，北京：文物出版社，2001 年。

❺❺　喬健等《樂戶：田野調查與歷史追蹤》，南昌：江西人民出版社，2002 年。

注意探討樂戶與戲劇的關係，如張振南等❺❻、李天生❺❼等人對樂戶演劇及其對戲劇發展的影響的研究；二是從音樂學角度進行的研究，如項陽的《山西樂戶研究》和王亮對賽社祭儀音樂和宮廷教坊音樂關係的研究❺❽；三是人類學研究，如喬健的山西樂戶調查和閆鍾❺❾對壺關樂戶身分地位變遷所作的研究。

通過對晉東南賽社、戲劇、樂戶研究的梳理，可見多學科方法在上述各種類別的研究中都有存在，多學科方法的使用緣於對象本身的複雜性，而這一複雜性是從任何一個視角出發都無法照顧周全的，故而需要在研究時進行學科的綜合。

三、本書內容

本書分為四章，具體內容如下：

第一章為「村落歷史與賽社祭祀格局的存在」。信仰的存在和延續是村落歷史中賽社祭祀格局存在的主要內容，本章試圖借助對賈村碧霞宮信仰歷史中從「九天聖母」到「天仙聖母」的變化事實的梳理，來顯示碧霞元君奠定其祭賽中心神靈地位的歷史變化過程，從而確證以碧霞宮為中心的賽社祭祀格局的歷史存在。作為補

---

❺❻　張振南〈上黨民間的「迎神賽社」再探〉，《中華戲曲》第 18 輯，太原：山西古籍出版社，1996 年，頁 103－123。

❺❼　李天生等〈賽社祭禮與樂戶伎藝〉，《民俗曲藝》第 115 期，臺北：財團法人施合鄭民俗文化基金會，1998 年，頁 211－246。

❺❽　王亮〈晉東南明清迎神賽社祭儀及其音樂戲劇〉，《黃鍾》2003 年第 3 期，頁 46－49。

❺❾　閆鍾《樂戶：一個賤民群體的變遷》，北京大學博士論文，中國國家圖書館博士論文文庫藏，2003 年。

充，本章一方面記錄了現存大量民俗活動，另一方面對一次普通民眾燒香活動作了完整觀察，以呈現豐厚的村落賽社祭祀歷史的某種遺存。

　　第二章為「傳統賽社祭祀格局在當代的恢復：賈村賽社及其戲劇活動的興起與發展（1996－2006）」。本章梳理了 1996 年賈村賽社活動恢復以來歷次辦賽活動的具體情況，並試圖展示，傳統賽社祭祀格局在其恢復過程中伴隨著的多名制運用、文化權威確認等賽社文化整合方式，以及以賈村碧霞宮為中心的民間演劇空間的恢復在賽社祭祀格局恢復中的標誌性意義。

　　第三章為「傳統賽社祭祀格局在當代的新變：以 2006 年賈村『8 月會』為考察中心」。本章通過對 2006 年 8 月召開的「山西長治賽社與樂戶文化國際學術研討會」（此次研討會分兩部分，一是在長治舉行的研討會，一是在賈村舉行的賽社表演，本書將前者簡稱為「長治研討會」，後者簡稱為「8 月會」，「8 月會」是本書主要討論對象）的個案分析，試圖從賽社形態、文化空間涵義、經濟運行模式、樂戶身分等方面，多層面顯示賈村當代賽社祭祀格局出現的新的較為根本性的變化。

　　第四章為「當代賈村賽社祭祀格局變化中的戲劇形態」。在村落這個較為穩固和自足的社會文化空間中進行賽社祭祀與戲劇活動關係層面上的探討，最終是要落實到戲劇形態變化這個更具戲劇本體研究意義的問題上去的。本章提及的戲劇形態主要是指戲劇的演出形態，包括戲劇的劇本（故事內容、說白吟誦等）、戲劇的表演手段、戲劇服裝、演出規模（時長、人數等）、演出習俗、戲劇的儀式特徵等問題。本章試圖指出，當代賽社恢復以來《過五關》等祭祀

戲劇在演出形態上發生的重要改變是傳統賽社祭祀格局在當代發生的較為根本性的變化的結果。本章也試圖借助對這些戲劇形態變化的考察，揭示出當代賽社活動越來越深地捲入當代文化生產現狀的事實。

本書附錄分三部分：一、〈賈村廟宇碑文、匾文、舞臺題記錄〉。對賈村 10 座廟的 30 餘通（塊、條）碑（匾、舞臺題記）作了收集、整理。二、〈傳統賽社抄本戲劇形態與劇目表〉。從現存賽社抄本和少數口述資料中輯錄了有關戲劇形態與劇目的內容，涉及了晉東南潞城羌城等村，潞城微子鎮，屯留縣，長子縣小關館、堯王山、和峪村等村，陽城梁橋村，平順西社村等地。三、〈賽社抄本選錄〉。2006 年新發現了 6 種賽社儀式抄本❻，其名稱、抄寫時間、抄寫者分別為：《轉賽書》（清咸豐十一年，選擇堂張春選）、《賽書》（清咸豐十一年，德記）、《排神簿　諸神位列》（清咸豐十一年，選擇堂記）、《排神部》（清光緒八年，張南院）、《□景豐》（清宣統二年，選擇堂）、《迎神賽社》（未注明年代，張南院禮倫堂），內容與 1989 年長子縣東大關村發現的《唐樂星圖》等 14 種賽社抄本大體類似，或為賽社活動的儀式文和程式記錄，或為賽社活動中廟宇的排神用本，有的還雜有陰陽先生的日常禮儀用文。有些抄本並非一次寫就，而是多次抄寫。這 6 種抄本大體展示了潞城市羌城、翟店、東天貢、西天宮、小天貢、賈村等村清代中後期以來賽社活動的延續、變化樣貌，可與《唐樂星圖》等抄本展示的長治、屯留、

---

❻　參見杜同海〈關於《禮節傳簿》流傳的一點說明〉附錄二，《中華戲曲》第 37 輯，北京：文化藝術出版社，2008 年，頁 397。

長子等縣各村辦賽情況一同參照研究。據《□景豐》抄本中「大唐太宗蝗皇聖帝香事八村致祭，周而復始，至於今歲，遞及吾村」之語，可知潞城市羌城等村在清代中後期以來一直有轉賽活動，賈村等地至今仍有「八大社」之說，「八大社」可能與轉賽之「八村」大體重合。賈村在歷史上除了舉行自己的村賽外，可能也是八村轉賽的參與者之一，因此，這 6 種抄本對理解賈村賽社及其參與轉賽的歷史有重要參考價值。對此一層面的討論本書未及多言，筆者校點了 6 種抄本中《賽書》、《排神簿》2 種❻，稍作補充。

　　本書對山西賈村賽社及其戲劇活動的田野調查主要是在 2006 年 8 月、11 月進行的：2006 年 8 月 11－15 日，在賈村觀看「2006 山西長治賽社與樂戶文化國際學術研討會」賽社儀式與戲劇表演並錄影、拍照，看廟，收集碑刻資料。2006 年 11 月 27－12 月 6 日，參與觀察婚禮、喪禮、燒香等民俗活動，在賈村訪問賽社組織者杜同海、廚師秦連升（及其兒子和媳婦）、香民牛鳳只和王東梅、崔家堂後人崔金旺、陰陽牛金貴妻弟孫來貴、村民張紅林、三元宮說書組織者張余俊、「賈村賽社研究會」成員曹拴牛和衛前秀、「竹竿子」扮演者李胡平、三大士廟看廟人申志俊、三元宮照看人崔福平、三大士廟說書組織者王保珠和王國良、「禿奶奶」後人王巧蓮和靳福來、玉皇廟照看人王發群、村會計曹成虎、1996 年賽社恢復人宋枝群之子宋紅日、村民宋春蓮等；在南舍村看廟，訪問參演隊戲《過五關》的村民孫根保；赴蝗皇崗看廟；赴壺關縣訪問

---

❻　蒙山西省潞城市羌城村張開太先生、賈村杜同海先生慷慨提供，筆者得以閱讀此 6 種抄本的複印件，謹致謝意。

樂戶後人牛琦雲；在翟店鎮採訪時任鎮長張潞萍；赴長治市拜訪學者李天生，採訪長子說書藝人李先玲。2007 年 1 月 27 日，在北京拜訪賽社舊人曹培林。2007 年 2 月 2 日、3 月 2 日，在北京電話採訪賈村杜同海。

第一章
村落歷史與賽社祭祀格局的存在

第一節　概　況

一、賈村概況

　　賈村地處晉東南一隅，晉東南古屬上黨郡，大體包括了今長治和晉城兩市，累代相沿，積聚了豐厚的歷史和文化傳統。潞城市是長治市所屬 11 個縣市之一，歷史悠久，秦時已置潞縣，隋開皇十六年（西元 596 年）又置潞城縣，宋、元、明、清、民國一直相襲，已有兩千多年的縣制歷史，1994 年改為縣級市。潞城市今下屬鄉鎮（辦事處）9 個，分別為：潞華辦事處、成家川辦事處、店上鎮、翟店鎮、微子鎮、辛安泉鎮、史回鄉、合室鄉、黃牛蹄鄉。賈村原名南賈村，是潞城市的古老大村，位於城關西南約五華里處，距長治市亦僅十餘華里。賈村今為潞城市翟店鎮下屬的 13 個村子之一，其西北向為南舍、北舍、河移等村，西南向為崇道、小天貢、東天貢、西天貢、南天貢、郭村等村，南向為羌城村，東南向為翟店、寨上等村。村西北隔山西晉牌水泥集團公司（又稱山西水泥廠）與

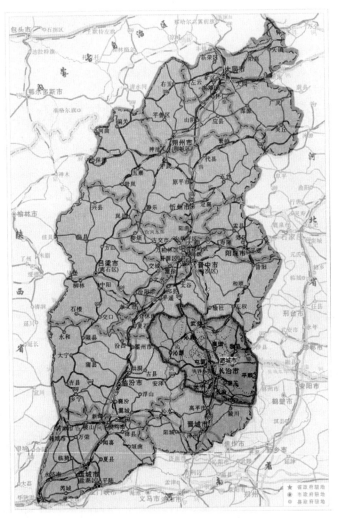

圖 1-1：潞城市地理位置圖

圖 1-2：賈村及附近村莊地理位置示意圖

潞城市相接,村西為鳳凰山,村南為無影山崗,村東為無名低矮山丘。(圖 1-1:潞城市地理位置圖)(圖 1-2:賈村及周邊村莊地理位置示意圖)

　　賈村現有 2769 人,共 751 戶,均為漢族。約 55 姓,其中主要姓氏為王、曹、張、宋、牛、李、崔,分別為 101 戶、92 戶、69 戶、67 戶、58 戶、54 戶、44 戶❶。耕地面積 5267 畝,其中農作物播種面積 5034 畝,以種玉米為主,為經濟作物,多以飼料賣出。全村經濟總收入 5537 萬元,農民人均純收入 3685 元❷。年輕人多外出打工。(圖 1-3:賈村遠景)(圖 1-4:賈村村口)

　　全村東、西分為小康區、老街區兩大區域,以小康路相隔,小康區多為近年周圍各縣村搬遷來的新住戶,老街區佔有大部分的村子,是整個村子的中心。中街(又稱正街、村中路)南北向縱貫老街區,是整個村子的中心,村委會就設於正街中部。村中街道東西稱街,南北多稱路,東西向主要街道由北向南依次為:後街(又稱大北街)、崔家街、張家街(又稱崗坡街)、秦家街、閣兒街(分閣東街與閣西街)、西街(又稱舊西街、大西街、王家街)、和家街(又稱合家街)、小康街、曹家街、南舞臺街(西向稱新西街),南北向主要街道由西往東依次為:中街、村東路、小康路。

　　現知賈村原有古廟宇 14 座,現存 9 座,分別是:碧霞宮、白衣堂、觀音閣、關帝廟、崔府君廟、祖師廟、三元宮、玉皇廟、三大士廟,其餘文昌閣、佛殿、呂祖庵、土地廟為遺址,近年對呂祖

---

❶　對村中主要姓氏及戶數的統計,得益於村會計曹成虎的幫助,統計時間:
　　2006 年 11 月 30 日。

❷　翟店鎮人民政府網「賈村村情簡介」,http://www.lc.gov.cn/zaidian/zd/cqjj4.htm,檢索時間:2007 年 4 月。

圖 1-3：賈村遠景

圖 1-4：賈村村口

庵、土地廟遺址作了簡單的新建，又新建禿奶奶廟 1 座。另，賈村
尚有五道小廟若干座，現存 3 座，僅為一尺見方小窯。大部分的廟
宇都分佈在老街區內，三元宮、祖師廟位於老街區北部，座北朝
南；碧霞宮位於老街區中南部，座北朝南；白衣堂緊挨碧霞宮西
側，座東朝西；崔府君、關帝廟、觀音閣位於老街區東部，由北向
南一線排開，皆座東朝西；三大士廟位於老街區西部，座西朝東；
玉皇廟在老街區中西部，座北朝南。觀音閣建築闊大，為雙層，下
有門洞可過，應是村子早先的東大門。碧霞宮是村子裏最大的廟
宇，歷史上和當代舉行迎神賽社活動皆主要在此廟。賈村現有新舊
舞臺 6 座，包括現存古戲臺 2 座，分別在三大士廟和關帝廟，前者
應為清代建築，仍可使用，後者年代應更晚，梁架尚存，但已不可
使用；原有碧霞宮、玉皇廟戲臺已損毀殆盡，現在原址新建；碧霞
宮南新建南舞臺 1 座，村北三元宮前右方亦有一塊地勢較高的空
地，村中演出亦常使用。（圖 1-5：三大士廟戲臺）（圖 1-6：關帝廟戲臺）
（圖 1-7：新修碧霞宮戲臺，演出時在上面搭彩臺）

　　賈村街道、廟宇、舞臺等具體方位如圖 1-8 所示。

圖 1-5：三大士廟戲臺

圖 1-6：關帝廟戲臺

圖 1-7：新修碧霞宮戲臺，演出時在上面搭彩臺

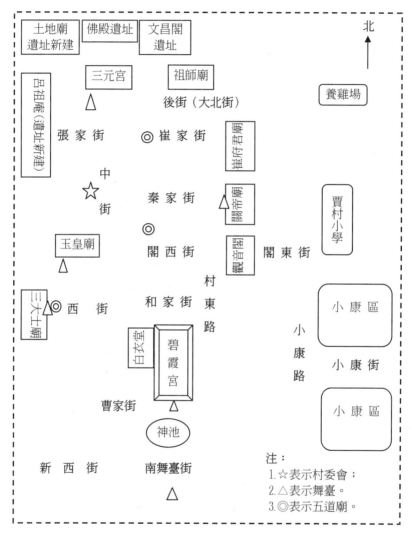

圖 1-8：賈村街道、廟宇、舞臺方位示意圖

二、賽社概況

㈠晉東南賽社源流簡述

賽者言報❸，社一般指土地神，賽社的最基本涵義即是回報土地神賜予的恩澤，具體表現就是春祈秋報。社除了自然崇拜意義上的土地神靈的含義之外，又是聚落性的地域組織，社的組織在古代鄉村普遍存在，華北一地的社是「以祭祀為核心、兼及其它基層社會功能」的❹，賽社這一祭祀活動正是社的主要功能。賽社的興起與先秦民間蠟祭、儺祭有關，與秦漢以來的民間「社日」活動一脈相承，也與魏晉南北朝時民間祀佛活動相關，在唐以前就形成了時佛時道、儒釋道雜糅，百神共祀、百戲雜陳的繁興狀況，唐時，賽社出現典制化的傾向❺。「賽社」之名，可能是在宋代出現的，宋人高承的《事物紀原》卷八「歲時風俗部」之「賽神」條云：

> 《禮·雜記》曰：「子貢觀於蠟。子曰：『百日之勞，一日之樂。』」鄭康成謂：歲十二月，索鬼神而祭祀，則黨正以禮屬民而飲酒，勞農而休息之，使之燕樂，是君之澤也。今賽社則其事爾。今人以歲十月農工畢，里社致酒食以報田

---

❸ 〔漢〕許慎《說文解字》卷六下「貝部」，北京：中華書局，1996年，頁10。

❹ 趙世瑜〈明清華北的社與社火——關於地緣組織、儀式表演以及二者的關係〉，趙世瑜《狂歡與日常——明清以來的廟會與民間社會》，北京：三聯書店，2002年，頁233-237。

❺ 李天生〈山西賽社文化述論〉，《山西區域社會史研討會論文集》，2003年，頁288。

神，因相與飲樂，世謂社禮始於周人之「蠟」云。❻

　　這是文獻中較早出現的關於「賽」、「社」兩詞合用的情況，這裏的賽社指的是鄉村里社組織進行的田神祭祀活動，與賽社的基本涵義完全相符，並指出了賽社與「蠟祭」相承這一歷史淵源。宋人劉克莊「村深隱隱聞簫鼓，知是田家賽社還」❼詩句中也提到了「賽社」一詞。

　　山西境內，唐時已有賽神之記，立於靠近上黨北部的平定州娘子關妒神廟的唐大曆十一年（776）〈妒神頌〉碑曰：

　　　　春祈秋賽，庶乎年登。巫覡進而神之聽之，官僚拜而或俯或
　　　　仰。既而，坎坎伐鼓，五音於是克諧。……且河北數州，山
　　　　西一道，或衣以錦繡，或羞以珍羞，無晝夜而息焉，豈翰墨
　　　　之能諭。❽

　　從碑中可見，其時太行山一帶的辦賽規模已經很大了。
　　相傳唐初李靖曾「戰據潞城縣」，故乾隆三十五年刻本《潞安

---

❻　〔宋〕高承《事物紀原》，《叢書集成初編》（1209－13），北京：中華書
　　局，1985 年，頁 310。

❼　見〔宋〕劉克莊〈喜雨二首東張使君又和八首〉詩之七，《四部叢刊初編·
　　集部》之《後村先生大全集》卷十九，上海商務印書館縮印賜硯堂鈔本，冊
　　一，頁 162。

❽　可參見《平定州志》卷八「藝文」（清乾隆三十四年刻本，頁 6－9），或見
　　清胡聘之《山右石刻叢編》第二冊卷七（太原：山西人民出版社，1988 年，
　　頁 44）。

府志》卷二十九「藝文」載錄其〈獻西嶽書〉碑文，其中有曰：

> 願告進退之機，得遂平生之志，有賽德之時，終陳擊鼓。❾

此條資料也是對「擊鼓」之賽的記載，李靖「戰據潞城縣」是「相傳」，但鑒於唐時賽神資料不多，置於此處略作參考。

宋金時，晉東南區賽社活動繁盛，有現存大量賽社戲劇文物為證❿，不贅述，此處引一條文獻為助。金人李俊民〈趙倅司馬山謝雨〉詩中有關於晉東南澤州賽社活動的記載，其詩前有小引，曰：

> 乙未歲旱，自春徂夏五月丙申，就司馬山祈禱，八日庚子大雨，年穀遂登，民物安逸，累獲嘉應。次年丁酉孟冬己丑，公與本郡僚屬父老人等具牲幣酒醪簫鼓之禮，仰答神庥，仍求嗣歲。祭畢，聊識歲月云爾。⓫

小引中的「簫鼓之禮」是為祈雨而進行的賽社活動，是祭祀之常典，如其詩曰：「春祈秋報有常典。」

明清時晉東南賽社活動持續興盛，如清乾隆三十九年《高平縣誌》卷十七「雜誌」記曰：

---

❾ 又見清胡聘之《山右石刻叢編》第三冊卷十六（太原：山西人民出版社，1988 年，頁 27－28）。

❿ 可參見山西師大戲研所編《宋金元戲曲文物圖論》，太原：山西人民出版社，1987 年。

⓫ 《澤州府志》卷四十八「藝文志・詩」，清雍正十三年刻本。

迎神賽社，男女雜遝，西北數省，相習成風，非止一邑。

從反面的例子也能看出端倪，如清康熙十二年《長治縣誌》卷一「風俗」有載：

> 唐俗勤儉，古志之矣。近當鼎革之後，民窮財盡，遠不逮於古初。而猶自強為享賽之侈靡、喪葬之繁華，烏睹所謂勤儉之風乎！至若民間婦女，每遇廟會，結伴燒香，紛紜絡繹，殊傷閨閣之行，是不可不為之鑒戒矣。

又如清康熙四十五年《潞城縣誌》卷一「輿地志·風俗」亦載：

> 潞城風俗醇厚……今亦漸致綺麗……至若神祠梵宇鼎於宮闕並茸，殆無虛日。而報賽宴會，務為豐潔……

由於神靈信仰空前多樣，賽社的基本涵義亦發生了最為明顯的變化，所賽之神的範圍早已從土地神（社）、土穀神（社和稷）擴大到各種大小神靈，於是出現了「賽會」之名，如清光緒七年《壺關縣誌》卷一「遺事」記曰：

> 至今六月中旬，附近諸村賽會最勝。

又如清乾隆四十九年《鳳臺縣誌》卷首「凡例」：

> 比年以來……醵金賽會，結社迎神，惡俗漸不可長。

辦賽往往在神靈誕辰之日，神靈信仰的多樣和普遍，帶來了賽社活動的頻繁，明清時期可謂賽社之鼎盛階段。

賽社總要和演劇結合起來，大量的明清賽社抄本見證了明清時期晉東南賽社演劇的繁盛，這一點後文將有專門論述，此處拈出方志中的兩條資料，以見晉東南明清賽社演劇狀況，如清順治十五年《高平縣誌》卷九「叢譚」中所記：

> ……城中鄉社廟宇，歲各迎神賽社三日……喜伶人做雜劇，喧鼓樂以供祀神。

又如清康熙二十六年《陽城縣誌》卷一「風俗」：

> 春祈秋報，里社時日不一，祀諸神祇，謂之賽社。競為豐腴，盛集倡優，搬演雜劇，弦管簫鼓，沈酣達曙……

晉東南各地村落一直到民國時依舊有十分活躍的辦賽活動，可謂源遠流長。

(二)辦賽簡述

1.主要辦賽人員

(A)主禮：即陰陽生，或稱禮生，是賽社儀式的主持者。

(B)樂戶：賽社儀式音樂、戲劇、表演的具體執行人。

(C)廚師：非一般的做飯師傅，而是製作為神貢獻的各種祭品。

⒟香老：代表香民執香敬神，由村中德高望重長者擔任。

⒠亭子：供盞儀式中的執役人員，負責捧奉神牌、端盤供奉。需口銜禁花。

⒡幃子：供盞儀式中的執役人員，手持響杖，緊隨亭子，執行護衛之職。

2.賽社流程

關於晉東南地區賽社活動的基本流程，李天生❶❷、楊孟衡❶❸、吳秀玲❶❹都有過詳盡描述，茲不贅述，現以碧霞宮賽為主並參照這些描述作一流程圖，以示明瞭。碧霞宮賽舉行六天，分別是：下請、迎神、頭場、正場、末場、送神，具體如下圖：

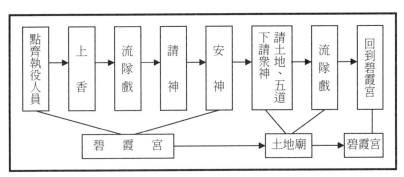

圖 1-9：晉東南賽社流程一覽（第一天：下請）

---

❶❷ 李天生、田素蘭〈賽社祭禮與樂戶伎樂〉，《民俗曲藝》第 115 期，臺北：財團法人施合鄭民俗文化基金會，1998 年，頁 217－224。

❶❸ 楊孟衡《上黨古賽寫卷十四種箋注》，臺北：財團法人施合鄭民俗文化基金會，2000 年，頁 25－27。

❶❹ 吳秀玲〈論晉東南古賽演戲的儀式性因素〉，《民俗曲藝》第 128 期，臺北：財團法人施合鄭民俗文化基金會，1998 年，頁 280－281。

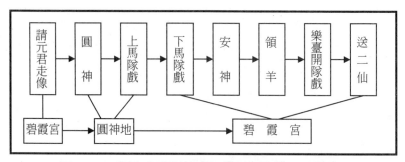

圖 1-10：晉東南賽社流程一覽（第二天：迎神）

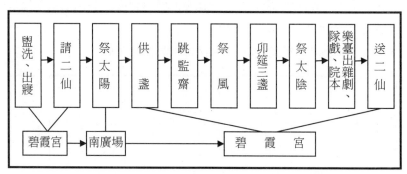

圖 1-11：晉東南賽社流程一覽（第三天：頭場）

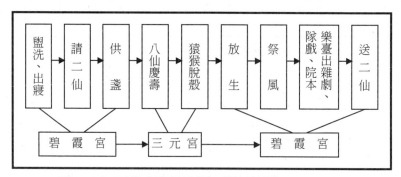

圖 1-12：晉東南賽社流程一覽（第四天：正場）

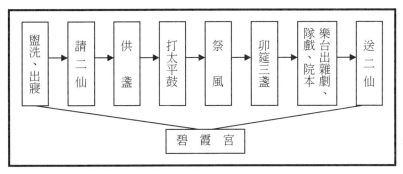

圖 1-13：晉東南賽社流程一覽（第五天：末場）

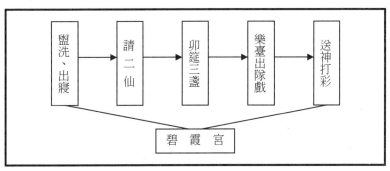

圖 1-14：晉東南賽社流程一覽（第六天：送神）

第二節　村落歷史變遷與廟宇碑刻

　　對中國某個傳統鄉村歷史的瞭解很難借助於方志等資料，因為地方修志是以縣為最小單位和主要範圍的。縣是古代行政體系中的最下一級單位，「所謂『朝廷命官』，只到縣級官員為止。在縣以下，不再有正式的行政區劃，也不再有政府衙門和朝廷職官。……

縣級政權正處於國家與社會的結合點上」**⑮**。對村落歷史的忽略也源於將一種宏大的、沒有差異的國家敘事納入歷史研究的觀念，源於對「小歷史」缺乏深入內部的觀照**⑯**。對賈村村落歷史的瞭解主要基於對現存 33 通（塊、條）新舊碑刻（匾、舞臺題記）的解讀，限於學力，下文只是一個大略的梳理。除關帝廟、佛殿、土地廟、呂祖庵、文昌閣已無存碑，以及新建的張枝群祠無碑外，現將其他所有廟宇碑文、匾文、舞臺題記及其年代統計如下表**⑰**：

表 1-1：賈村廟宇碑文、匾文、舞臺題記及其年代一覽表

	碧霞宮	白衣堂	觀音閣	崔府君廟	祖師廟	三元宮	三大士廟	玉皇廟	北五道小廟	禿奶奶廟
明正德元年(1506)	□修□天聖母廟記									
明嘉靖十二年(1533)	〔重鑄香爐施錢碑記〕**⑱**									
明嘉靖二十二年								〔重修玉皇上帝廟碑		

---

⑮ 何朝暉《古代縣政研究》，北京：北京大學出版社，2006 年，頁 1。

⑯ 具體討論參見趙世瑜〈敘說：作為方法論的區域社會史研究——兼及 12 世紀以來的華北社會史研究〉，見其《小歷史與大歷史——區域社會史的理念、方法與實踐》（北京：三聯書店，2006 年，頁 1－11）。

⑰ 碑文等參見附錄一〈賈村廟宇碑文、匾文、舞臺題記錄〉。

⑱ 碑文等無題而本書作者自擬者，以〔 〕號標示。

(1543)						記〕		
明崇禎十六年 (1643)						重□三大士記		
清康熙四十年 (1701)	重修天仙聖母廟記							
清乾隆六年 (1741)	〔重修碑記〕							
清乾隆五十三年 (1788)							〔祈雨靈驗區〕	
清乾隆五十七年 (1792)						〔置東郭村中地九畝碑〕		
清嘉慶六年 (1801)	〔土地界碑〕							
清嘉慶十四年 (1809)			潞城縣南賈里二甲崔姓家廟碑記					
清道光二年 (1822)	白衣堂重修石志							
清道光六年						〔重修大士宮		

(1826)						碑記〕		
清道光八年 (1828)							〔重修佈施碑記〕	
清道光十一年 (1831)		禁地土樹林碑記						
清道光二十七年 (1847)				重裝神像序				
清光緒二年 (1876)				整飭社規永禁匪類碑記				
清宣統「四」年 (1912)						〔西街司樂會題記〕		
約清末民初						〔樂意班題記〕		
民國五年 (1916)	重修白衣堂碑記							
民國三十二年 (1943)						〔秧歌題記兩條〕		
1952年4月28日				革命先烈紀念碑				

1995年5月1日				整修殿堂塑像碑序			
1996年農曆二月二	恢復二月二古廟會碑記						
1996年農曆四月四	重修九天聖母廟記						
1997年農曆九月十六日				潞城縣南賈村重修三元宮碑誌			
約20世紀90年代						〔張枝群等敬獻玉皇匾〕	
2001年5月12日						〔重塑金身碑記〕	
2005年農曆三月二十九日							〔創修碑記〕
時間待考	本村助緣人		合族公議		〔十五、西街題記兩條〕		

　　通過對上述 33 通（塊、張）碑刻（匾、舞臺題記）文獻的仔細閱讀，可見賈村的歷史是與以廟宇為中心的神靈信仰、「社」「會」活動、經濟行為等緊密聯繫在一起的，這一緊密聯繫的狀況構成了一種穩定的祭祀格局。作為村中最大的廟宇，碧霞宮處於這一祭祀格局的中心。

一、以碧霞宮為中心的信仰歷史

　　從這些廟宇的碑刻中，看不到任何有關創建的記載，所記皆為關於重修的文字，從中可見，至晚在明代就已存在的廟為：碧霞宮、玉皇廟、三大士廟；至晚在清代出現的廟為：崔府君廟、白衣堂、北五道小廟、觀音閣、祖師廟、三元宮。關帝廟雖無碑文可考，但參之建築梁架和廟內壁畫，可知不會晚於民國。在這些廟宇中，建築規模最大、存在時間最久、碑文記載最豐富、歷代沿革最頻繁的當屬碧霞宮。

　　碧霞宮現存最早的碑為明正德元年（1506）所立，據碑名「□修□天聖母廟記」❶及碑文中「九天聖母」一詞可知，此碑為重修「九天聖母廟」的碑記。碑文提及，在當地耆老牛廒、任繼祥的倡導下，九天聖母廟於「成化丁未歲四月」開始準備重建，據此可知，至晚於明成化二十二年（丁未年，西元 1487 年）碧霞宮已經存在了。碧霞宮現另存一塊殘石，刻有「正統八年二月十四日重修」字樣，如果這是關於碧霞宮重修的記錄的話，那麼，碧霞宮的歷史最

---

❶　參見附錄一〈賈村廟宇碑文、匾文、舞臺題記錄〉。下文所引碑文，凡見附錄一者，不再另行出注。

早可上溯到明正統八年（1443）。還有一些資料顯示，碧霞宮的歷史可能更早。長治市人民政府於 1999 年 11 月 2 日公佈碧霞宮為市級文物保護單位，注明碧霞宮為「元代」建築。李天生據賈村村民張元吉（即張枝群）對碧霞宮廟碑年代的回憶，推斷張的說法可能是「宋真宗景德三年（1006）」、「元世祖至元五年（1268）」、「明太祖元年（1368）」、「宋太祖建隆三年（962）」或「清乾隆十三年（1748）」**⓴**，若如此，則意味著碧霞宮可能早至宋代已存在了。另從當地「先有碧霞宮，後有潞城縣」的說法推敲，碧霞宮的創建年代早至宋不是沒有可能的。潞城縣的建置很早，秦時置潞縣，隋時置潞城縣，若照當地傳說碧霞宮比潞城縣「先有」的話，那麼，碧霞宮之早至宋是有一定的可信度的。（圖 1-15：長治市「市保」碧霞宮，潞城市人民政府立石）

可再結合對碧霞元君信仰歷史的考察情況進一步瞭解。「先有碧霞宮，後有潞城縣」的說法，在另一個層面上，強調的是碧霞元君信仰在潞城乃至賈村一地的重要性與影響力。「從明代中期至20 世紀初期，碧霞元君（泰山女神）屬於中國信仰最廣泛的神之列」**㉑**，碧霞元君甚至被認為是中國北方最重要的女神**㉒**。碧霞元

⓴　李天生〈賈村賽社採訪記〉，《中華戲曲》第 13 輯，太原：山西古籍出版社，1993 年，頁 129。

㉑　〔美〕彭慕蘭《泰山女神信仰中的權力、性別與多元文化》，〔美〕韋思諦編，陳仲丹譯《中國大眾宗教》，南京：江蘇人民出版社，2006 年，頁 115。

㉒　羅香林在〈碧霞元君〉（《民俗》周刊，第 69、70 期合刊，頁 5）中稱：「顧頡剛先生謂碧霞為北方一般香客心目中的女皇，確是實在的話。」

圖 1-15：長治市「市保」碧霞宮，潞城市人民政府立石

君最初的興起是與泰山密切相關的，泰山封禪是自秦至宋的古代官方禮儀中的重大事件，但在「宋代以前有關泰山的非官方活動和信仰不很明確」，只是出現了一個人格化的男性泰山神；有趣的是，這個男性神靈在後來「有了其個性、家庭（包括一個妻子和五個孩子）以及一個獨特關鍵的管轄範圍：冥界」。❷❸與此有關的另一條歷史線索是，自秦代以來對「玉女」的崇拜隱約可見❷❹，到 11 世紀時

---

❷❸　〔美〕彭慕蘭《泰山女神信仰中的權力、性別與多元文化》，〔美〕韋思諦編，陳仲丹譯《中國大眾宗教》，南京：江蘇人民出版社，2006 年，頁 119－120。

❷❹　羅香林〈碧霞元君〉，《民俗》周刊第 69、70 期合刊，頁 11。

宋真宗在泰山封禪時發現一尊玉女像，令人致祭，並為之作記❷，還修建了玉女祠（即今天仍存在的碧霞祠）。此「玉女」與泰山神及其「家庭」間到底有何聯繫，並不知曉，但事實是，自宋代以後，兩者出現了合一的面貌，「玉女」被作為了東嶽泰山神的女兒或被稱為泰山娘娘，其地位出現了連續上升的趨勢，直至被稱為「碧霞元君」。（圖1-16：碧霞宮內全景）（圖1-17：碧霞宮外全景）

圖 1-16：碧霞宮內全景

---

❷　見馬端臨《文獻通考》卷九十「郊社考」（北京：中華書局，1986 年）：「泰山玉女池在太平頂，池側有石像……上與近臣臨觀……令欽若致祭，上為作記。」

圖 1-17：碧霞宮外全景

　　從泰山神靈譜系在民間的被擴展，可見民間信仰的變化和現實民眾生活之間的密切關聯，換句話說，民眾信仰的現實需求可能在某種程度上推進了泰山神靈譜系的發展和變化；而從宋代開始時官方的屢加重視，又顯示了其在官方視野中的被「發現」和被重視的過程，當然，碧霞元君在明代並沒有列入國家祀典❷，但這似乎並不影響她在明清時期的信仰地位。

　　鑒於碧霞元君信仰在泰山的繁盛，山東一地大量建造碧霞元君廟，「各地有許多碧霞元君廟，幾乎每個縣都有一些。根據清代後期縣誌記載，菏澤縣（在山東）一個縣就有 39 座」，「在找到的華

---

❷　〔清〕張廷玉等撰《明史》卷四十七「禮一」，卷四十九「禮三」，卷五十「禮四」，北京：中華書局，1974 年，頁 1225、1283、1309。

北（多數在山東）74 部縣誌中發現總共提到 134 座碧霞元君廟。由於許多縣誌只列縣城所在『正統』廟宇，真實的總數肯定要多得多」。碧霞元君信仰的興盛亦帶動了以廟會為中心的商業活動的發展，山東「每年在當地各座廟中為碧霞元君舉行 47 天的節慶，許多縣誌都提到在這些廟會上的商業活動都大大地影響到了縣裏當年繁榮的情況」。❷北京一地的碧霞元君信仰也在明清時期達到了一個相當的高峰，所謂「京師香會之盛，以碧霞元君為最」❸。據趙世瑜的考證和歸納，其時北京的碧霞元君廟主要有五個，即「五頂」：東頂在東直門外，在明代已肯定存在；南頂有二，一為大南頂，在左安門外，建於明成化間，一為小南頂，在永定門北，建於明正德五年（1510）或之前；西頂在藍靛廠，建於明萬曆三十六年（1608）；北頂在安定門外，建於明初；中頂在右安門外，建於明天啟七年❹。所謂「頂」，清康熙三年〈中頂泰山行宮都人香貢碑〉中解釋說：「祠廟也，而以頂名何哉？以其神也。頂何神？曰：岱嶽三元君也。然則何與於頂之義乎？曰：岱嶽三元君本祠泰山頂上，今此樓，此神亦猶之乎泰山頂上云爾。」❺借「頂」代指

---

❷　參見彭慕蘭對山東縣誌資料的梳理，上引三條引文分見其《泰山女神信仰中的權力、性別與多元文化》（〔美〕韋思諦編，陳仲丹譯《中國大眾宗教》，南京：江蘇人民出版社，2006 年），頁 121、頁 138 註 26、頁 121。

❸　〔清〕潘榮陛《帝京歲時紀勝》「天仙廟」，北京：北京出版社，1961 年，頁 17。

❹　趙世瑜〈東嶽廟故事：明清北京城市的信仰、組織與街區社會〉，見其《小歷史與大歷史——區域社會史的理念、方法與實踐》，北京：三聯書店，2006 年，頁 189－193。

❺　《北京東嶽廟與北京泰山信仰碑刻輯錄》（北京：中國書店，2004 年），頁

泰山碧霞元君，顯示的是北京碧霞元君信仰源自泰山的正統性。除此之外，華北其他地區也有碧霞元君廟，東北也有眾多的碧霞元君廟**❸**，河南浚縣至今還保存著建於明代嘉靖二十一年（1542）碧霞宮。

　　在簡略梳理碧霞元君信仰歷史之後，再反觀賈村碧霞宮的建造歷史，筆者發現其中有一個從「九天聖母」至「天仙聖母」的重要變化。先來看碧霞宮修建歷史上的幾次變化，據相關碑文及在廟中發現的殘石題記，茲列表如下：

表 1-2：明清時期碧霞宮重修情況

年代	損毀情況	重修建築及其它
明正統八年（1443）二月二十四日重修		今存殘石
明成化二十三年（1487）－明弘治十年（1497）－明正德元年（1506）	「梁棟日朽，瓦石盡□」	正殿及塑像、東西二殿，後殿及左右附殿、東西殿並塑像，妝樓，山門，東西廊房
明弘治十四年（1501）		今存殘石題記，可見當時有所修建
明嘉靖十二年（1533）		正殿兩廊增設香爐
明嘉靖三十七年（1558）		今存大門殘石題記，可知此年修大門

352，轉引自趙世瑜《小歷史與大歷史——區域社會史的理念、方法與實踐》（北京：三聯書店，2006 年），頁 190。

❸ 田承軍〈清代東北地區的碧霞元君廟〉，《泰安師專學報》2002 年第 1 期，頁 18。

| 清康熙三十二年（1693） | 「風雨傾圯，殿宇……凋敝」 | 正殿、寢宮（即後殿，其餘修建碑殘不知） |
| 清康熙四十八年（1709）－清雍正十三年（1735）－清乾隆六年（1741） | 「一切聖像俱已殘毀，內外廟宇俱已塵垢」 | 塑像，維修廟宇 |

　　歷次重修中有兩個時段的重修比較重要，一個是明成化二十三年（1487）至正德元年（1506）歷經 19 年的長久的重修，另一個是清康熙三十二年（1693）「歷數十載」的重修，其間近一百年的時間之內廟名有一個明顯的變化，即「九天聖母」變為「天仙聖母」，筆者認為，這是兩個不一樣的神，而後人多將二者含混為一，習焉不察。

　　上文對碧霞元君的信仰歷史已有一個簡單的梳理，此處有必要對宋、元、明間「泰山玉女」神向「碧霞元君」神的轉化稍費筆墨。宋真宗曾加封「泰山玉女」為「天仙玉女」，對宋真宗加封一事的記載最早來自明人劉侗、于奕正的《帝京景物略》，說「號為聖帝之女，封天仙玉女碧霞元君」，但這一記載可能有點問題。葉濤指出這僅僅是「順勢推測」不足信[32]，他進一步指出，道教在元末對泰山玉女的吸納和明初宮廷對泰山玉女的信仰，促成了「天仙玉女碧霞元君」稱號的產生，而在民間利用相關寶卷的傳播，使碧霞元君信仰達到明清時期的鼎盛狀態[33]。既如此，則「天仙玉女」碧霞元君的信仰主要是在明清時期達到其鼎盛階段的。「天仙聖

[32]　葉濤〈論碧霞元君信仰的起源〉，《民俗研究》2007 年第 3 期，頁 200。
[33]　葉濤〈論碧霞元君信仰的起源〉，《民俗研究》2007 年第 3 期，頁 200。

母」之名應是對「天仙玉女」稱號進一步升級的結果。

而在對碧霞元君信仰流變的考察中，未見關於「九天聖母」的明確記載。離潞城市不遠的平順縣（原屬潞城縣，即今潞城市）有一座九天聖母廟，廟中存多通與「九天聖母」相關的碑刻❸，碑文清晰可見可能在唐代就已興起並一直延續至清代的「九天聖母」信仰的歷史線索，並且值得注意的是，碑文中沒有一處提到「天仙聖母」、「天仙玉女」或「碧霞元君」。九天聖母信仰最主要的緣由可能是唐李靖曾於平順一地向聖母討教行雨之法，此地也因之被稱為「聖母之仙鄉」，於此也可見，九天聖母和碧霞元君是不一樣的神靈。鑒於九天聖母信仰之久和碧霞元君產生之晚，筆者認為，賈村的「九天聖母」可能與平順的九天聖母關係更密切一些，而不是與碧霞元君。

據明嘉靖十二年（1533）〈重鑄香爐施錢碑記〉中「古建九天聖母正殿」一語，可知碧霞元君信仰可能在明嘉靖十二年（1533）時尚未傳入賈村，而據清康熙三十二年（1693）〈重修天仙聖母廟記〉可知，至晚在清康熙三十二年（1693）時碧霞元君信仰已在賈村出現了。在咸豐十一年（1861）崇道等村轉賽所用的《排神簿》中，有「九天聖母碧霞元君」、「九天聖母元君」（是對「九天聖母碧霞元君」的簡寫）的神位❸，崇道與賈村緊鄰，「九天聖母碧霞元君」之名可能正反映了九天聖母信仰和碧霞元君信仰在賈村等地逐

---

❸ 參見馮俊傑〈平順聖母廟宋元明清戲曲碑刻考〉，《中華戲曲》第 23 輯，北京：文化藝術出版社，1999 年，頁 1—48。

❸ 參見附錄三〈賽社抄本選錄〉。

漸被合二為一的歷史發展狀況。

　　碧霞元君信仰於明清間在潞城賈村等地的興起與發展，可能比葉濤描述的碧霞元君信仰在元明之間的興起要晚，卻與他描述的其後碧霞元君信仰在民間的廣為流布是相應的，從明嘉靖十二年（1533）至清康熙三十二年（1693）間的變化，可以顯示出碧霞元君信仰在晉東南一地的一些流布情況。

　　關於流布，此處另舉一則材料為證。距山西長治市潞城不遠的晉城市東四義村清震觀清乾隆十八年（1753）〈創建四聖、地藏神祠並東西兩廡碑記〉中有言：「今於鼓樓西改立碧霞宮一所，以安其神。」據考證清震觀始於唐❸❻，歷代補修擴建，碧霞宮顯然是其為新增加的碧霞元君神靈新建之所，我們知道，廟中鼓樓的位置相對不重要，「改立」正顯示了碧霞元君信仰在當地流傳時間不久、地位還不夠高，但「以安其神」又顯示了在當地民間的信仰普及程度，必須「安放」和「有個名分」；又清嘉慶十三年（1808）〈碾玉玉帝關帝真武湯帝碧霞聖母各殿並碾玉舞樓起造東西樓房上下十二間碑記〉，碑名提到了「碧霞聖母」，碑文有言：「正殿祀昊天玉皇，旁祀關聖帝君、真武、湯帝、泰山諸神。」兩相對應可知，「碧霞聖母」為殿名，「泰山諸神」為神名，「泰山諸神」中應包括「碧霞聖母」神，且為主神，故以之為殿名，其它神作為配享之神，也供奉在「碧霞聖母」殿內。與乾隆十八年（1753）的情況相比，此時碧霞元君的地位似有所上升。

---

❸❻　曹飛〈晉城東四義清震觀歌臺碑刻考述〉，《中華戲曲》第 23 輯，北京：文化藝術出版社，1999 年，頁 103－120。

　　前文曾討論了「先有碧霞宮，後有潞城縣」的當地傳說可能顯示了「碧霞宮」的歷史可以早至宋，如果考慮到「碧霞宮」的前身為「九天聖母廟」，那麼，「先有碧霞宮，後有潞城縣」的說法，其實應理解為賈村「九天聖母廟」的歷史可能早至宋。而「先有碧霞宮，後有潞城縣」的說法是在何時產生的呢？據前文所述，賈村碧霞元君信仰的出現不大可能早於明嘉靖十二年（1533），故「碧霞宮」之名和「先有碧霞宮，後有潞城縣」的說法也當晚於此時。

　　就賈村來講，其於明嘉靖十二年（1533）至清康熙三十二年（1693）間從九天聖母信仰至碧霞元君信仰的變化，也是其在明清之間發展出與平順九天聖母信仰完全不同的信仰歷史的過程，對於這一變化的深層內容，此處尚無力討論。不過，可見的是，明清以來在北方碧霞元君信仰的影響之下，賈村等地的九天聖母信仰與碧霞元君信仰逐漸合二為一，甚至，賈村碧霞宮逐漸被理解為是一個以祭祀碧霞元君為主的廟宇。碧霞宮在後來的歷史的發展中將晉東南一地的地方神二仙奶奶（沖淑、沖惠真人）以及子孫娘娘、眼光娘娘、閻王、馬王、蝗王、五瘟、六丁、六甲、昭澤、三峻、龍王、三清、三皇等大小神靈一併納入，逐漸形成了今天的規模。（圖 1-18：碧霞宮現狀示意圖）

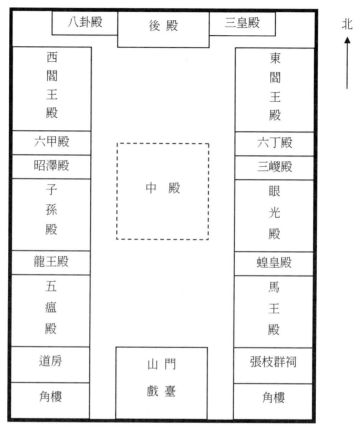

北 →

	八卦殿	後 殿	三皇殿
西閻王殿			東閻王殿
六甲殿			六丁殿
昭澤殿		中 殿	三峻殿
子孫殿			眼光殿
龍王殿			蝗皇殿
五瘟殿			馬王殿
道房	山 門戲 臺		張枝群祠
角樓			角樓

圖 1-18：碧霞宮現狀示意圖

二、其他廟宇的信仰變化狀況

　　除了可能在宋元時期就已創建的碧霞宮外，對賈村其他廟宇的創建年代是無法得知的，通過有限的碑刻資料，可對其他各廟歷史的變化作一個大體的描述。根據供奉神靈的不同，賈村現存的廟宇

大體可分三類：㈠供奉道教神靈的廟，如碧霞宮、玉皇廟、呂祖
庵、祖師廟、三元宮、土地廟、北五道小廟、關帝廟；㈡供奉佛教
神靈的廟，如三大士廟、觀音閣、白衣堂、佛殿、崔府君廟（應為
崔姓家廟，也稱古佛堂）；㈢供奉儒教神靈的廟，如文昌閣。這是一個
儒、佛、道信仰共存的村子，先來看道教信仰的情況。

㈠供奉道教神靈的廟宇

1.玉皇廟。廟中最早的重修碑為明嘉靖二十二年（1543），可
見此廟至晚在明嘉靖二十二年（1543）已經存在了，時因「疏
漏」，故於當年二月初一日至三月初八日「重修翻蓋」。筆者在村
中調查時，發現其西配殿脊頂上有「乾隆四十年三月十五日立」的
字樣，可見乾隆時也有過修築。玉皇大帝在道教諸神中的地位僅次
於三清，但在民間卻被當作最高級別的神，宋真宗時玉皇曾被封
號，明清以來其信仰在民間非常普遍，從現存的「靈雨」匾可知，
玉皇大帝在賈村有作為祈雨對象而被信仰的功能，碑中稱「吾村之
祈雨於玉皇上帝者，早已屢經屢驗靈」即是。（圖1-19：玉皇廟）

2.三元宮。三元宮也稱三官廟，三官即天官、地官、水官，其
誕辰即是三元，三官在道教神系中出現的時間比三清還早，唐宋時
有所謂三元節，信仰很隆重，明清以來，三官信仰在民間很普遍。
據新碑〈潞城縣南賈村重修三元宮碑誌〉，賈村三元宮「始建於清
朝康熙五十九年」，即1720年，到1958年時，被拆除。（圖1-20：
三元宮）

3.祖師廟。據清道光二十七年（1847）〈重裝神像序〉碑文，
可知此廟原有「魯班神祠」，供奉魯班，魯班為行業祖師，故此祖
師廟有可能指魯班祖師。但「祖師」也指真武大帝、玄武大帝，真

圖 1-19：玉皇廟

圖 1-20：三元宮

武在唐宋時都得到過官方的加封，明代以來在民間流行甚廣。此廟供奉真武起自何時，尚未可知，1995 年所立碑中記載：「一九四七年神像遭損，殿堂作為集體糧庫，達四十餘年……按原始設置裝塑起祖師、桃花、周公三尊臺像；增塑龜蛇落地立像倆尊。」可見，至晚在 1947 年已供奉祖師神靈。（圖 1-21：祖師廟）

4.關帝廟。關公信仰在宋代已納入道教神系，明清間更被加封帝號，在民間信仰十分普遍。賈村現存關帝廟無碑無載，但關公稱帝是明代的事，既稱關帝廟就不會早於明代，從斗拱小巧的建築風格看也不會早於明代。廟內現存有五十多幅壁畫，內容講的就是關公故事。（圖 1-22：關帝廟）

5.呂祖庵、土地廟、五道廟。呂祖庵和土地廟在 1958 年已被拆除，原先廟宇甚為廣大，呂祖即呂洞賓，是具有全國性信仰的神

圖 1-21：祖師廟

圖 1-22：關帝廟

靈，明清以來很興盛；因為明初規定城市建城隍廟，鄉村建土地廟，所以各地的土地廟很多。五道將軍是明清以來民間信仰的小神，在晉東南地區較為流行，筆者在賈村看到的北五道小廟的一條碑文，是清代道光八年（1828）的重修記錄。

在賈村這些道教廟宇中，玉皇廟在明代已存在，其他多在清代也已存在，這與明清以來道教神靈在民間的信仰時間大體一致，這些信仰大體持續到中華人民共和國成立不久，20 世紀 80 年代以來才出現了逐漸恢復的趨勢，但其中只有玉皇廟和三元宮的恢復情況較好。

㈡供奉佛教神靈的廟宇

1.三大士廟。根據碑文記載的情況，賈村佛教廟宇中產生年代最早的應該是三大士廟，有現存明崇禎十六年（1643）重修碑記為

證。三大士指佛教的文殊、普賢和觀音,此廟明崇禎十六年
(1643)、清乾隆五十七年(1792)和清道光六年(1826)的三次重修
記錄,見證了三大士的信仰在明清之間的流行狀況。三大士廟又稱
「觀音堂」,明崇禎十六年(1643)年的《重□三大士記》中有
記:「潞邑南賈,古有觀音堂三楹,爾來年月永久。」現在賈村村
民就有叫三大士廟為「觀音堂」的。從所引碑文也可見三大士廟最
早是供奉觀音的,後來漸成「三大士」。

2.觀音閣、白衣堂。這兩個廟現存最早的碑都是清道光間的,
觀音閣自是供奉觀音的,白衣堂也是,其民國五年(1916)的〈重
修白衣堂碑記〉中記曰:「白衣大士宮,不知建自何代,始自何
人,但世遠年湮,風雨摧殘。」可見「白衣」即指白衣大士,也即
是觀音。現在依舊有香火供奉,但將「白衣」誤為「白蛇」,所以
供奉變成了「白蛇」和「青蛇」。(圖1-23:白衣堂)

3.崔府君廟。崔府君廟存碑最早為清嘉慶十四年(1809),碑
名〈潞城縣南賈里二甲崔姓家廟碑記〉,從碑名和內容看,現名崔
府君廟是一個誤會。碑中稱:「且夫古佛堂由來舊矣。」可見原是
一個佛教廟宇,並且這個「古佛堂」是崔姓的家佛堂,崔姓是村子
裏較早就存在的姓氏,至今尤有大量崔姓後人,賈村崔姓後人崔金
旺老人(71歲)證實了這一點❸。「古佛堂」到清道光二年(1822)
仍然存在。白衣堂現存清道光二年(1822)〈萬善同歸〉壁碑,碑
為重修白衣堂的記錄,其中施錢人中有「古佛堂」三字,值得注意
的是,「古佛堂」之名是與其他施錢人姓名並列在一起的,可見它

---

❸ 採訪時間:2006年11月30日。

圖 1-23：白衣堂

是作為全體崔姓的代表而出現的。古佛堂裏供奉什麼神不得而知，但一定是佛教神靈，有至今猶存的廟門牌匾「渡群品」為證。「渡群品」語見禪宗史書《景德傳燈錄》，其卷三講達摩祖師和二祖神光傳承禪宗故事，神光為求道立於雪中，達摩不忍，問曰：「汝久立雪中，當求何事」，神光悲淚曰：「惟願和尚慈悲，開甘露門廣度群品。」神光後斷臂得道❸。因此，「渡群品」當為佛教普度眾生之意，用在古佛堂門匾，其意自明。用「崔府君廟」之名當是在清道光二年（1822）之後。崔府君信仰在唐宋時已有，屬於道教神，崔府君信仰在山西晉東南一地較為普遍，山西晉城陵川即有崔

---

❸　〔宋〕釋道原《景德傳燈錄》卷三，《四部叢刊》三編子部，上海：上海書店，1985 年。

府君廟。崔府君信仰被「安插」進崔姓家廟當中,當發生在崔姓衰
落之後,其關於自身的歷史記憶變得模糊之時,才有可能混淆兩種
截然不同的信仰。(圖1-24:崔家堂)

　　4.佛殿。佛殿在 1958 年時被拆,現僅存遺址。經當地人回
憶,佛殿所信之神為釋迦牟尼、地藏王、觀音菩薩、送子觀音等。

圖 1-24:崔家堂

㈢供奉儒教神靈的廟宇

　　現今發現供奉儒教神靈的只有文昌閣一座,文昌信仰在宋元間
已有,原先是四川梓潼的一個地方神,後來得到官方的加封成為
「文昌帝君」,明代中後期開始普及,清代則「文昌之祠遍天
下」。賈村文昌閣於 1958 年被毀,其原供奉孔子、孟子、文昌
等。

上文對包括碧霞宮在內的大小 14 座廟的歷史作了盡可能的勾勒，限於資料，尚有許多空缺。無論歷史的久遠、信仰的繁盛，還是建築的闊大、影響的廣泛，碧霞宮在賈村所有廟宇中皆居於中心地位，下面，從廟宇開展祀典的歷史情況，再對此作進一步的論述。

三、「祀典」與賽社活動

在碑刻資料中，筆者注意到關於廟宇「祀典」的三條材料，現引用如下：

材料一、碧霞宮清乾隆六年（1741）〈重修碑記〉：「詳述修、塑原委，敬勒諸石，非曰以彰勤勞也，一以見神廟之維新，一以見**祀典**之克展，且並使後之觀者有□□於今而興起之，亦如今之有所感於昔而興起之也云爾。」

材料二、三大士廟清乾隆五十七年（1792）〈置東郭村中地九畝碑〉：「奈廟無積聚，**祀典**多曠，殊非敬神如在之理……置到東郭村中地九畝，以為香燭之用，庶祭祀以豈而神之靈爽於焉。」

材料三、觀音閣清道光十一年（1831）〈禁地土樹林碑記〉：「自古建廟奉神，必置田產，蓋□助祭祀之資，而不敢或有毀傷也。奈人心不古，非竊樹木以□營利之計，即斂田土以傷播種之業，若不早為杜防，恐滋蔓難圖，有累於**祀典**者不淺。」

「祀」者，祭祀也。「典」者，典禮、儀節、典雅莊重之意。「典」，還有已經存在久遠，可作典則之意。因此，所謂「祀典」，應該是指祭祀用的一套典雅莊重的儀式，而且是已經存在很長時間，具備標準、準則意味的祭祀儀式。那麼，既以「祀典」為

名，三條材料顯示出三座廟宇都已經具有了一套敬神、祭神的儀式傳統，並從不同的層面上顯示了祀典的具體情況：

1.材料一指出了「祀典」對修廟的意義以及兩者的關係和延續神廟及其祀典的歷史意識。歷代對同一座廟不斷的翻修，並非「以彰勤勞也」，而是「一以見神廟之維新，一以見祀典之克展」，此處可知，「祀典之克展」有賴於「神廟之維新」，而「神廟之維新」最終還是要「見祀典之克展」，兩者是相互依存的；所謂「且並使後之觀者有□□於今而興起之，亦如今之有所感於昔而興起之也云爾」，強調的是「歷史」意識和延續的願望，而需要延續的是神廟及其祀典得以運轉的觀念和意識。

2.材料二涉及到了祀典與經濟的關係，祀典須要相應的經濟收入作保障，於是村民「置到東郭村中地九畝，以為香燭之用」，這樣才可以有規律、恰如其時地開展祭祀活動，神才有靈驗，所謂「庶祭祀以嘗而神之靈爽於焉」。這裏暗示出祀典與村民生活的相互依存關係，祀典有賴於經濟的保障，而村民也藉神的靈驗之力更好地生活。此材料中「祀典多曠，殊非敬神如在之理」也指出了祀典的含義所在，即通過一套規整嚴肅的儀式，與神有了更為直接的交流，即「敬神如在」。

3.材料三也談到了祀典與經濟的關係，指出對樹木和田產的破壞，實則損害了祀典的根本依存所在，因而是「有累於祀典者不淺」。碑文進一步提出了對破壞者的懲罰措施：對私自截取田土者「罰大錢壹千文」，對任意砍伐樹株者「罰大錢伍千文」。這些懲罰措施是需要「約社公議」的，社是奉行祀典的基本單位，祀典是用來維繫社中成員認同的儀式行為，那麼祀典的破壞最終是要影響

到「社」這個單位內的集體認同的，故是在深層意義上的「有累於祀典者不淺」。

上述的分析，讓我們明白了「祀典」的涵義和意義、與經濟的關係、與社眾的認同關係等，那麼這三座廟舉行的祀典的具體內容是什麼呢？三座廟大體在村子的同一條線上，正好居於村子的西、中、東三個位置，又代表了道教和佛教這兩種村中最主要的宗教信仰，某種程度上可以見出賈村神廟祭祀之一斑。從上文對材料的分析，「祀典」可能更多是指常規性的祭祀活動，如材料二所示，「置到東郭村中地九畝，以為香燭之用，庶祭祀以峕而神之靈爽於焉」，常規祭祀一般就是「祭祀以峕（時）」的燒香磕頭許願等，香、燭是這類活動的常用和必備的祭祀用品，為大型祭祀活動所用是不夠的。但是，「祀典」的內容也不能排除祭祀中進行「迎神賽社」活動的可能。

碧霞宮是否舉辦過大型賽社活動？李天生指出，碧霞宮例行要舉行官賽，「每年一賽，隔 40 年還要大辦一次。每賽均有樂戶按官差『支應』，縣府還有人參加」[39]。微子鎮朱氏樂戶和平順縣西社村王姓樂戶都曾為碧霞宮大賽支過賽，西社王姓還留有光緒十六年（1890）二月二十二日的契約，提到「每年四月賈村、城隍廟賽事」[40]。李的說法和西社村的證據可說明賈村碧霞宮確實舉行過賽社活動，並且至晚在清末民初時碧霞宮已有賽社活動。上述材料一

---

[39]　李天生〈讀者來函──由「山西賽社專輯」引出的話〉，《民俗曲藝》第110輯，臺北：財團法人施合鄭民俗文化基金會，1997年，頁185－186。

[40]　李天生、楊力軍〈西社村王姓樂戶考〉，《晉東南師範專科學校學報》2002年第6期，頁43。

中可見賈村碧霞宮於清乾隆六年（1741）之前已有「祀典」舉行，也許會是迎神賽社的祀典，如果成立，就可將碧霞宮賽的歷史推至清乾隆六年（1741）。前文已討論過明萬曆二年（1574）賽社抄本《禮節傳簿》為賈村辦賽所用，且一般認為是碧霞宮賽所用，如山西省戲劇研究所〈上黨古賽史料新發現〉和吳秀玲〈論晉東南古賽演戲的儀式性因素〉等文，若如此，碧霞宮賽社活動可能在明中葉即已舉行。

賈村玉皇廟明嘉靖二十二年（1543）〈重修玉皇上帝廟碑記〉中有「賈村香老郭芳等謹發虔心」的記載，重修工作的花名中又有「馬疋通事郝受山」之名，我們知道，「香老」和「馬疋」是迎神賽社活動中的執事人員，「香老」「主要負責早晚神前叩拜敬香」[41]，「馬疋」則在賽社的遊行隊伍中擔任維持秩序的職責，權力很大，可以管理對遊行隊伍衝撞的任何人，並進行神靈附體表演，具有巫術痕跡[42]。據此可知，明嘉靖二十二年（1543）時賈村可能已有了迎神賽社的活動，若如此，則比《禮節傳簿》中所記的明萬曆二年（1574）還要早31年。

將扮「馬疋」的人名寫進碑刻的做法在玉皇廟 2001 年的〈重塑碑記〉中也出現了，近年在賈村碧霞宮賽社中多次扮演「馬疋」的宋玉生就被寫入了碑刻，放在主持者之後，如明嘉靖碑一樣，可能這是一個對已有的「傳統」的效仿。據李天生〈賈村賽社採訪

---

❹❶ 喬健、劉貫文、李天生《樂戶：田野調查與歷史追蹤》，南昌：江西人民出版社，2002 年，頁 231。

❹❷ 寒聲主編《上黨儺文化與祭祀戲劇》，北京：中國戲劇出版社，1999 年，頁5。

記〉中「香火會本來是玉皇廟的，二月辦。後來合併到碧霞宮辦賽時一併舉行，放在迎神時」的記錄，可知歷史上玉皇廟也曾有過自己的賽社活動。鑒於明嘉靖二十二年碑中「二月初一日起工重修翻蓋」玉皇上帝廟的日期與玉皇廟「二月辦」香火會日期恰好接近，可以推測明嘉靖間玉皇廟可能已有辦賽活動。

第三節　民俗生活中顯示的祭祀格局

　　現今賈村村民的日常生活中保留有許多傳統的活的民俗形態，這些日常民俗生活形態一方面顯示出某種曾經的祭祀傳統格局的存在，另一方面也是促成傳統賽社活動在當代延續、生成和轉化的土壤。下一一敘之：

一、婚俗 [43]

(一)祭風

　　結婚前一天晚上，男方家裏要舉行祭風儀式，祈求第二天「辦事」風調雨順。祭風時，由新郎手托供品（一般是饅頭 5 個，上插紙制「風伯雨師」牌位），在八音會吹打的伴隨下，往村中東南角舉行儀式；進行儀式時，新郎燒香向東南方跪拜，同時燃放鞭炮；儀式完畢後，祭風供品和牌位要帶回家中擺放於院內 [44]正中位置，再次燒香叩拜，並由八音會伴奏。（圖 1-25：新郎祭風途中）

---

[43]　以 2006 年 11 月 30 日、12 月 1 日考察村民王建忠、劉豔麗結婚儀式為基礎。
[44]　賈村民居大多為帶院的平房或樓房。

圖 1-25：新郎祭風途中

㈡迎祖先牌位

祭風回來之後，新郎稍事休息就要去迎接祖先牌位。一般是去新郎的爺爺家裏，迎接時也需新郎手托供品（一般是饅頭 5 個），由八音會吹打跟隨；祖先牌位迎回來時，男方家院子大門口地上要燒三炷香，新郎跪拜之後才能進入；祖先牌位擺放於家中屋內，並燒香跪拜，同時八音會在窗外奏樂。祭風和迎祖先牌位之後，新郎等人才可以吃晚飯。

㈢披紅掛綠

新郎要在體面的衣服之上，「披紅掛綠」，即兩肩斜掛、胸前交叉的一紅一綠的綢條，綢條寬約一分米，垂向地面的一頭紮成花狀。舉行祭風和迎祖先牌位時新郎已經開始「披紅掛綠」，進入婚

禮的儀式狀態了。

㈣騎馬

　　第二天快午飯前，迎娶儀式開始。根據條件不同，新郎迎娶新娘可以用車，也可以騎馬，新娘若是本村的，一般騎馬迎娶即可。馬隊共 12 匹，有專門做「神馬」生意的，附近「南舍」、「羌❹⁵城」都有養「神馬」的，一般是老人。迎娶時，由這些老人牽著各自的「神馬」。男方迎娶時自己人坐 6 匹馬，包括新郎和伴郎以及 4 位女性，剩下 6 匹馬由女方的新娘、伴娘和 4 位女性乘坐。迎娶隊伍一路在八音會的吹打下，走街串巷，在街道拐彎之處鳴放鞭炮。（圖 1-26：娶媳婦馬隊）

㈤吃麵

　　中午在女方家吃飯，主要是吃麵。晉東南一般以面招待來賓，相親時如果男方在女方那裏受到了吃麵的招待，婚事就差不多了。婚禮吃麵時，一般來賓都在院內或院外吃麵，不上桌面；辦事的馬隊人員和八音會人員在院內吃，有桌，有酒菜，八音會人員比馬隊人員的桌子更遠離新郎新娘所在的屋子；新郎、新娘、親戚和主要辦事人員在屋內吃，有桌、有酒菜。午飯後，新娘被迎娶到男方家❹⁶，開始正式儀式，叩拜男方父母，婚禮達到高潮。

---

❹⁵　當地發「kang」音。

❹⁶　當地有的婚禮在迎娶新娘時，公婆和司儀都被扮丑，公婆一路轉圈，直至迎娶回家。

圖 1-26：娶媳婦馬隊

二、喪俗❹

㈠「場景」佈置

　　貼訃告。喪人之家要貼訃告，一張貼於自己院門外牆上，另一張貼於村子裏最顯眼的位置，賈村的中心位置是在中街，訃告就貼在中街的布告欄上。訃文如下（原文豎排，左上方用紅筆寫一大大的「聞」字，文中被紅筆有意塗抹數道）：（圖 1-27：貼訃告）

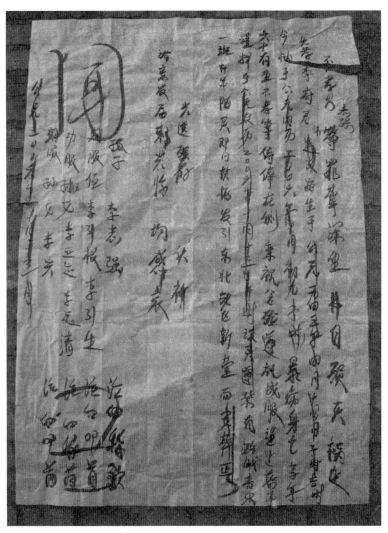

圖 1-27：貼訃告

不孝男志強等罪孽深重弗自隕滅禍□

失孝李府君諱連支距生於公元一九四三年四月十四日子時吉時

今慟於公元舊曆二○○六年十月初九子時暴病身亡享年

六十有五不孝等侍奉在側親祝含殮遵禮成服謹遵慈吊

謹擇於公元農曆二○○六年十月十三日午時設靈遵祭有潞城音樂

一班開吊隨靈即日扶柩發引東北□區新塋而安葬焉

光送隕存 伏祈

諸親友屆期光臨 均感哀

孤子李志強 泣血稽歌

期服侄李引根李引生 泣血叩首

功服孫女李亞運李運清 泣血稽首

期服孫女李關 泣血叩首

公元二○○六年十月十三日

　　搭靈棚，內掛二十四孝圖，靈棚外置紙鶴上寫「駕鶴西遊」；棺材置於靈棚後，棺材兩側各畫四個八仙人物。（圖1-28：靈棚）

　　院門貼白色對聯，掛鄭倫、陳奇像，疊紙人紙馬置於門外等。

　　辦事人員人名張貼：院內貼廚房人名；院外貼攬材、趕車、打雜人名。

(二)迎女婿、迎娘家

　　出殯開始前，在村內中街離喪家很遠處，設案，上擺食物，辦事人員迎接女婿的到來，並由八音會吹打相隨。

圖 1-28：靈棚

迎女婿之後，喪家後人在八音會吹打的跟隨下，去娘家迎接娘家人。

㈢吃麵

迎娘家人回來後，全體參與者吃午飯，主要吃麵。

㈣出殯、唱白事

午飯後，擡棺出靈棚，喪家後人手持哭喪棒，在八音會吹打相隨之下到村中中街，需停留到午後才正式去往墓地。在中街的停留期間，主家會邀請附近的樂隊演唱，據筆者對李小山喪事的調查，唱白事要唱兩類：一是流行歌，一是戲，流行歌要唱歡快的曲子，戲不彩唱，唱上黨梆子、落子。

三、年俗⑱

㈠臘月

二十一：打發小姐走圪節——張老送閨女：嫁出去的閨女必須回婆家，因為二十三竈家爺上天，要點人。

二十三：打發老爺上老天——竈家爺上天，彙報工作。對聯：二十三日走，初一五更來。家家過小年，吃祭糖，糊竈家爺嘴。對聯：上天言好事，回宮降吉祥。

二十四：掃房子——因老爺上天，打掃衛生，搬家具。

二十五：蒸團子——開始準備過年吃的，在過去團子要算是主食。

二十六：割下肉——買年貨，再沒錢也得買點肉。

二十七：買紙筆——準備寫對聯。

二十八：瞎個刷——過年寫對子家家要寫，過去有文化的人很少，所以有點文化的人，就可以寫。

二十九：倒下酒——過去都是散酒，沒有瓶裝，買酒的時候，叫做打酒。

三十：門神老爺貼掛起——門神爺在一個家庭是起著門衛的作用。對聯：唐朝兩員將，而今作門神。一門二進士，文武雙狀元。一門多清潔，四季保平安。

㈡正月

初一初二正拜年——初一團拜，家族小輩向長輩集體拜年。初

---

⑱　年俗資料由賈村杜同海先生提供，謹致謝意。

二，外甥走姥姥家。

初三初四招小姐——初三走老丈人家，初四姑姑家。

初五送五窮——兩種說法：1.道教信的神比較複雜，在三十日接神時有些不該請的神，也串進來，所以在初五早晨送走。2.因初一至初五，打掃衛生掃一些灰（窮灰）不敢往外倒，於是在初五早上，準備煤灰五堆並倒於門外，以示送五窮。

初六：不敢動鬥稱。

初七：不敢吃黑菜。

初八：祭星來。

初九：揪懶漢。

初十：老鼠娶媳婦。

十一十二：碾黍子。

十三十四：蒸黃糕。

十五十六：鬧元宵。

四、謝土❹

新房蓋起三年內每年都要舉行謝土儀式，感謝后土，以示敬意。頭一年最隆重，後兩年相對簡單。院門上要貼致謝后土的對聯。（圖1-29：祭謝土府）

1.室內設供

白酒一斤、豬肉一斤、雞蛋六個、點心五盤、三牲盤一個、水果五盤、乾果五盤、五色紙各五張、五穀炒米各一份、紅布各一

---

❹　以2006年12月1日考察賈村杜同海先生為村民秦連升家謝土為基礎。

圖 1-29：祭謝土府

尺、茭杆五根、麥杆頭插棗作箭六根、小弓一把、黃土一小桶上插稱杆。

　　2.牆貼榜文（圖 1-30：謝土榜文）

　　3.院內設五方神位

　　南方丙丁火、東方甲乙木、中央戊己土、北方壬癸水、西方庚

圖 1-30：謝土榜文

申金。

　4.燒三炷香，燒完一炷接一炷。室內、院內都燒香。

　5.全部燒香完畢後，將棗頭箭射向院外，稱「桃弓柳箭」；將五穀炒米撒向五方；將紅布撕成小條，繫於宅中各門把手上，主人也將紅布條繫於腰中。所供物品全部倒於盛土的小桶內，以示致謝后土。

五、集市

每月初二、十二、二十二都會在村內最大的中街舉行集市。
（圖1-31：集市）

圖 1-31：集市

第四節 一次燒香民俗活動的個案呈現：
日常信仰背後的秩序

賈村現存 14 座新舊、大小廟宇和 3 座散佈村中各處的五道將
軍廟，供奉著眾多的神靈，囊括了儒、道、佛三教，至今香火十分

旺盛，構築了整個村落的信仰空間。至今，每年的除夕過年、農曆
「二月二」、農曆「四月四」都要舉行大規模的燒香活動，期間，
村民要把全部廟宇都串遍，依次燒香呈供。日常的燒香活動則是每
個月的初一和十五，村民根據自己的習慣，選擇性地在某幾個廟中
進香。另外，有些村民在二十四節氣及其它日子也會進行燒香活
動。筆者根據調查時的一次親歷，對燒香活動作一次個案分析，試
圖顯示村民日常信仰活動背後的內在秩序。

時　　間：2006 年 12 月 4 日（農曆十月十四日）下午約四點至五點❺

燒 香 人：王東梅女士（68 歲）、牛鳳只女士（67 歲）

燒香路線：碧霞宮 ⟶ 五道將軍 ⟶ 玉皇廟 ⟶ 五道將軍

　　　　　 ⟶ 三大士廟

具體情況見下表：

---

❺　筆者選擇王東梅女士、牛鳳只女士兩位村民作調查是隨機的，由於王東梅女
　　士第二天（農曆十月十五）有事不能照常去燒香，所以她選擇前一天（農曆
　　十月十四）提前燒香，並邀請平時相處很好的牛鳳只女士一同前往。雖不是
　　「十五」，但鑒於王東梅女士和牛鳳只女士對「十五」燒香一事的重視和嚴
　　肅性，筆者的調查並不減損有效性。另，從中亦可見信仰活動的「嚴肅性」
　　（「十五」去不了，「十四」也要去）和「變通性」（「十五」去不了，
　　「十四」也可去）。

表 1-3：王東梅、牛鳳只女士燒香活動明細表

廟名與殿名		時間（下午）	點蠟與否	供獻物品情況		燒香與否	磕頭與否
				元寶（黃色紙糊)(單位：個/每燒香人)	小米		
碧霞宮	大殿	約4：02－4：30	點蠟兩支	碧霞元君、沖慧真人、沖淑真人各13個，碧霞元君兩侍女、元君走像、禿奶奶各1個，共43個。	供撒小米	燒香	磕頭
	中殿		不點蠟	供3個	供撒小米	燒香	磕頭
	眼光殿		不點蠟	供3個	供撒小米	燒香	磕頭
	子孫殿		不點蠟	供3個	供撒小米	燒香	磕頭
	張枝群祠		不點蠟	不供元寶	供撒小米	燒香	磕頭
	其他		不點蠟	不供元寶	供撒小米	不燒香	不磕頭
五道將軍		約4：38－4：39	不點蠟	不供元寶	撒於西向池內	不燒香	不磕頭
玉皇廟		約4：39－4：47	不點蠟（廟門未開）	供5個	供撒小米	燒香	磕頭
五道將軍		約4：49－4：50	不點蠟	不供元寶	供撒小米	不燒香	不磕頭
三大士廟		約4：50－5：00	點蠟一支	觀音、文殊、普賢菩薩各供3個，主神觀音兩側各供1個，共5個。	供撒小米	燒香	磕頭

　　現將上面的「點」與筆者於 12 月 5 日（農曆十月十五）調查「十五」燒香活動的「面」結合起來，對上表作進一步的說明和解釋：

　　1.「十五」燒香活動分兩個高潮，上下午各一次，上午約八九點左右，下午約兩三點左右。各人時間隨意，一般是早飯後和午休後。陽曆 12 月天冷，上午燒香的時間可能會往後推一點兒。

　　2.選擇去哪個廟、敬什麼神，都視各人情形而定，正像王東梅說的：「一個人一個信仰，一個人盡一個人的心」；牛鳳只也說：「燒慣哪個就燒哪個。」王、牛平時習慣去的就是碧霞宮、玉皇廟、三大士廟，她們燒香的先後次序與這三個廟在村中的香火旺盛程度大致相仿，也與路程遠近有些關係。村子周圍山上尚有佛殿、呂祖庵、土地廟等幾處燒香地，王、牛平時不去這些地方，農曆二月二香火會等大的燒香活動期間她們會「上山」（去佛殿這幾處）；村裏靠近山的大北街附近的村民有的在初一、十五就「上山」，牛鳳只對筆者「舉例」說：「崔福平❺初一、十五就上山燒，他那道街上山多」。

　　3.燒香活動的具體方式包括：點蠟、供獻元寶、供撒小米、燒香、磕頭五個步驟，次序大致如此，可以變動。供獻的元寶是燒香人自己疊的，牛鳳只在「十五」前幾日就開始準備了。供奉的食物可以是小米，也可以是餅乾、飯食等。去大的廟燒香都會點蠟，王、牛這次去玉皇廟沒點蠟僅僅是因為找不到開廟門的人進不了廟，但她們在廟外「履行」了其他的燒香程式。供獻元寶在整個燒

---

❺　崔福平（61 歲），住貫村後街（大北街），筆者曾於 2006 年 12 月 2 日上午採訪過崔先生，牛鳳只女士知道，故而提及。

香步驟中最受重視，可能因為代表的是「財」。元寶都是有數的，元寶供獻的多少顯示了燒香人在心中的重視與否。供獻元寶都是單數，儘量避免雙數。供撒小米相對「廉價」，只要有神位，「都有飯吃」。燒的香雖然沒有像元寶那樣哪個神幾根香這樣的「數」，但要夠燒，事實上，神的大小不同享受到的香的多少還是有區別的。磕頭方式多樣，拜、叩結合，視各人情形而定。面對同一神殿裏的不同神靈，燒香和磕頭的順序一般都是先中間後兩邊，兩邊是先右後左。碧霞宮裏神殿多、神靈多，從中也可見，燒香、磕頭會照著神靈大小、地位高低的順序來。（圖 1-32：牛鳳只女士提前準備供品）

圖 1-32：牛鳳只女士提前準備供品

4.具體到各個廟。先看碧霞宮，碧霞宮現存 15 個殿：包括大殿、三皇殿、八卦殿、東閻王殿、西閻王殿、六丁殿、六甲殿、三峻殿、昭澤殿、眼光殿、子孫殿、蝗皇殿、龍王殿、馬王殿、五瘟殿，還有原中殿遺址和新增的張枝群祠，共 17 處可祭祀之處，但初一、十五等一般日子只開大殿、眼光殿、子孫殿、張枝群祠 4 處，這裏也可見此 4 處是與村民的生活最相關的信仰之地。大殿❷裏主要供碧霞元君、二仙奶奶（沖慧真人、沖淑真人）、元君走像、禿奶奶，碧霞元君信仰自明代以來在華北地區十分普遍，二仙奶奶則是上黨地區歷來賽社中不可或缺的神靈，元君走像是賽社中便於流動祭祀之用的碧霞元君「替身」，禿奶奶則是賈村當地列於供奉的新的神靈；眼光殿和子孫殿分別供奉眼光娘娘、痘疹娘娘、始祖媧皇聖母、子孫娘娘、注生娘娘等。這些神靈都是女性，掌握著現實中女性結婚、生育、美麗、幸福、忠誠等生活和道德諸事，這些神仙在村民信仰中的重要性是顯見的，也因其女性色彩而受到女性燒香者的重視。中殿只有遺址，原先比現在的大殿要大的多，其重要性不言而喻。張枝群是 1996 年剛剛去世的當地的「神醫」，威望很高，香火並不亞於那些老早就存在的神靈。碧霞宮被王東梅、牛鳳只稱為「廟上」，用一個泛稱來指稱一個具體的廟，可見碧霞宮在王、牛信仰空間中的重要地位。所以，王、牛二人每個人都在碧霞宮裏供獻了 52 個元寶。當然，其中也顯示了一定的差別：大殿 43 個、中殿 3 個、眼光殿 3 個、子孫殿 3 個、張枝群祠不放元

---

❷ 文中的「中殿」，即碧霞宮原大殿，因尚未復建，故暫以碧霞宮之寢宮（即後殿）作「大殿」，以便信眾供奉。

寶。這裏要指出一點，在供獻給大殿裏的碧霞元君、二仙奶奶三位主神元寶時，王東梅因為元寶準備不夠，借用了牛鳳只的元寶，於是，三位主神的 39 個元寶就屬於兩人共同供奉，這看起來不影響王東梅的「虔誠」，她說「趕到初一我再（多上幾個）」，在接下來的燒香過程中，那些需要比較多元寶的地方，王東梅就借用牛鳳只的，其他小的神靈，就用她自己不多的幾個，還是要和牛鳳只分出彼此和你我。這裏顯示出的仍舊是一種「嚴肅性」（初一要補上）和「變通性」（初一可補上）；另外，還可看出其中的「實用性」（元寶不夠，兩個人上一份也可以）和在「實用」前提之下的各人空間（元寶夠的情況下，也不忘分出彼此和你我來）。在每位主神的 13 個元寶中，還可以繼續細分，10 個是這次供的，剩下 3 個是表示平時攢著的，時時不忘。

5.玉皇廟也是村中大廟，這次因為王、牛去時沒有拿上廟門鑰匙，所以她們選擇在門外進行燒香，除了無處點蠟之外，她們各供獻了 5 個元寶，牛鳳只將小米仔細地撒在門外的香臺上，磕頭叩拜絲毫不馬虎。當然，她們也做了一些變通，牛鳳只說玉皇廟裏共有 8 位神靈：玉皇大帝、兩位不知名的神、兩位門神、兩位玉皇侍者、一個玉皇走像，她很明顯地依先中間後兩邊、兩邊先右後左的次序在香臺上撒了 7 小堆米，米堆有大小，只是不知那 8 個神裏她去掉了哪一個；王東梅跟她商量供 5 個元寶，她最後供了 5 個，也不知道最後捨掉了哪幾個。

6.王、牛的最後一站是三大士廟。此廟正殿是觀音、文殊、普賢三大士像，王東梅點了一支蠟，筆者問為什麼，她說「我點了一支」，顯示出「有自己的安排在」的意思來。三大士各供 3 個元

寶，也是王、牛合供；主神觀音兩邊沒有侍女，但她們給每個侍女各供了1個，是王、牛分開供的。隨後她們在南、北兩個配殿各撒了些小米。南北配殿和廂房間的牆壁上開有祭祀天地風雨的小窯，一是「天高地厚」，一是「風調雨順」，她們也撒了些米。

　　7.五道將軍信仰在華北一地的農村裏十分普遍，墨遺萍指出：「晉南農村到處多有五道將軍廟在。」❸五地道位比較低。王、牛在路上碰到兩處五道將軍小窯，一次在村中街，牛鳳只向五道將軍西向而對的池中撒入一把小米，以示敬意；另一次在西街西端，牛鳳只也將小米放入五道將軍小窯內。

　　在上面瑣屑的描述之後，一次普通的燒香活動中內在的秩序非常明顯地「浮現」出來：

　　首先，從時間上已經內在地具有了秩序性，每月的初一、十五在賈村已經習慣性地成為了村民的燒香節日，如果哪次不去，他們總覺得「少點什麼」；而每次較為固定的燒香時間也顯示出燒香活動已經納入了他們的日常生活邏輯中，每月初一、十五的早飯後或午休後，他們都會像「做一件事」式的去廟裏燒香，正是這些「早有安排」的時間使得看起來每個人都不一樣的、「混亂」的信仰秩序井然地展開著。

　　其次，從上面對表1-3的說明可見，無論點蠟、供奉物品、燒香、磕頭，他們都是有一套辦法的。從王東梅、牛鳳只燒香所用的那些元寶來看，燒香者的心裏是十分有「數」的，他們並非「瞎

---

❸　墨遺萍《蒲劇史魂》，太原：山西省文化局戲劇工作研究室，1981年，頁16。

燒」，什麼神重要，什麼神可以忽略，他們都有自己的一個「安排」，這些元寶看起來是因為代表「錢財」而受到燒香者的重視，但正是從這些最實際的舉動中，見出了他們對自己的信仰空間有一個周密的「安排」。在這裏，「信什麼」並不重要，重要的是他們「怎麼去信」的。

再次，在信仰的具體操作中，筆者還注意到燒香者有一套很好的處理原則，如在嚴肅的儀式和實際的「困難」之間，他們會加以變通以便操作；同時，他們也會很「實用」地處理某些儀式，這在某種程度上減損了儀式的神聖性，但卻並不影響他們很有秩序地繼續他們的信仰活動。他們背後篤信的原則是「心」，他們說「心」到即可，「心」就是相沿成習的秩序。

小　結

本章從兩個方面探討了賈村村落歷史中存在的賽社祭祀格局。其一，從以碧霞宮為中心的信仰歷史的延續和變化可見，傳統賽社祭祀格局一直伴隨村落歷史的發展而存在著。本章通過碧霞元君信仰歷史的梳理，發現賈村碧霞宮中經歷了從「九天聖母」到「天仙聖母」的重要變化，這一變化實際上是明清以來碧霞元君信仰興盛、並在北方大為傳播的結果，同時也顯示了碧霞宮在整合新的信仰神靈方面的活力；從碧霞宮、三大士廟、觀音閣三處碑刻資料的分析中，可見祀典活動與普通村民的歷史觀念、經濟生活密切相關並起著社區成員認同的儀式作用；通過碑刻資料的考證，顯示出賈村賽社活動在明嘉靖二十二年（1543）時可能已經開始舉行了，若

如此，則比《禮節傳簿》抄立的明萬曆二年（1574）還要早 31 年。
通過與歷史觀念、經濟生活、社區認同緊密相連的祭祀活動的舉行
和有效的信仰整合能力，以碧霞宮為中心的傳統賽社祭祀格局得以
長久地存在。其二，從現存婚俗、喪俗、年俗、謝土、集市等民俗
生活和對一次燒香民俗活動的個案考察，可以看到傳統的賽社祭祀
格局保留了相當的延續性。

第二章

傳統賽社祭祀格局在當代的恢復：賈村賽社及其戲劇活動的興起與發展（1996－2006）

第一節　當代賈村辦賽概說

一、潛在的賽社傳統（1945－1996）

傳統的賽社及其戲劇活動在當代似乎有一個斷裂：自 1937 年由於戰亂賈村賽社停止並於 1945 年舉行過最後一次廟賽，至 1996 年重新恢復「二月二」香火會的五十餘年間，傳統的賽社一直沒有再舉行過，但是，當我們一旦看到 1996 年賽社活動恢復時民間社會迸發出來的驚人力量，就會發現，傳統的賽社文化仍然在民間存留著相當深厚的底蘊。

賈村賽社在 1945 年之後並非完全沒有了影蹤，賈村杜同海於 1997 年所寫的〈潞城市崇道鄉南賈村碧霞宮農曆四月初四古廟會

簡介〉提到：「歷史記載每隔四十年舉行一次大賽，在民國六年
（1917）舉行過，在五七年也準備舉行，根據當時形勢沒有舉行
成。」❶從 1917 年到 1957 年正好是 40 年，賈村有「四十年一大
賽」的說法，1957 年是適逢其時。從「四十年一大賽」的歷史慣
性中，可以看到明顯的歷史傳承和可能潛在著的民間活力。鑒於距
離 1945 年時間不久，當時在民間恢復舉辦這樣的活動在賽社活動
本身的準備條件上恐怕是不需花費很多力氣的，但是，是什麼「形
勢」使賽社活動不能舉行呢？我們知道，晉東南地區在 1945 年即
已全面「解放」，賈村於 1945 年之後也不再辦賽，兩者間是有密
切關聯的，賈村所在的太行地區的「解放區戲劇運動」在 1944、
1945 年左右達到了它的黃金時期，「革命」話語代表的激進的文
化態度和傳統祭賽戲劇活動的「保守」的文化傳承方式之間很難沒
有衝突，雖然現在還無法勾勒其間有著怎樣的文化細節，但賈村賽
社活動的停止與「解放」的同步卻是事實。建立在戰爭時代經驗基
礎上的文藝政策一直延續到了 1949 年全國解放之後，而在 1949 年
之後延伸到村一級的行政建置又保證了「取其精華，去其糟粕」的
民間文藝政策的有力實施。1957 年在 20 世紀 50、60 年代的歷次
政治運動間隙可能有著特別的意義，著名的文藝「雙百」方針提出
之後，文藝界度過了一個短暫的「春天」，不知道這樣的一種政
治、文化空氣和晉東南偏處一隅的小村子有著怎樣的關聯，但在上
述引文「準備舉行」和「沒有舉行」之間卻有一個明顯的順應「形
勢」的變動，看來，當時的文化和政治空氣對民間賽社活動是有相

---

❶　賈村杜同海先生提供，謹致謝意。

當的影響力的。

　　整體的祭賽戲劇雖不能舉行，但由於在整個文藝體系的架構中保留了「民間文藝」的部分，原先屬於賽社遊行一部分的社火表演得以劃歸於「民間文藝」表演的旗幟下獲得生存的合法性。以晃杠表演為例，賽社活動雖然恢復於 1996 年，但至晚在 20 世紀 80 年代初期，晃杠就已被納入了每年一度的元宵節等節日社火表演。晉東南地區的民間文藝工作自 1980 年山西省召開第一次民間文藝工作者代表大會之後，就「走上一個新階段」❷，並於 1993 年成立了專門的長治市民間文藝家協會，具體開展民間文藝的各項相關工作。根據〈長治市民間文藝家協會章程〉，「組織民間文藝工作者，利用各種機會，尤其是元宵節、重要節日及大型慶典活動，廣泛開展民間文藝活動」❸是其具體工作內容之一。對於元宵節來說，「一年一度的元宵節，是民間文藝活動的高峰期……黨中央號召我們，抓住機遇，做好工作。我們從事民間文藝工作的人，當然不能不看到元宵節這個大好機會」❹，在這一文化指導思想的影響下，晃杠因其美觀獨特的觀賞性價值有機會參與到元宵節民俗活動中去，獲得了一定的生存空間。當然，這種參與是捨掉了原先的民

---

❷　市民協〈長治市民間文藝工作大事記〉，申雙魚《上黨民間文藝觀》，香港：天馬圖書公司，1999 年，頁 293。本書由長治市申雙魚先生惠寄，謹致謝意。

❸　市民協〈長治市民間文藝家協會章程〉，申雙魚《上黨民間文藝觀》，香港：天馬圖書公司，1999 年，頁 306。

❹　長治市民間文藝家協會〈願處處歡聲笑語，讓人人豪情滿懷──長治市民間文藝工作彙報〉，申雙魚《上黨民間文藝觀》，香港：天馬圖書公司，1999 年，頁 313。

圖 2-1：1981 年元宵節留念（第二排右起第五人為杜同海先生）

間信仰和神靈崇拜的層面的——僅僅晃杠裝置最頂端的一個雞毛撣子，在傳統的賽社文化中就有其通神的儀式涵義在內。賈村杜同海先生提供給我一張他於 1981 年參與元宵節晃杠表演的留影，照片上部印有「81 年元宵節留念」字樣，照片中的晃杠製作得很有氣勢，跟現在的樣子差別不大，這張照片見證了晃杠等社火參與 20世紀 80 年代初的元宵節民間文藝活動的歷史，更重要的是，從中可見晃杠對賽社文化傳統的特殊傳承方式。當年的參與者杜同海後來成為了 1996 年賽社活動的主要發起者和近年賈村賽社活動的最重要的組織者，賽社傳統以一種特殊方式潛在地傳承著。（圖 2-1：1981 年元宵節留念）

二、1996 年以來歷次辦賽概說

自 1996 年以來，賈村每年都舉行賽社活動，或在農曆「二月二」（即「二月會」），或在農曆「四月四」（即「四月會」），或二者皆有，保持了相當的延續性，也出現了各不相同的變化。本書將近十年間的數次辦賽大概分為三個階段：恢復階段（1996－1997）、調試階段（1998－2003）、發展變化階段（2004－今）。鑒於對象的「當代性」，所以這樣的劃分僅僅是相對的一種把握。

表 2-1：1996－2006 年賈村舉辦「二月二」、
「四月四」賽社活動一覽表

年分	「二月二」香火會	「四月會」
1996	∨	
1997	∨	∨

1998	v	
1999		v
2000	v	
2001	v	
2002	v	
2003	v	
2004	v	v
2005		v
2006	v	v

㈠恢復階段（1996－1997）

1996 年賈村「二月二」香火會的恢復是傳統賽社文化內部自發和自為的結果。杜同海和張枝群、曹培林、宋枝群等人共同促成了 1996 年的恢復。1997 年正值賈村四十年一遇的大賽，於是在學者的積極鼓動以及和杜同海等人的密切合作下順利舉行，其間，村委會的退出，使民間賽社活動面臨如何平衡、完善自己的文化生態和信仰空間的問題。恢復階段就呈現出未來幾年內賈村賽社需要解決的問題。

㈡調試階段（1998－2003）

1. 1998 年。當年沒有搞「四月會」，僅在農曆「二月二」搞了一次香火會，而且規模不是很大，社火中沒有傘隊參與。傘隊在以往的社火中是比較重要的一部分，因為其人數比較多，傘制比較大，故而在營造社火隊伍的莊重感和儀式感方面有較明顯的效果。因為 1997 年是大賽，耗資耗力都比較大，所以這一年有一個調整。1999、2006 年的情況也與此類似，舉辦規模較大的賽社之後，往往有一段平靜期。

2. 1999 年。1999 年舉辦的是「四月會」，雖然不是逢四十年一次的大賽，但是規模比較大：「會期古曆四月初三至初六共四天，大會期間，搭五簷戲臺，戲兩班，曲藝隊一班，車故事五擡，晃杠十擡，抗牌、鑾駕、大小仚、細樂、粗樂、老師傅、鑼鼓隊、老年東北舞，廟內有巨型花面祭、細樂供盞、夾隊戲，晚上有大型煙火。」❺組織者宣稱「九七年舉辦四十年大賽時，因條件限制未能舉辦完滿」❻，而「此次古會……在賈村黨支部書記曹樹枝同志的關心支援下……規模空前」、「有賈村黨支部的全力支援，名老藝人參與獻藝，廣大村民的積極參加，使周圍的廣大群眾又能一睹六十年前民間賽社的風韻，古老的賈村賽社文化，必將在弘揚民族文化的百花苑中重現異彩」❼。這一年辦賽之所以比較成功，主要解決了三方面的問題：第一，較好地處理了和村委會之間的關係，新任村支書曹樹枝支持杜同海；第二，對學者賦予的辦賽規制有了較好的吸收和接納，這一年繼續邀請李天生為總導演；第三，吸收了村民的意見。前兩點上文在述及 1997 年大賽時都提到了，第三點情況是在 1997 年大賽之後新出現的問題，這裏有一個細節為例，1999 年賽社活動邀請的著名廚師宋長生在談到這一年的插祭製作時指出，根據群眾反映，以前辦賽「骨子（音）」少、插的多，這次就要有所調整，雖然不能百分之百恢復原樣，但意思總能差不多❽。這個細節顯示出村民和新的賽社之間的相互融合狀態。

---

❺　1999 賈村「四月會」錄影，賈村杜同海先生提供，謹致謝意。

❻　1999 賈村「四月會」錄影。

❼　1999 賈村「四月會」錄影。

❽　1999 賈村「四月會」錄影。

上述三點實際上顯示出了 1996 年恢復以來的賽社活動不斷調整和適應各種情況之後達到的一個暫時的平衡。

　　3. 2000－2003 年。這四年都只舉行了「二月二」香火會，沒有舉行「四月會」，屬於 1999「四月會」之後的調整階段。2000年 2 月開始，碧霞宮重修山門、照壁等，當年「四月會」雖然沒有舉行，但請了長子縣的著名說書藝人鮑先平在碧霞宮南的南舞臺說書。2001 年的迎神香火會只去蝗皇崗迎取了蝗皇爺，護國靈貺王只在村外西北面向史回村三嵕廟作了象徵性的迎取。2003 年蝗皇崗和史回村三嵕廟都沒有去，社火也沒有晃杠。（圖 2-2：2001 年二月二香火會）

(三)發展變化階段（2004－2006）

　　1. 2004 年。在經過幾年相對自為的辦賽之後，賈村賽社進入了發展變化期。對賈村辦賽活動，2004 年最為顯眼的是，在當年的「二月二」香火會之後，在「四月會」舉行之初，「潞城市文物旅遊發展中心民間賈村賽社文化研究會」、「潞城市文物旅遊發展中心賈村文物保護站」、「長治學院賽社文化研究賈村基地」舉行了掛牌儀式，標誌著賈村賽社活動和上級行政部門、學術機構之間的合作關係達到的一個新階段。這三個機構其實是同一個，具體的責任人都是賈村歷次賽社的組織者杜同海。這次掛牌儀式邀請的最高級別的領導是時任潞城市政府副市長王現敏。此年辦賽規模要大於前四年，但小於 1999 年。

　　2. 2005 年。借著舉辦「四月會」的機會，當年賽社活動期間又舉行了「賈村賽社文化研究會」等機構成立一周年學術研討會，參會者與 2004 年相同，辦賽規模與前一年相類。自 2004 年辦賽得

圖 2-2：2001 年「二月二」香火會

到潞城市級領導的重視以來，兩年間，賽社組織參加了中央電視
臺、長治市廣電總臺等電視媒體的多次節目錄製。另一個重要的變

化是，北京的中國儺戲學研究會一行於當年 11 月 16 日對賈村進行
了學術考察，擬在來年舉行大型的「賽社與樂戶文化」國際學術研
討會。

　　3. 2006 年。當年舉行了「四月會」和為配合「長治研討會」
舉辦的「8 月會」。為了「山西長治賽社與樂戶文化國際學術研討
會」賈村賽社文化表演的成功舉行，當年的「四月會」變成了一次
「8 月會」的預演。最明顯的變化是一個村子內部的自為的民間賽
社文化活動，變成了一場國際視野內的「民間賽社表演」，這是
1996 年以來賈村賽社活動發生的最大變化，其影響延續至今。

第二節　1996 年「二月二」香火會的恢復

一、四個重要人物

　　在賈村 1996 年「二月二」香火會的恢復過程中，四個重要人
物發揮了重要作用，他們分別是：「神醫」張枝群、村支委宋枝
群、賈村籍北京人曹培林、退休職工杜同海。他們四人的共同特點
是：都熱心於賈村賽社文化的恢復，但限於各自不同的社會角色，
因而在不同的層面上對賽社活動產生了不同的意義和影響。

　　張枝群善於治病，被當地人稱為「神醫」，同時又是當地的文
化「權威」。在 1996 年「二月二」香火會的上香迎神儀式中的重
要環節，組織者都會安排張枝群去講幾句請神安神的話。借著張枝
群的「權威」色彩，1996 年「二月二」香火會在繼承傳統賽社的
合法性上，就具有了重要的暗示意義，對此將在後文作進一步的分

析。

宋枝群在 1996 年恢復「二月二」香火會時，是賈村的村支委。這一行政職務似乎對具有迷信色彩的賽社活動不起什麼干預作用，部分原因在於宋枝群本人就是一個賽社活動的愛好者。他有參與「解放」前賽社活動的經歷，「二月二」香火會恢復時他提供了一部分會史，並撰寫了 1996 年〈恢復二月二古廟會碑記〉的碑文。他和北京的賈村籍人曹培林是朋友。

曹培林是賈村人，他於 1945 年「解放」時參了軍，一直跟隨部隊，後到北京軍區工作，退職後積極支持家鄉恢復傳統賽社活動。筆者所知雙方最早的通信時間是 1994 年 7 月 20 日❾，曹培林在寫給宋枝群的這封信中談到了他對賽社儀仗隊中大小傘、晃杠的安排問題以及未來辦賽應採取的態度問題。1995 年 9 月 5 日、1995 年 9 月 10 日、1996 年 11 月 20 日，曹培林又多次向宋枝群寫信，提供自己參加賽社的經驗，建議辦賽應採取何種態度等。筆者只看到這幾封信，不過從中可以知道，賈村至少在 1994 年就已經開始有了恢復辦賽的意向和準備了。曹對賈村辦賽具有「指導」意義，一方面因為其曾三次參與過去的香火會，有經驗；另一方面，恐怕也與其身在北京，具有文化中心的象徵意義有關。

杜同海曾在離賈村不遠的鄉供銷社和鐵路上工作過，因為妻子有「信仰」，退休後開始捐款修廟，碧霞宮重修時他捐了一萬元，加之前文提到的他曾參與過民間社火的表演，很熱心於賈村賽社活動的恢復，1996 年的賽社活動就是由他具體組織起來的。杜同海

---

❾　曹培林給宋枝群的通信全部來自宋枝群之子宋紅日先生的提供，謹致謝意。

對張枝群很尊重,在村民將張枝群尊為賽社「權威」的過程中他起了很大的推動作用;杜同海和宋枝群是合作者,1996 年「二月二」香火會就是在杜同海和宋枝群等人的組織下開展的;杜同海和北京的曹培林之間也建立了聯繫,曹於 1997 年 4 月 1 日、1997 年 4 月 4 日、2005 年秋、2006 年多次贈予杜同海有關賈村賽社的書畫❿,杜同海也於 2006 年 3 月 29 日去北京曹培林住所進行了拜訪。通過建立這樣的一種關係網絡,杜同海不但成功組織了 1996 年的「二月二」香火會,而且將其一直延續至今。

　　上述四個重要人物代表了不同的力量,各具相異的意義,賈村 1996 年「二月二」香火會主要就是在這四方力量的影響和相互制約下恢復起來的。

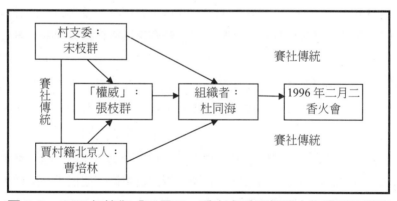

圖 2-3:1996 年恢復「二月二」香火會重要相關人物關係結構圖

---

❿　曹培林贈杜同海的書畫全部來自杜同海先生的提供,謹致謝意。

二、1996 年「二月二」香火會流程

　　1996 年的「二月二」香火會在當年的農曆正月二十九日（3 月 18 日）至二月初二日（3 月 20 日）間正式舉行，共進行了 3 天。因為是 10 年前的賽社活動，筆者無緣到現場觀察，現據當年的錄影帶作了盡可能的還原和描述，並訪問了部分當年的參加者。下面借用董曉萍提出的「雙窗口」形式❶，在「觀看」和記錄賽社儀式展演的基礎上，賦予一定的「觀看」視角，並作一定程度的分析，如下：

表 2-2：1996 年「二月二」香火會流程：正月二十九（3 月 18 日）

觀　察	反　應
上午。儀仗隊遊街。轉遍本村每條街，轉三圈。 村中。村委會門口。鑼鼓坐地表演。	村委會位於村中正街，是村子的中心所在。鑼鼓表演吸引了許多圍觀村民。鑼鼓表演吸引村民注意，預示著賽社活動將要開始；根據曹本冶的理論，「音聲環境」開始有意識地被製造出來，暗示即將進入儀式環境。
遊行開始。隊伍計有：1.炮手 4 人，便服。2.擺卜 1 人。3.行鑼、清道旗共 2 人。4.抗牌 2 人。5.馬疋 3 人，穿便服，身批紅，左臂和頭部纏紅布。6.鑼鼓隊共 6 人，鼓 3 人，鑼 3 人。7.小旗（紅邊蘭心）20 人，女性。8.兵器隊 9 組 18 人，女性。小旗	馬疋是遊行隊伍秩序的保護者。1996 年的馬疋都顯得精神抖擻，可能跟各人性情有關，但更重要的可能是那個環境塑造了馬疋的性情，圍觀者越是興致盎然，馬疋的作用才越是明顯。

❶　董曉萍《田野民俗志》，北京：北京師範大學出版社，2003 年，頁 291－327。

與兵器隊皆穿紅色上衣，披紅。 9.鑼鼓隊又一隊，7 人。10.小傘 5 組 10 人，女性，大都穿紅色上衣，披紅。11.議程官 1 人騎馬，穿紅衣，戴官帽，戴黑墨鏡，手持旗，有牽馬 1 人。12.大傘單列，8 人，女性，紅衣紅披。13.鑼鼓隊第三隊，7 人。14.大傘第二組，同上。15.鑼鼓隊第四隊，8 人。16.大傘第三組，16 人，同上。	
遊行隊伍與民樂隊在村委會門口會合，共同開始往北向遊行。民樂隊約有 20 人左右。 快到三元宮放鞭炮。	除了馬疋維持秩序，還有戴紅袖箍拿小喇叭的村幹部，也在做好維持秩序的工作。兩種維持秩序者的並置出現，頗有意味。
隊伍從三元宮折返到村委會門口。亦放鞭炮。	遊街應有儺意。
在村委會門口廣場轉一圈。折向三大士廟方向。	
碧霞宮前。大門為八字山牆，左貼「集資修廟恢復二月會倡議」，右貼「碧霞宮二月二香火盛會簡介」。	碧霞宮廟門不是今天這樣，廟內殿宇也是剛修好的樣子。
隊伍進碧霞宮內。以張枝群為中心的 6 位香民跪於碧霞宮前，在香煙繚繞中雙手合一，燒香敬神；馬疋、議程官等站於其後。燒香敬神之後隊伍出發。	跟神有直接關係的香民、馬疋、議程官等很明顯地被置於中心位置，他們賦予這次活動的儀式象徵意義。
村幹部講話：「不光是為了掙這個工，而且為了把咱村這個民間文藝活動搞好。」「山西省電視臺的人下午就來了，有五臺攝像機。」	賈村賽一開始就是以被媒體關注的方式開始的。「民間文藝活動」是其認知方式之一。
午飯後。赴村南一公里的蝗皇崗廟上接蝗皇爺。路經小天貢村、崇道村。	

村幹部講話：「要打起精神，不要扭七扭八。」	
隊伍從杜同海家開始出發。增加了神馬 6 匹（6 人牽）。神馬前有鑼鼓隊 9 人：鼓、鑼、笙、鐃鈸各 2 人，嗩吶 1 人。	李天生跟隨。李天生在 1997 年舉行的仿古大賽上是總導演。
繞行村委會，往村南。 放鞭炮。	表示從中心出發。街邊有賣衣服的，可以看到其「物資交流」特點。
村口放鞭炮。	
隊伍到達蝗皇崗。蝗皇崗上。	蝗皇廟已毀，說是在五六十年代蓋潞城市大禮堂時拆的，用了很多蝗皇廟的木料。
張枝群說請神語：「丙子年恢復二月會，今天，正月二十九，來請蝗皇爺，到賈村，赴會，請神到賈村就位……從小天貢到崇道至賈村。」	張枝群地位可見一斑。
離崗。路有設供桌燒香磕頭的香民。	
路徑小天貢、崇道，村子裏放鞭炮。	
下午三點後。	
回到碧霞宮前。張枝群說下馬語：「丙子年，請神回宮，國泰民安，四季平安，請蝗皇爺，請尊神下馬。」	
進廟。9 位香民燒香磕頭，張枝群居中。鞭炮。	
張枝群說安神語：「民心吉安。賈村正月二十九請蝗皇爺，安神就位。」	
安神之後，儀仗隊離開廟。廟外已唱開「長子說書」。長子說書彩臺搭在山門南側近百米處，面朝東，側面對碧霞宮。舞臺橫幅「全法宣」（自左至右），是長子說唱團的名字。	

表 2-3：1996 年「二月二」香火會流程：二月初一（3 月 19 日）

觀　察	反　應
上午。村內轉四圈一大圈。碧霞宮前馬疋點杠。	
村委會門口。準備出發。村內轉圈。 1. 加了晃杠：其一，「一帆風順」、「招財進寶」，其二，「前程似錦」、「少生」、「優生」，其三、四，「囍」字樣，其五，「大展宏圖」、「興旺發達」、「鵬程萬里」，其六，「恭喜發財」、「吉祥如意」、「吉祥如意福星高照」、「招財進寶鵬程萬里」，其七、八，「大展宏圖」，其九，「招財進寶」、「萬事如意」，其十，招財進寶。十人左右一個杠。 2. 加了秧歌隊。11 對女性，雙列，22 人，再加前後各 1 個男性。配鑼鼓隊：鼓、嗩吶、鐃鈸各 1 人。	晃杠標語增加「少生」、「優生」的計劃生育新政策，這些都是村民在日常生活中關心的問題。 由於第二天遊行隊伍人數更多，隊列更長，加之晃杠和秧歌的進入，也有機會形成不同區域的表演區，觀眾各自圍觀，形成相對獨立的區域。
三元宮內扮馬疋，先敬神「供奉百歲爺尊神之位」，然後換裝，出三元宮，到碧霞宮敬神。	
馬疋肩披紅布，上面十字交叉掛兩三米長的鐵鏈，鐵鏈上拴紅布條。馬疋出碧霞宮，到碧霞宮南廣場，準備點杠。	
張枝群給每個馬疋各一尺多方的紅布，馬疋接紅布點杠。	
玉皇廟。張枝群敬香。4 個神駕被迎出。	
午飯後。玉皇廟對面舞臺演上黨落子。遊行隊伍去史回村接三峻神。	

到史回村護國廟。張枝群敬神燒香，唱禮：「丙子年賈村碧霞宮二月二香火會邀總管張枝群老先生杜同海宋枝群來史回村接護國龍王，頭上香，再上香，三上香。」「跪。叩首。再叩首。三叩首。」「接護國龍王」。	史回村護國廟殿門題「護國龍王」。1991 年立碑：「護國龍王廟（明代）」，為潞城縣文物保護單位。
張枝群手持牌位出。	
過崇道村。再回賈村。村委會門口表演。	
太陽落後，回賈村到碧霞宮安神。	
天黑回到碧霞宮。唱禮。致安神禮。	
放煙花。	

表 2-4：1996 年「二月二」香火會流程：二月初二（3 月 20 日）

全天。村每條街轉四圈一大圈。碧霞宮南圓神。	
村委會門口。遊行隊伍集合。民樂隊表演。物資交流會，賣「氣體滅鼠」、「炸油條」、賣衣服。	
開始遊行。1.加戲樂隊 8 人：打鼓、梆子各 1 人，鐃鈸、笙、嘰吶各 2 人。2.加亨子 10 人，端盤，盤上放香爐和香。	
碧霞宮內。唱禮：「……今有潞城市崇道鄉南賈村全體村民於一九九六年農曆二月初二日舉行上香大會……」供盞，香民上香，戲樂隊吹奏。張枝群敬香。	
戲樂隊殿前打太平鼓。	
圓神地圓神。護國龍王、吞蝗大帝 2	參與香民是最多的一天，跪倒一片。

個牌位，各 1 桌供奉食物。後面是 4 個神駕和陶爺。	晃杠真正恣肆地晃起來。
護國龍王、吞蝗大帝兩個牌位被燒掉。	現場氣氛很火爆。
離開圓神地。回到碧霞宮。三叩首。張枝群燒香拜神。馬疋拜。完。	

三、兩點分析

　　以上大體描述了 1996 年「二月二」香火會的總體流程，略作分析：

　　1.根據當地老人的回憶，賈村原有四個賽日：「二月二」、「三月十八」、「四月四」、「六月十八」，「二月二」主祀玉皇，俗稱「上香會」，但在後來的發展中被作為「迎神」環節納入到碧霞宮「四月四」賽中[12]；「三月十八」主祀蝗王唐太宗，原為八村（八大社）輪流主辦，即「轉賽」，後變為各村自辦小賽，「解放」後自然也不再舉行；「六月十八」主祀靈貺王，原屬村內小社舉辦的小賽，因神殿附建在碧霞宮內，因而漸被「四月四」取代。所謂這些賽日中「唯四月四賽社傳承最久，最見完整，也最具賈村賽社特色」[13]，其實背後有一個碧霞宮賽整合其他各種賽社活動的演變。1996 年恢復的這個「二月二」正是整合之後的結果，雖稱「二月二」，但迎取對象包括了原先分屬於「三月十八」和

---

[12]　李天生〈賈村賽社採訪記〉，《中華戲曲》第 13 輯，太原：山西古籍出版社，1993 年，頁 126。

[13]　2004 年「四月會」錄影，賈村杜同海先生提供，謹致謝意。

「六月十八」的蝗皇爺和護國靈貺王。1996 年的恢復從一開始就顯示了把碧霞宮作為賽社活動中心的趨向。碧霞宮因而也可以有效地展開各個層面上的整合，這一點下文將有專門討論。

2.如當地對這次香火會的概括「唱大戲、鬧社火，進行備耕物資交流」顯示的那樣，民間賽社在恢復之初就表現出了較為完善的結構傾向。「四月四」賽在解放後變成了古廟會，依託古廟會存在的主要是「唱大戲」和「物資交流」，而村民的公共信仰空間卻因為賽社的停辦而消失了。上述「鬧社火」除了一般所指的娛樂意義之外，還指代迎神儀式代表的公共信仰空間的出現和構築，於是，在普通民眾生活層面所需的「物資交流」，娛樂層面所需的「唱大戲」之外，香火會帶來了他們需要的公共信仰空間。這一公共信仰空間的建立和前兩者的有效結合，將會帶來一個真正良性的村落文化空間，賈村近十年間的公共信仰／文化空間一直處在恢復和變化當中，1997 年是一個重要的年分。

第三節　1997 年仿古大賽的舉行

一、學者的參與

根據杜同海的記錄，1997 年的「二月二」香火會繼續舉行，「三月九日是恢復二月二古廟會的第二年：這年（在）大隊的主持下特別熱鬧隆重」❹。1997 年的「三月九日」是農曆的二月初

---

❹　〈九七年四月會大賽情況〉，賈村杜同海先生提供，謹致謝意。

一,是「二月二」香火會的頭一天。不知道組織者杜同海在當時對四月四賽的舉辦作如何構想,但「特別熱鬧隆重」的「二月二」香火會的連續成功舉行一定促發了組織者進一步的熱情。賈村「二月二」香火會的成功舉辦及其中散發出來的民間熱情也適時地吸引了學界的注意。

自 1985 年《禮節傳簿》和 1989 年《唐樂星圖》發現之後,學術界對晉東南地區表現出了很強的熱情,長治市戲劇藝術研究院的李天生因為具有賽社研究的豐富經驗被邀參與著名人類學家喬健主持的一項樂戶研究計劃,計劃進行中曾有舉行晉南賽社仿古演出的打算,李天生為此作了充分的準備,但因為資金的問題沒有進行演出。❶李天生曾觀看過 1996 年的「二月二」香火會,對杜同海的熱情印象深刻,這樣,雙方就在 1997 年「四月會」的舉辦問題上有了一致的可能。

筆者見到最早的關於舉辦 1997 年「四月會」的文獻資料是賈村村委會於 1997 年 3 月 27 日給長治市文化局打的一份報告。報告指出:「九七年恰逢四十年大賽之年,我村經協商,願意協助市文化局恢復一次古賽廟會,作仿古音樂、戲劇演出,以提供有關研究錄相資料。辦賽人員、經費等開支問題,我村願完全負擔,音樂、戲劇等藝術資料與技術指導,望文化局能全力支援並主辦此項工作。」❶從報告可見,辦賽最開始是「市文化局」的意見,但依我

---

❶　李天生先生見告,採訪時間:2006 年 12 月 6 日,採訪地點:李天生先生家。

❶　1997 年 3 月 27 日賈村村委會向長治文化局請求舉辦「四月四」賽會的信,賈村杜同海先生提供,謹致謝意。

們對當代文化生產中的行政職能運作的瞭解，學術界如果要舉辦一些學術活動，往往是要得到文化部門的允許的，賈村 1997 年四月辦賽最初應該出自以李天生為代表的學術界的一種學術研究願望，並且是得到了「市文化局」的「支援」的。很快，李天生在這份報告送呈之後不久的 4 月 3 日就作了回覆：「根據上次在貴村見面商談的關於四月四古會辦賽的意見，又見 3 月 27 日貴村委會的來函，我市文化局和有關方面研究，完全同意來函意見。並擬以長治市文化局、長治市三晉文化研究會及長治市戲劇藝術研究院三單位聯合主辦有關仿古廟賽的研究工作。」❶❼在此之後，李天生和杜同海的合作就開始了，賈村四月仿古大賽在學者的「音樂、戲劇等藝術資料與技術指導」的幫助下開始了不同以往的積極準備。

二、村委會的退出

賈村村委會在對待本村辦賽的問題上一直沒有什麼反對意見，1996 年的二月二香火會正是在愛好賽社的村支委宋枝群的支援下成功舉辦的，行政部門對傳統「迷信」活動的反對和干預似乎並沒有想像中的那麼強烈。作為 1997 年四月四仿古大賽的承辦方，賈村村委會也表示了願意承擔「辦賽人員、經費等開支問題」的意向。變化發生在 1997 年的 5 月 3 日（農曆三月二十六日）的開賽前，大賽的組織者杜同海曾對此作了如下記錄：「在三月二十九（5.3──原注如此，下同）支部書記李紅秀在喇叭裏廣播，不讓黨員幹部

---

❶❼ 1997 年 4 月 3 日李天生給賈村村委會的信，賈村杜同海先生提供，謹致謝意。

參加關於大賽活動（據說是因為大隊完不成稅款在鄉裏受了批評）。」⓲杜同海接著記錄了 5 月 4 日的情況：「在三月二十七日（5.4）長治市文化局局長王旭峰付局長劉潞生（在市黨校學習）抽時間親自來賈村看大賽籌備情況。結果書記、村長都不見面（後付局長寫給李紅秀的，主要說安全問題）。」⓳不知道杜同海的記錄是否屬實，可再參看 5 月 4 日上午長治市文化局局長王旭峰和副局長劉潞生寫給「李書記」即村支書李紅秀的信，信中說：「必須堅持『安全第一』的原則，一切活動服從安全。安全沒保證的情況下，必須停止一切活動。」⓴如杜所說，確是強調安全，不過，關鍵的是，信中另有附言：「這項活動，如果鄉裏主要領導不同意，就不要搞了，這一點『十分』重要，一定服從鄉里的決定。」㉑結合杜同海和長治市文化局這兩個方面的材料，筆者發現，村委會在短期內確實發生了態度的轉變，原因無法猜測，但看看長治市文化局在對待鄉政府態度上的敏感，至少可以判定村委會遇到了一些問題。根據杜同海的記錄，村委會在長治市文化局離開賈村之後，正式開會要求隊長以上幹部都不准參加賽社活動，特別要求黨員參加了的都要退出來，並且提出賽社活動期間只負責碧霞宮外的安全而不管碧霞宮內。

　　筆者在上述問題上關心的是，在民間舉辦賽社活動時村委會到底是出於何種考慮發生其態度上的扭轉的，因為這關係到民間賽社

⓲　〈九七年四月會大賽情況〉。

⓳　〈九七年四月會大賽情況〉。

⓴　1997 年 5 月 4 日市文化局給賈村村委會的信，賈村杜同海先生提供，謹致謝意。

㉑　1997 年 5 月 4 日市文化局給賈村村委會的信。

的文化生態問題。筆者認為，這裏並非僅僅是行政部門的觀念、原則和民間辦賽的文化姿態之間的衝突，「不讓黨員幹部參加大賽活動」恐怕是表象，真正的問題可能是經濟問題。碧霞宮四月四仿古大賽的影響是 1996 年的「二月二」香火會所無法比擬的，因為有媒體的報導，有長治市文化局的主辦，有學者的參與，所以，這場賽社活動變成了一場民間賽社「表演」，碧霞宮要賣兩塊錢一張的門票，在村委會不準備負責碧霞宮內的安全問題之後，長治市文化局甚至為限制人數將仿古大賽的門票從兩元漲到五元。杜同海所說村委會是因為完不成稅款受到上級批評才不讓黨員參加賽社活動可能是引發事情的原因，但我們從中看到的是經濟問題在行政能力中重要的指標意義，這也是和當代中國社會中市場和經濟話語所具有的權力地位相關的。杜同海指出，村委會在表示不負責碧霞宮內的安全問題之後，仍舊要求廟上（碧霞宮）「每天無償給大隊（即村委會——引者注）伍佰張門票」❷❷，而筆者從大賽的「安全措施」看到這樣一條措施：「每天售票最多不超過五百張。且分期分批出售。」❷❸不知道村委會拿到這些票之後是否用來出售，但這一做法卻是牽涉到不管哪一方的經濟收入的。筆者在此處無意評判兩方的對錯，只想強調在一個村子的文化生態的平衡中，經濟問題的特殊意義。

---

❷❷　〈九七年四月會大賽情況〉。

❷❸　〈九七年四月會大賽安全措施〉，賈村杜同海先生提供，謹致謝意。

三、1997 年仿古大賽的流程

1997 年農曆四月的仿古大賽從 5 月 7 日（農曆四月初一）至 12 日（農曆四月初六）舉行，分為下請、迎神、頭場、正場、末場、送神六天。下一一敘之：

表 2-5：1997 年仿古大賽流程：四月初一（5 月 7 日）土地廟下請

觀　　察	反　　應
下請之前，插祭師傅先在碧霞宮內搭建獻棚，此次插祭師傅請的是曾參與過「解放」前辦賽的長子縣名廚宋長山和苗長水。 插祭描述：1.棚內「花祭」，題「奉神」二字。 2.紙紮：包括《掛龍燈》、《呼雷豹》、《清河橋》、《五丈原》、《四聖會》、《乾坤帶》等。 3.獻棚兩側也有戲劇人物和故事，棚左是「奇樓」，兩層樓，皆戲劇舞臺，下層對聯：「神恩可感賜千祥，聖德無疆垂百福。」上層對聯：「香煙□就平安□，燭影開成福壽□。」 碧霞宮內貼告白文。	此次所請插祭師傅在 1999 年參與了最後一次辦賽，這是僅有的兩次由真正參與過「解放」前賽社活動的廚師主持的插祭製作。
插祭師傅指導供盞用的亭子換裝。	亭子是幫助供奉的，廚師與此直接相關，所以可指導。
碧霞宮內。總導演李天生。社首杜同海宣佈：「祭神儀式現在開始，奏樂。」 組成人員：	口咬花保證祭祀中的規矩謹嚴，是整個一套禮樂制度的具體體現。是要內化到人的行為和思想的，現在已經不是這樣了。當然，民間是否完整繼承

1.主禮 1 人。2.香老 2 人。3.前行 1 人，穿龍褂。4.樂戶，共 14 人，請西流王進枝和壺關樂戶，穿龍褂。5. 6 個儀仗。6.亭幛，亭男幛女，共 20 人，亭十幛十，分左右兩隊。亭子口中咬一枝花，花朝前。7.另擡供桌 2 人。供奉麵食。8.炮手若干。放鞭炮。	和體現著傳統的教化禮儀不一定是個真問題，這一教化到民間是否謹遵原樣還值得考慮；另一方面，教化禮儀的傳統繼承也不一定完全體現在祭賽中的禮規上。但其中發生的變化卻是值得關注的。
樂戶流隊戲。大殿稟狀文。主禮念文：「惟！公元一九九七年歲次丙辰，故曆四月初一日，今據山西省潞城市南賈村合社人等……聖誕之辰，故於故曆四月初一日……三朝，迎送五日……」	
全體人員出碧霞宮廟門。路線：出廟門，往西，經曹家街，於其西口往北，到北頭三元宮往西，從佛殿坡直上，抵達土地廟。	
土地廟。祭門。打篆香。讀請狀文。前行讀講酒文。	
原路線返回碧霞宮內。	

表 2-6：1997 年仿古大賽流程：四月初二（5 月 8 日）迎神

大殿請駕。念祝稟文：「……碧霞元君聖誕之辰……虔誠祭賽……」迎出碧霞元君走像和四個神駕。	
全體執役人員和社火儀仗隊出碧霞宮。傘、扇、抗牌、鑾駕、晃杠、車故事，全部出動。	

接神：玉皇大帝、呂神、三官、祖師、關帝、土地、三皇聖帝、護國靈貺王、雷公、電母、風伯雨師、碧霞元君、沖惠真人、沖淑真人。	
神場圓神，讀圓神文。上馬，讀上馬文。上馬隊戲。	
碧霞宮前。下馬，讀下馬文。	李天生指揮，糾正執役人員的錯誤之處，重新開始。學者的介入性可見一斑。村民本身可能對賽社傳統已經瞭解不多，某種意義上，學者是在替他們建構一個傳統。當然，他們在慢慢的吸收中也進行著自己的建構。
碧霞宮內。接駕，讀接駕文。	
碧霞宮內。安神，讀安神文。「奏稟玉皇上帝尊神，今有一行神祇，在於丹墀，不敢升階上殿，未敢擅專，玉皇上帝……合行參禮。諸位……登座……」	
供三盞。領羊，讀領羊文。前行講酒詞。	

表2-7：1997年仿古大賽流程：四月初三（5月9日）頭場（頭賽）

清晨。碧霞宮內。伐鼓三次。報曉，讀報曉文。出寢，讀出寢文。盥漱，讀盥漱文。	
安二仙，全體執役人員聽命，讀聽命文。	
碧霞宮外。拋太陽。	
碧霞宮內。供盞，早三盞。	

午前。「調監齋」，講監齋。	
供盞，午七盞。午後祭風，讀祭風文。	
晚供盞。開演院本《土地堂》。由樂戶演出，穿龍掛，上髯口和帽飾。伴奏簡單，大鼓和鐃，兩人演奏。	

表 2-8：1997 年仿古大賽流程：四月初四（5 月 10 日）正場（正賽）

清晨。碧霞宮內。伐鼓、報曉、出寢、盥漱，如前。	
前行安神上香，讀上香文。	
迎壽、祝壽，前行開八仙，八仙隊戲。靈猴脫殼。放生。拋太陽。早三盞。送壽。	
午十二盞。	
午後祭風。	
午間休息時。碧霞宮戲臺。民樂表演。	民樂表演似乎被給予了比《土地堂》更多的鏡頭，可能覺得「土地堂」沒意思就那幾下子也聽不清，這是審美方式的潛在的轉移，並不是明顯的變化。民樂表演也是傳統隊戲表演的「替代者」，這是新的格局下的新的藝術娛樂品種。
隊戲。《斬華雄》。	
山西長治縣紅旗青年落子團演《擋馬》。	

表2-9：1997年仿古大賽流程：四月初五（5月11日）末場（末賽）

清晨。碧霞宮內。伐鼓、報曉、出寢、盥漱、上香、拋太陽如前場。	
打太平鼓。	
中午供八盞。午後祭風。	
午間休息時。碧霞宮戲臺。長子說書。	長子說書和民樂表演在傳統的祭祀戲劇格局中是不能進入碧霞宮的，1997年在碧霞宮內的演出卻進入了。
雜劇《虎牢關》、院本《土地堂》。	
晚。「大型煙火晚會」：火供、火馬、聯珠花、雜耍、禮花。	

四月初六（5月12日）：送神打彩。（略）

四、兩點分析

1.學者的參與帶來兩點變化，一個是對「錄相資料」的重視，因為它是可以反覆觀看的，一個是把賽社活動變成了「表演」，李天生在 4 月 26 日《長治日報》發表的一篇報導中就顯示了這種措辭：「在潞城市南賈村組織一次規模較大的仿古表演大賽並進行錄相，為研究賽社古文化提供形象資料。」❷❹賈村村委會的報告中也顯示出了這樣的認識：「作仿古音樂、戲劇演出，以提供有關研究錄相資料。」❷❺我們知道，民間賽社活動在自為狀態中是不需要「表演」和「錄相」的，後者的出現意味著「他者」視角對民間自

---

❷❹　李天生〈弘揚傳統文化　挖掘文化遺產──我市積極研究整理賽社文化〉，《長治日報》1997年4月6日，周末版。

❷❺　1997年3月27日賈村村委會向長治文化局請求舉辦「四月四」賽會的信。

為賽社活動的「觀看」，一定會給當地村民帶來另一番「觀看」自我的不同視角。從上節對 1996 賽社流程的描述可知，1996 年的「二月二」香火會是有媒體的參與的，但 1997 年的「四月會」由學者的「指導」帶來的變化卻是很大的，1996 年的媒體參與僅僅是週邊的觀看，而 1997 年賽中，學者是要進入到賽社活動的每一個細節表達「他者」的看法的，因而影響必定是很大的。在晉東南作這樣的「表演錄相」並非第一次，1985 年山西省文化廳和上黨戲劇研究院就對「隊戲」等上黨戲劇遺存進行了錄相，但 1997 年的這一次不同的是，它的對象是仍舊有自為能力的民間賽社活動，因而 1997 年的仿古大賽和自為的民間賽社之間有一個融合的問題，也即，賈村的「四月會」乃至「二月二」香火會在以後的發展中如何處理學者的參與帶來的看似「原汁原味」的賽社內容。

2.其實，賈村的「四月會」並沒有被動地接受各個外在因素的影響，組織者在與當地村委會、上級政府部門乃至學者的交往中，甚至一直是有所主動的。他們在恢復自為的信仰空間的過程中，雖然接受了學者的「指導」，但學者對傳統賽社儀式及其戲劇演出的恢復被他們積極地納入到了自己的那個信仰空間當中，他們通過學者的參與進行了積極的自我傳統的建構，他們似乎不太注意具體的那個儀式到底是怎麼樣的，他們關心的是那個核心的信仰空間的營造，碧霞宮的修復和「四月會」的恢復已經在某種程度上足以構成那個信仰的象徵空間了。

第四節　賽社活動的文化整合方式

一、張枝群祠的建立：
通過文化「權威」的確認而確認自身

　　前文已提及張枝群在 1996 年「二月二」香火會恢復時的文化「權威」地位，現在對此問題進行進一步的討論，以此分析碧霞宮在當代賈村所具有的文化整合方式及其意義。

　　先來看張枝群其人。張枝群法號「元吉」，生於 1931 年，卒於 1996 年❷。他一直住在碧霞宮裏，終生未婚。1958 年碧霞宮改為學校後，張枝群曾在學校做飯，文革中受到過批判。張懂醫術，「張先生從二十多歲開始行醫，（整骨）四十多年來，採用民間土方，送醫送藥，救死扶傷，用他的高超醫術，免費治癒了無數的疑難病症。在本地區稱『神醫』。所以拜在他膝下的弟子和乾兒乾孫數已（誤，應為『以』——引者注）千計。崇敬他的人遍佈全國好幾個省、市、縣和周邊的鄉鎮和農村。」❷對於張枝群的醫術，在筆者對村民的採訪中多次得到印證，並且，被採訪者多強調醫術的「神奇」和不可理解。崔福平❷（61 歲），住在村裏三元宮旁，平常負責看廟，他在採訪中說張枝群會看病，有「名堂」，他給筆者講了兩個張枝群治病的故事，一是某個姓魏（音）的國家幹部曾對張枝

---

❷　見賈村張枝群祠〈張枝群老先生簡介〉。
❷　見賈村張枝群祠〈張枝群老先生簡介〉。
❷　採訪時間：2006 年 12 月 2 日，採訪地點：崔福平先生家。

群的醫術不以為然，後來兒子有病到醫院屢治不好，不得不求助張，張不計前嫌，把他的兒子抱了抱，小孩當時就可下地亂跑了；另一個是自己親自經歷的，崔年輕時某次打（修）了個廁所，然後好幾天胸悶，去醫院開了藥不頂事，就找張枝群，張說他動了土家爺（土地神），崔很驚訝張知道，然後張給崔開了個偏方喝了就好了。崔福平一再強調「說它是迷信吧，可不信不行呀！」除了會看病，張枝群的身分還有認為是「道士」、「神漢」的，這些看法的角度各不相同，說道士是因為他住在信仰道教神碧霞元君的廟裏，說神漢是對民間喜好神道之人的習慣稱呼。張枝群的身上頗具前現代社會所謂的「巫醫一體」的特點，巫可通神，亦可治病，他長期住在廟中，又因為不可理解的神奇醫術，所以兼具巫和醫的特點。村子裏對「巫醫一體」是自有一個小小的傳統的，張枝群被認為是跟禿奶奶學過法的，身上有「功」，而禿奶奶是碧霞宮中沖惠、沖淑二仙奶奶的弟子，張枝群去世之後，亦有其他人自認是其「傳人」，三大士廟的看廟人申枝俊在採訪中就強調自己對張枝群的「功」的繼承，並說自己也給人看病。這樣的一種「迷信」的傳統在村子裏雖不被公開承認，但卻是普通民眾的一種「一般知識和信仰」。張枝群因其「巫醫一體」的特點和對賽社傳統的熟悉，在當地民眾心目中無疑具有一種文化「權威」的色彩。（圖 2-4：張枝群像）（圖 2-5：張枝群塑像）

　　張枝群祠的建立，是賽社組織者通過對張枝群文化「權威」地位的確認來確認自身的合法性地位的有效手段之一。張枝群祠被建在碧霞宮內，原先東廂房最南頭的一座道房現在被改用來作為安放張枝群塑像的祠堂，在每月的初一、十五的日常燒香活動中接受信

圖 2-4：張枝群像

圖2-5：張枝群塑像

眾的供奉。據修建祠廟的杜同海所講和筆者親眼所見，張枝群祠的
香火在碧霞宮內並不比碧霞元君、眼光娘娘、子孫娘娘等神靈少。
碧霞宮內的神靈系統是在世代信眾的信仰歷史中被積澱和抉擇出來
的，進入碧霞宮的每一個神靈都與普通民眾的日常生活和精神世界
有著密切的聯繫和實際的作用關係，張枝群能夠進入這樣的神靈信
仰系統之中，地位非同一般。在進入神靈信仰系統的過程中，既有
實際上的眾望所歸和自然積澱，也有當代文化生產的建構性成分在
內。張枝群去世是在 1996 年農曆十月，張枝群祠在此後不久就修
建成功並塑像，賽社活動的組織者將之快速納入到碧霞宮的神靈信
仰體系當中，顯然是有一定的文化訴求在內的。賈村自 1996 年辦
賽以來的近十年間並非一帆風順，組織者在處理與當地村委會、賈
村自身的賽社傳統、村民的意見、學者的介入、上級領導的注目等
問題上都經過了不同程度的融合，只有將碧霞宮賽做的更有規模、
更具經濟價值、更具學術價值、更具信仰意義，才有可能在與各方
的融合和角力中獲得對話的可能。解決上述問題，最有效的辦法之
一，無疑是通過確認當地文化「權威」的辦法來確認自身，村民和
信眾在確認了這一新的文化「權威」之後自然就會將確認者確認。
張枝群祠中對張枝群的介紹有如下三點：第一，保護九天聖母碧霞
宮並捐款修廟，以致「捐資人數達到七百八十餘人，地區三省十六
個市縣之多」；第二，恢復民間賽社文化，對 1996 年「二月會」
的成功舉辦作出了重要貢獻；第三，提議舉辦九七年仿古大賽，未
成功舉行亦生不得見，2006 年 8 月國際學術研討會和賽社表演的

成功舉行可以了結其心願❷。此三點介紹對張枝群在賈村 1996 年以來辦賽活動中的重要貢獻——作了評價，對張枝群的肯定最終指向了辦賽的成功。通過將張枝群納入賽社傳統，也就將自身納入了悠久的賽社傳統之中，只有將自身納入賽社傳統，才能在當地與其他社區進行更有效的文化整合，才能獲得對外交流的文化合法性。

二、「民間賽社文化研究會」的整合策略：
　　「多名制」的有效運用

　　像古代的大多數鄉村一樣，賈村傳統祭賽活動也主要依靠「社」、「會」等祭祀組織的運作來進行，賈村祖師廟清光緒二年（1876）〈整飭社規永禁匪類碑記〉有關於「社」的組織的記載：「南賈村古多善良，俗尚儉樸，故今村只立一社，自同治九年分為四社。」碑文中沒有提到這裏的社是否是進行祭賽活動的組織，但根據我們對社的組織的一般功能的瞭解，社的組織一般都是要參與到祭祀活動中去的，上述碑記中也有「且社事之盛衰，關乎風俗；風俗之厚薄，繫乎人心」的說法，要使「社事」與「風俗」之間保持密切，一般都要以社為單位進行各種祭神活動。根據段友文的瞭解，民國間賈村的社的組織被分成了前、中、後社，各負責幾個廟。❸「解放」後，隨著賽社活動的停止和鄉村進行生產大隊、生產隊的行政劃分，社的組織就消失了。關於賈村歷史上的「會」的

---

❷　見賈村張枝群祠〈張枝群老先生簡介〉。

❸　段友文〈晉東南潞城迎神賽社習俗考述〉，《民俗曲藝》第 110 期，臺北：財團法人施合鄭民俗文化基金會，1997 年，頁 7。

組織，筆者所知道的是「二月二」香火會或「上香會」這一進行玉
皇祭祀活動的組織，此外，就是「司樂會」。筆者在村內三大士廟
戲臺看到一條題壁：「大清宣統四年二月初二日西街司樂會。」其
中的西街應該就是三大士廟現在所在的西街，也叫王家街，以王姓
村民居多。「樂」可能讀「yue」，若是如此讀，這個組織應該就
是西街的村民娛樂組織。當然，這些會在「解放」後也都沒有了。
1996 年以來的一系列辦賽活動，主要由杜同海為首的一些賽社愛
好者來組織，他們並沒有以傳統意義上的「社」、「會」來命名自
己的組織行為。但鑒於每次的組織者和成員總是相對固定的，因
此，事實上相對存在著一個熱衷祭賽的鬆散的民間社會團體。

　　上文曾述及賽社活動在恢復期遇到過來自各方力量的介入和參
與的情形。如何很好地和村委會、學者、上級領導乃至賽社的自身
傳統等各種「權力」融合好，是關係到賽社活動能否生存下去的重
要問題，而且，在任何一個社會網路裏，一個社會團體或組織要想
獲得最具廣泛性的承認或者是獨立的生存價值，必須結束自己的
「未名」狀態，以恰當的命名，或者使自己得到承認，或者凸顯自
己的獨立姿態。賈村每年的祭賽活動的組織者正需要在歷次賽社活
動與各方力量的調試中尋找恰當的命名，從而在當地社會做到更好
的、更具力量性的文化整合。「民間賽社文化研究會」的成立，正
是這一尋找的結果。

　　在對待賽社自身傳統的問題上，以杜同海為首的賽社愛好者和
組織者獲得承認的方式比較簡單，他們對 1996 年「二月二」香火
會的成功舉辦，即是得到賽社傳統承認的最初方式，當然，要想鞏
固這種「承認」，他們必須採用更有力的方式，上文對「張枝群祠

建立」的分析顯示的就是賽社組織者鞏固其「正統」地位的有效手段。在學者承認的問題上，他們在 1997 年舉辦的仿古大賽上也獲得了解決，賽社組織者邀請學者充當大賽的總導演，無疑使學者樂於承認辦賽活動具有的「學術研究價值」。在與村委會、上級領導關係的融合問題上，經過 1999 年較大規模的賽社活動之後近四年的調整，於 2004 年成立的「民間賽社文化研究會」是個有效的方式。「民間賽社文化研究會」的全名是「潞城市文物旅遊發展中心民間賈村賽社文化研究會」，另外，它還有兩個名字：「潞城市文物旅遊發展中心賈村文物保護站」、「長治學院賽社文化研究賈村基地」，它們三位一體，即一套班子，三塊牌子。「民間賽社文化研究會」在「四月會」期間舉行了掛牌儀式，時任潞城市政府副市長王現敏、時任潞城市文物旅遊發展中心主任許建國、時任長治學院副書記郭愛民、時任潞城市翟店鎮黨委書記王國勤、時任賈村村支書曹樹枝等各方人員均參與並講話，於是，杜同海的「賽社文化研究會」得到了「各路神仙」的承認，並且，成功地將自己的「組織」掛靠在「潞城市文物旅遊發展中心」、「長治學院」等合法的行政機構和社會團體之下，獲得了存在的合法性。而對行政合法性的獲得，意義重大：「民間社團因為只在基層擁有一定的社會合法性，所以只能在一個很小的範圍活動。但是，如果各級行政部門在自己的運行過程中因需要而允許它們參與其中，結果在客觀上就幫助它們超越了草根社會的局限。」❸

---

❸　高丙中〈社會團體的合法性問題〉，《中國社會科學》2000 年第 2 期，頁106。

　　「民間賽社文化研究會」的成立，是民間社會團體和組織在當代政經、文化語境中利用「多名制」生存策略的結果。高丙中在談到河北范莊龍牌會在當代社會的生存策略時，認為范莊龍牌會使用了「龍祖殿」和「龍文化博物館」這一「雙名制」，從而使范莊的這一「迷信」活動得到了政府的承認，有效地維繫了龍牌會的存在，高丙中認為：「龍牌會被認定的性質與政府所持的話語和固有的符號結構本來是南轅北轍，但是組織者借助這一命名習俗克服了政治障礙，達成了新的合作。歸根結底，這是一種在差異中左右逢源、獲得生存空間的符號結構。」㉜這對理解賈村「民間賽社文化研究會」的成立及其運作有啟示作用。「民間賽社文化研究會」的〈會員宗旨〉是這樣表述的：「搶救流傳千載的民間賽社文化遺產，積極參加賽社文化研究活動，以弘揚民族文化精髓，古為今用，移風易俗，以鑄造新民俗、新風尚。」㉝在這裏，一個頗具地方性的賽社文化傳統被表述成了「民族文化精髓」，正是把自身納入到政府主導的文化理念中，地方賽社文化才能獲得行政合法性和生存權利。而有趣的是，「民間賽社文化研究會」的辦公地點卻被安置在碧霞宮的馬王殿中，馬王殿門口把「民間賽社文化研究會」的三個牌子全部醒目地掛了起來，顯示著民間賽社在當代政經、文化語境中的獨特生存狀況。筆者注意到，在「民間賽社文化研究會」和「賈村文物保護站」的掛靠單位都是「潞城市文物旅遊發展

㉜　高丙中〈一座博物館－廟宇建築的民族志——論成為政治藝術的雙名制〉，《社會學研究》2006 年第 1 期，頁 167。

㉝　2004 年 5 月 21 日於碧霞宮馬王殿內張貼。

中心」，這個單位其實是政府下屬的，正如 2005 年掛牌儀式一周
年的學術研討會上政府官員所說：「政府不可能直接搞經濟，政府
可以引導。」❸在這個強調市場和發展的時代，鑒於民間賽社活動
有可能帶來的經濟發展機遇，政府也願意賦予其合法的生存地位。

（圖 2-6：有意味的幾個牌子）

圖 2-6：有意味的幾個牌子

---

❸ 2005 年 5 月 11 日賈村賽社文化研究會成立一周年研討會上時任潞城市副市
長王現敏的發言。

第五節　民間演劇空間的恢復

　　賈村傳統賽社中的戲劇演出是以祭祀性為其主要特徵的，通過有規律、有傳承、有官府參與的祭祀活動不斷完善和延續著傳統社會的禮樂格局，因而，在這個禮樂格局中，戲劇演出絕不僅僅是一種現代社會的「藝術」意義上的表演活動，而是整個基層社會進行社會整合的手段和方式。這種社會整合，常常需要一個有效的社會整合空間的存在。這就是民間賽社戲劇活動必須具備的主體問題。這個主體，在南方多為祠堂，在北方多為廟宇。賈村傳統的迎神賽社活動和各種祭祀性戲劇的演出就是以碧霞宮為中心而展開的。自20世紀八九十年代以來，伴隨著民間社會的逐步復興，各地鄉村的廟宇、祠堂大量修復和重建，賈村也不例外。賈村最早修復的廟是祖師廟，重修於1995年，但這個位於村北後街的小廟卻難以促成整個民間賽社及其演劇文化空間的恢復。碧霞宮因其久遠的賽社活動、演劇傳統和豐厚的信仰內涵，在1996年以來的歷次修復和以其為中心的賽社活動的逐年展開過程中，漸漸獲得了重新構建民間賽社與戲劇演出空間的機會。

一、行政組織和文化生活的錯位

　　「解放」後，雖然國家的行政建置前所未有地抵達了最基層的單位，但因為對無神論意識形態的提倡，傳統的祭賽戲劇活動失去了其賴以存在的文化秩序的保證。然而，20世紀五六十年代重新規劃建構的文化秩序在隨後幾十年的歷史實踐中發生了又一重變動。表現之一是，在20世紀90年代以來的賽社及其戲劇活動恢復

過程中，村民的文化生活與行政組織之間發生了文化秩序關係上的錯位❸。

　　1949 年之後，通過土地改革、人民公社化等前所未有的社會變革，國家在最基層的村級組織中也獲得了有效的控制權，與其行政建置相配合的文化思想的控制也更為有效。賈村不再舉行祭祀戲劇的演出，原先的碧霞宮「四月四」賽變成了古廟會，並進行「物資交流」活動。原先的「社」也被「大隊」替代，「社」在傳統的鄉村社會中多負責鄉民的文化生活，1949 年之後，大隊不僅承擔著行政事務，而且將村民的文化生活事務也一併攬了過去，於是，大隊組織每年在玉皇廟唱一些戲，多是上黨梆子、上黨落子，來滿足村民的文化生活需要。這種狀況一直延續到 20 世紀 90 年代。

　　20 世紀 90 年代以來，情況發生了新的變化。大隊每年於農曆「四月四」期間仍然在玉皇廟對面的戲臺組織一次上黨梆子或上黨落子的演出。但問題在於，這已經不是這個村子裏唯一的戲劇演出了。在考察中筆者瞭解到，三大士廟和三元宮、祖師廟等地分別在每年的正月十五和「四月四」期間都要組織三天的長子說書演出，並且是村民自發組織，自願籌錢，與大隊沒有什麼關係。1996 年碧霞宮恢復祭賽活動以來，碧霞宮不但要在祭賽活動中進行祭祀戲劇的表演，還要配合祭祀活動在廟外搭臺唱戲。在這個變化中，顯示的其實是行政組織和村民文化生活之間的錯位關係。在大隊對村民文化生活的管理方面，環境比過去有了很大程度的寬鬆，而村民

---

❸　這一觀念的表述受到了傅謹〈祠堂與廟宇：民間演劇的空間闡釋〉（《民族藝術》2006 年第 2 期，頁 34—40、68）一文的啟示。

越來越多地根據自己的文化興趣和習慣進行自願組合，以滿足自己的文化娛樂需求。於是，原先唯一的以玉皇廟／大隊為中心的文化生活，現在變成了分別以碧霞宮、玉皇廟、三元宮、三大士廟為中心的四個戲劇文化活動區域。造成這一錯位的原因之一，是 20 世紀 90 年代以來在市場經濟發展中賈村的經濟搞的不太好。去賈村考察時，許多人都說這個村子「有點亂」，賈村沒有什麼廠子，沒有什麼經濟產業，附近的山西水泥廠也不太景氣，村民說，「鄉裏領導都不怎麼愛往這個村子跑」❸。村民們也說村裏的幹部都不太管事，只想著自己掙錢，一位村民說「前幾天水又停了，沒人管」❸。在以往的社會整合出現縫隙的情況下，民間社會出現一定程度的復興就是很自然的。在新的文化整合的過程當中，碧霞宮具有特殊的意義。

二、被忽略的祖師廟

在碧霞宮於 1996 年前後開始修繕並於 1996 年進行賽社戲劇演出之前，祖師廟在 1995 年 5 月 1 日重修竣工。根據當年的〈整修殿堂塑像碑序〉，祖師廟在 1947 年「神像遭損」，其殿堂「作為集體糧庫，達四十餘年」，因而「吾村東北區域居民」在「改革開放之大潮中，為弘揚民族文化」進行了「志願捐資」，其中值得注意的是「吾村東北區域居民」。根據祖師廟清光緒二年（1876）

---

❸　採訪對象：張紅林，採訪時間：2006 年 11 月 29 日，採訪地點：張紅林先生家。

❸　採訪對象：崔福平，採訪時間：2006 年 12 月 2 日，採訪地點：崔福平先生家。

〈整飭社規永禁匪類碑記〉中「我北大社」一語可知，祖師廟在當時是為北大社所有的，根據段友文的調查，民國間祖師廟屬於後社❸。從這個簡短的歷史沿革可見，「吾村東北區域居民」在一定程度上是以前的「北大社」或「後社」的延續，這顯示出了比碧霞宮更早的當地民間社會復蘇的訊息。（圖 2-7：1997 年碧霞宮內說書）（圖 2-8：玉皇廟戲臺唱戲）

圖 2-7：1997 年碧霞宮內說書

---

❸　段友文〈晉東南潞城迎神賽社習俗考述〉，《民俗曲藝》第 110 期，臺北：財團法人施合鄭民俗文化基金會，1997 年，頁 7。

圖 2-8：玉皇廟戲臺唱戲

　　當祖師廟竣工後，曾「邀曲藝團演唱三日，嘉賀開光」，並有「王小剛贈奏民樂一場」，這是迄今筆者所見關於當地傳統祭賽戲劇格局在 20 世紀八九十年代展現的最早的一條資料。自 20 世紀80 年代以來，各地廟宇重建的消息和報導不斷，但許多是講如何被「上面」勒令再次拆毀的，故而在這一文化背景當中，祖師廟的重修和它在重修之後並沒有遭到拆除的情況，顯示出某種傳統的祭賽文化在當地被重新公開接納的訊息。按照傳統的習慣，娛神的方式自然是唱戲，祖師廟新修了廟，重塑了像，總要為神唱一把。廟的恢復意味著傳統戲劇演出的文化空間有了重新恢復的可能。長子說書和民樂雖不是「戲劇」，但在當地，它們就是作為戲劇的替代品而被看待的，不管演戲還是說書或民樂表演，都有給神看的意味

在內，都是隸屬於祭祀戲劇這樣的格局內的。當然，請說書價錢比較便宜，也比較適合這個不大的小廟演出，但村民的這一「現實」考慮與前述並不衝突。

但是，這個小廟的重修暗示出的祭祀戲劇格局的恢復跡象，並沒有在它身上蔚為大觀。村落祭祀格局在相當程度上的恢復，還需要靠碧霞宮這樣的大廟來主導和完成。

三、以碧霞宮為中心的民間演劇空間的恢復

「解放」以後，碧霞宮辦賽停止，廟分給了私人。1958 年，像許多村子裏廟宇的變化那樣，碧霞宮改作了學校。1972 年，碧霞宮裏最輝煌的建築──中殿被拆毀。1989 年，學校遷往村東北處，後又有大溝岸移民搬入。1996 年辦賽前，私人遷走，並開始了陸續的修復，到現在還沒有完全恢復如初。規模最大的中殿因為耗資預算較多，尚待修復機會。歷次修復情形如下表：

表 2-10：碧霞宮 1996－2006 年間的歷次修復

修復時間	修復部分
1995 年 4 月開工	翻修後宮
1996 年 8 月開工	修東西配殿
1996 年 9 月－11 月 16 日	全面修復碧霞池
1998 年	粉刷配殿
2000 年 2 月開工	修山門、角樓、道房、戲臺基座、照壁（正對小康區）
2004 年開工	子孫殿、眼光殿塑像

　　碧霞宮的修復本身就是增強村民凝聚力、服務於他們共同的信仰和利益、建立文化認同的過程。碧霞宮修復過程中成立了以杜同海為首的修廟籌委會，負責修廟具體事務，2001 年 4 月 25 日（農曆四月初三）修廟籌委會公布了一份〈集資修廟倡議書〉，在這份倡議書中先講述了碧霞宮自元代起的悠久歷史，又告訴村民集資捐款可以保護公民，是「每個公民的光榮義務」，並且許諾捐款百元以上者可以刻入碑中，「永存青史」❸。不管使用什麼方式去打動村民促使他們捐款，修廟本身變成了村民生活中的一件大事。修廟是斷斷續續的，穿插於每次祭賽活動舉行間隙，這樣，廟宇的每次修復都保證了祭祀活動在一個更好的空間中舉行，而每次賽社的成功舉行，又讓捐款者獲得文化認同感，更自覺自願地維護廟宇的興旺。

　　碧霞宮從修復之初就開始了戲劇的演出。碧霞宮的戲劇演出分三種情況，一是廟內以祭神為主的隊戲、雜劇、院本演出；二是廟內或廟外正對廟門搭臺的上黨梆子、豫劇等「大戲」演出；三是廟內或廟外側對廟門的長子說書等表演。最古老的和最具活力的戲劇形態都有。這些戲劇形態的演出構成了一個較為完滿的祭祀活動與戲劇表演相互依存的演劇空間。村民參與戲劇活動，並不僅僅是為了欣賞一場漂亮的藝術演出，也不僅僅是為了獲得倫理道德的教育，對他們而言，更重要的是要尋求一個精神安慰乃至皈依的空間。在傳統的社會結構中，戲劇活動因其緊緊依附於祭祀儀式所彰顯的禮樂文化空間，而獲得了滿足民眾信仰追求的價值可能。1996

❸　2001 年 4 月 25 日〈集資修廟倡議書〉，賈村杜同海先生提供，謹致謝意。

年以來對賽社及其戲劇活動的恢復，正為村民們提供了一個滿足生活層面（物資交流）、娛樂層面（唱大戲）和信仰層面（祭賽儀式）等多個層面需求的文化空間。

與碧霞宮這一演劇空間的建立相伴隨的，是大隊組織的玉皇廟唱戲也主動依附「四月會」這一狀況。原先大隊在四月四廟會期間也會組織唱戲，但在碧霞宮修復之後不一樣的是，玉皇廟唱戲會注意與碧霞宮賽的協調，以 1997 年大賽為例，在白天主要祭祀儀式舉行完以後，玉皇廟於下午和晚上連續三天進行上黨梆子演出，作為仿古大賽安排的廟外豫劇、上黨梆子、長子說書三處表演之一。從大隊戲劇組織方式的轉變可見，一旦碧霞宮祭賽活動得以恢復，原先以大隊為中心而組織的戲劇活動就很快轉變到以碧霞宮為中心的戲劇活動上來。從這些變化中，可以清楚地看到碧霞宮在民間演劇空間恢復中的中心作用。

小　結

雖經歷戰亂和社會變革，傳統賽社祭祀格局仍在潛隱地存在著，1957 年時曾有過舉行大賽的準備，20 世紀 80 年代初期傳統賽社中的晃杠等表演通過參加元宵節表演，獲得了生存機會，為1996 年賽社活動的恢復作出了準備。1996 年、1997 年是賽社活動恢復初期的兩個重要年分，賽社的恢復是在村委會、學者、上級領導、自身傳統等幾種力量的交互作用下恢復起來的，在恢復之初經歷了村委會退出、學者介入等事件或變化，面臨著如何整合各方力量的問題。2004 年以來，賽社文化研究會的成立為有效解決各方

力量的掣肘關係提供了機遇，並通過「多名制」的實踐和樹立「張枝群祠」的權威借用等文化整合方式，使以碧霞宮為中心的傳統賽社祭祀格局逐漸恢復起來。在賽社格局的恢復過程中，以碧霞宮為中心的民間演劇空間也獲得了一定程度的重塑，通過以賽社祭祀戲劇為中心的表演活動，碧霞宮對祖師廟、三元宮、三大士廟、玉皇廟等幾個戲劇表演中心進行了有效的整合。

第三章

傳統賽社祭祀格局在當代的新變：
以 2006 年賈村「8 月會」
為討論中心

第一節　「8 月會」：新形態賽社

　　2006 年 8 月 11 日－15 日，「2006 山西長治賽社與樂戶文化國際學術研討會」在山西東南部的長治市召開，作為研討會的重要部分，大會在賈村進行了為期兩天半（12 日全天、13 日全天、14 日上午）的演出（即「8 月會」）。賈村的這次演出由當地村民組織，主事者為歷年辦賽的組織者杜同海，演出內容基本上以「四月會」的儀程和形態為準。對當地來說，這是一次前所未有的賽社活動形態，他們還從來沒有被這樣地「全球化」過。8 月的這次賽社活動，在較大程度上對當地的傳統賽社祭祀格局造成改變，雖然限於時間的晚近，還看不到這次變化帶來的更多影響，但鑒於賽社及其戲劇活動從未這樣明顯地「超越」地方性的「文化空間」，無疑，值得重

視；而且，這樣的變化軌跡也是在近年賽社活動歷程中可以找得到
的。下面從各個層面一一討論。

一、緣起與籌備歷程

嚴格說來，從 2004 年賈村「民間賽社文化研究會」成立起，
賈村賽社活動就有走出自為的村落文化空間的趨勢。從當時舉行的
掛牌儀式可見，「民間賽社文化研究會」和「長治學院賽社文化賈
村研究基地」是從學術研究的角度試圖吸引學界的參與，「民間賽
社文化研究會」和「賈村文物保護站」兩者掛靠於「潞城市文物旅
遊發展中心」是要講旅遊開發，無論是學界參與還是進行旅遊開
發，都是與政府以經濟為主導的發展理念相關聯的，目的自然是要
開放，潛在的邏輯是試圖將一個地方性的文化資源納入到以市場為
標準的資源配置鏈條中去，從而在當代文化生產語境中，從「邊
緣」走向「中心」，以獲得應有的生存資本。2006 年舉行「四月
會」時，打出的旗號正是「民間賽社文化研究會」成立兩周年紀
念，從中可見一貫之處。

有意思的是，從 1996 年賽社活動恢復以來，「發展旅遊」就
是年年辦賽念念不忘的宗旨之一，但當地的碧霞宮從來沒有變成一
個旅遊點，每年的賽社活動也無非是吸引一些研究者和記者的注
意。「發展旅遊」背後是對吸引外來資本的渴望，就像我們在各地
都看到的，「發展旅遊」是市場時代的主流話語，「進入」這個時
代的通行證之一就是「發展旅遊」，「發展旅遊」變成了各地進行
文化生產時必須具備的符號，或者更準確地說，「發展旅遊」顯示
了時代主流話語和一個地方社會發展實際之間是有差異的。地方社

會的發展可能並不像想像中的那樣可以與全球化生產順利對接，地方社會的多樣性存在與全球化的模式化和一致性之間具有不協調性。對賈村來說，雖然恢復賽社活動的口號之一是「發展旅遊」，但和賈村這個地方社會仍舊在相當程度上呈現出的傳統賽社祭祀格局不太「搭調」。正如上一章的分析所顯示的，賈村地方社會在許多方面仍舊保持了較為穩定的文化傳承形態。鑒於此，2004 年以來的賽社活動雖然有了「走出去」的願望，但畢竟還是地方社會對外部的一種想像，正像「發展旅遊」所顯示的名和實之間的有趣差異一樣。

促使當地賽社出現較大變化的正是「8 月會」的召開，其間以賈村為代表的「潞城社火」進入國家級非物質文化遺產保護名錄無疑是促使賈村社火進入全球化視野的助推劑。賈村賽社得到局外人的關注緣於 20 世紀 80 年代以來上黨地區發現的一系列重要的賽社抄本，這些民間抄本乃至後來對沉默的樂戶群體的發現引發了學術界持續的熱情。中國儺戲學研究會（下簡稱「儺戲學會」）計劃在賈村舉辦「賽社與樂戶文化」國際學術研討會，正是這一學術興奮點的持續。早在 2004 年，儺戲學會就與山西省長治市人民政府、山西上黨師範專科學校（後改稱長治學院）商討於當年 9 月舉辦研討會的事宜，「後因山西方面出現不可預見的糾紛而未能如期舉行」❶。儺戲學會於 2005 年再次啟動舉辦研討會的計劃，並聯合中國藝術研究院戲曲研究所與長治市人民政府商定於 2006 年 8 月舉行研討會的事宜，而 2005 年 12 月「潞城社火」進入首批國家非物質文化

---

❶ 〈一點說明〉，《中國儺戲學研究會通訊》，2006 年，頁 9。

遺產保護名錄,「無疑這個令人振奮的資訊將會提高這次國際學術研討會的文化品牌」❷。「非物質文化遺產」在當代中國社會中的政治正確性和所潛在的經濟發展機遇,無疑將促使地方政府與學界的合作更為緊密。為此,雙方作了很多籌備工作:2005 年 11 月 16 日,儺戲學會曲六乙等一行五人專程赴賈村進行實地考察,參觀了碧霞宮,並與時任潞城市文化局局長成志勤、長治學者李天生、賈村杜同海等商談部分辦賽內容和組織工作。11 月 17 日,時任儺戲學會會長曲六乙與時任長治市人民政府市長杜善學談妥於 2006 年 8 月舉行國際學術研討會事宜。2006 年 3 月 28 日,賈村賽社組織者杜同海和樂戶代表牛琦雲赴京與儺戲學會商討在當年賈村「四月四」傳統賽社活動期間舉行一次預演。4 月 28 日至 5 月 1 日,儺戲學會副會長巫允明等人赴賈村參加「四月會」,並觀看預演情況,與長治方面進一步商談「8 月會」組織細節。5 月 12 日,長治市文化局局長陳秀英赴京期間與儺戲學會再次協商,對組織細節作了某些局部的修改。這一系列的工作促成了 2006 年 8 月研討會的最終舉行。

二、演出內容及分析

「8 月會」將傳統賽期的六天（下請、迎神、頭場、正場、末場、送神）改為兩天半,分別是頭場（8 月 12 日全天）、正場（8 月 13 日上午）、末場（8 月 13 日下午）和樂戶表演（8 月 14 日上午）,具體流程和內容如下:

---

❷　〈一點說明〉,《中國儺戲學研究會通訊》,2006 年,頁 9。

頭場：迎神。上馬。迓鼓領隊，社火遊行（門鑼、傘扇、抗牌、飛虎旗、兵器等儀仗隊，大迓鼓，跳方相，抗妝，高蹺，《月明和尚度柳翠》等面具隊，晃杠，車故事樓，碧霞元君、玉皇爺走像，四海龍王神駕，神馬等）。圓神。下馬。隊戲《過五關》。儺戲《斬旱魃》。接神。安神。供三盞（茶、酒、飯等共六次）。領羊。隊戲《斬華雄》。院本《土地堂》。

正場：金雞報曉。催寢。盥漱。接二仙。聽命。祭太陽。祭太陰。供三盞，其間表演《八仙慶壽》、《跳監齋》、《猿猴脫殼》。

末場：供三盞，其間樂戶獻戲、沖瘟、打太平鼓。祭風。送神打彩。

樂戶表演：古曲牌吹奏（【四句句】、【喜咚咚】、【沽梢月】、【老州調】、【拜鼓】、【長青杯】、【五花盞】、【大觀燈】、【普天樂】、【萬年花】、【賞蓮花】、【五福榮】、【開花調】等共 13 支曲牌）。吹戲（上黨梆子《烏鴉山·岐山脊》、上黨二黃《大拜壽》）。

從演出總體看，傳統賽社活動中流傳至今的大部分內容都在「8 月會」的兩天半演出中作了集中呈現。但關鍵的問題在於，「8 月會」是一次為「局外人」觀看而進行的表演，傳統的賽社則是與村民的日常生活、娛樂和信仰緊密結合在一起的儀式行為。

首先，從演出時間上看，「8 月會」與傳統的賽社活動就各有不同的意義。對「8 月會」來說，「將傳統的 6 天賽期壓縮在兩天半舉行，避免了重複排遝，盡量展現了賽社、樂戶文化的精華內

容，獲得了與會學者的普遍好評」❸，於是，供盞數減少了，末場的報曉、催寢、盥漱等儀式因與正場相同也減少了。壓縮節目固然有實際條件的制約，但壓縮的結果無疑增強了觀看效果。傳統的賽社活動時間為六天，一方面，作為一個完整的儀式周期，具有整體的象徵意義，既將神的生活與人的生活完全密切地對應起來達到神人溝通的美好願望，也使普通人在這個固定的周期內獲得了暫時的「狂歡」，因此，考慮到對一個完整周期的呈現是如此必要，所以賽社中的那些看起來拖遝重複的部分並非沒有意義；另一方面，傳統的賽社周期實際上建構了一個「公共時間」，所謂「民眾的民俗活動不僅是節日的祭拜活動，同時也嵌入在日常生活之中，應該屬於民眾廣泛參與的『公共時間』」❹，公共時間的形成對強化集體性認同，不斷延續、生產和再生產傳統價值觀念，乃至進行有效的社會整合具有重要作用❺。

其次，流動演出改為固定演出。原先的下請、走街串巷、隊戲《過五關》表演等流動性展開的儀式內容因難以控制而變成了較為固定的演出，所謂「難以控制」恐怕包括安全、不便於錄影等技術問題。對於安全問題，我們知道，傳統的賽社活動本身就是地方社

---

❸ 王旭〈聚焦「華北民間第一社火」〉，《中國文化報》2006 年 8 月 31 日。

❹ 韓秀珍〈在寺廟博物館重構公共時間——東嶽廟節日活動的啟示〉，中國民俗學會，北京民俗博物館編《節日文化論文集》，北京：學苑出版社，2006年，頁 131。

❺ 韓秀珍〈在寺廟博物館重構公共時間——東嶽廟節日活動的啟示〉，中國民俗學會，北京民俗博物館編《節日文化論文集》，北京：學苑出版社，2006年，頁 131－134。

會的有效整合手段之一，它有一套相關的辦法來處理安全等問題，忽略了這一點，我們就無法看到一個地方社會是如何自我維護的。

再次，儀式性與觀賞性的差別。傳統賽社中的亭子是供盞時端盤的執役人，必由男性承擔，還須口銜禁花，防止褻瀆神靈，顯示了嚴謹規範的儀式性；1996 年恢復賽社以來也都是男性擔任亭子，2006 年的「四月會」預演時出現了一些變化，亭子全部改由二三十歲的年輕婦女擔任，到這次「8 月會」時，更進一步改為了十五六歲正當花季的小女孩。說到改用原因，組織者杜同海說，男的不太好配得齊整，因為正是假期，好多上學的女孩兒在家，也好挑❻。亭子的變化非常重要，顯然是儀式性向觀賞性的轉變。

如果說「8 月會」僅僅是一次表演而已，並不能證明傳統賽社出現了什麼大的變化，表演完回到傳統的賽期，自然還是公共時間、還是儀式活動。誠然如此，但考慮到賈村賽社活動在近年越來越試圖突破地方社會的「發展」趨勢，考慮到學者等「局外人」的文化強勢，考慮到政府部門的行政權力，獲得首肯的、成功的賽社表演必將把其中的若干形態有意無意地置入傳統的賽社演出，甚而在根本結構上改變傳統祭祀格局，故而在當代文化生產語境中，這樣的賽社表演絕不僅僅是表演本身那麼簡單。因此，新舊賽社的比較對瞭解賽社、戲劇形態的變化，瞭解當代文化生產等問題會有所啟示。（圖 3-1：晃杠）（圖 3-2：抗妝）（圖 3-3：供盞儀式）（圖 3-4：插祭）

---

❻ 採訪時間：2006 年 11 月 29 日，採訪地點：杜同海先生家。

圖 3-1：晃杠

圖 3-2：抗妝

圖 3-3：供盞儀式

圖 3-4：插祭

三、賽社活動的新形態

　　20 世紀八九十年代以來伴隨著民間社會出現的復蘇趨勢的是，原本在地方社會的鄉俗禮儀中存在的民間文藝活動，越來越「超越」了傳統的鄉土地域界限，擴展出許多新形態。賈村賽社活動也如此，在傳統的「二月二」香火會、「四月會」之外，呈現出如下三種新的存在形態：

㈠研討會表演

　　研討會往往都是學術機構和地方政府合作組織的，鑒於不同的利益訴求，雙方的合作在一定程度上也造成了對村落傳統禮儀和文化展演的保護和開發的兩難境地。「8 月會」就是研討會表演的最好代表，儺戲學會希望當地的賽社表演儘量原汁原味地呈現傳統形態，而當地政府則希望外來者看到一個「乾淨的」、去除了迷信的、健康的民間文藝表演。然而，不論哪一方，事實上都對當地的賽社活動存在不同程度的「干預」。學者的態度是原生態呈現賽社表演，但事實上在舉辦賽社活動中，可以看到學者的直接指導和「干預」；政府既希望賽社表演可以帶來發展機遇，招商引資，又習慣性地認為當地的賽社傳統有其糟粕所在，故而也會在活動中進行一定程度的「干預」。這樣，研討會表演呈現的賽社內容就有一定程度的「過濾」，而這一過濾了的表演內容反過來，也因潛藏著學者的文化強勢和政府的行政權力，最終影響傳統的賽社活動內容。

㈡元宵節表演

　　第二章「潛在的賽社傳統」部分曾經討論了 20 世紀 80 年代初

就存在的元宵節晃杠表演對 1996 年恢復賽社活動的影響。自 1996 年賽社活動恢復以來，在元宵節進行的晃杠表演一直與賽社活動中進行的晃杠表演並行不悖，晃杠、鑾駕等社火形式，既可作為賽社活動內容之一，又可單獨存在，參加政府每年組織的元宵節民間文藝活動。晃杠等社火表演的這一新特點在某種意義上促成了元宵節與賽社活動之間較為密切的互動關係。長治市民間文藝家協會具體組織元宵節民間文藝匯演工作，自 1993 年成立以來「連年舉辦元宵節民間文藝評獎活動」，賈村晃杠表演曾獲得了 1994－1996 年長治市元宵節民間文藝先進單位❼。1996 年至今，賈村晃杠、鑾駕表演幾乎年年都要參加潞城市的元宵節活動，每次活動都是由杜同海組織，一般在正月十三、十四舉行，正月十五就回自己村子搞了。有時，還會直接參加更高一級的長治市元宵節活動。2007 年正月，賈村晃杠等社火內容又參加了潞城市、長治市的元宵文藝活動，與往常不同的是，賈村上級翟店鎮鎮政府對賈村社火表現出了更多的熱情。杜同海告訴筆者，以往賈村社火參與這樣的活動，一般只能得到三百、五百，或是幾條煙，而這次鎮上要拿八九千塊錢❽。這種變化的重要原因在於，2006 年 8 月「山西長治賽社與樂戶文化國際學術研討會」的成功舉行給當地政府帶來了較大的影響。賈村「8 月會」入選長治市 2006 年度十大文化新聞，得到了翟店鎮政府的重視，他們在自己的網站上轉載並報導了這一消息。

---

❼ 〈元宵節民間文藝獲獎名單〉，申雙魚《上黨民間文藝觀》，香港：天馬圖書公司，1999 年，頁 339－340。

❽ 2007 年 3 月 2 日，電話採訪杜同海先生。

這次元宵節賈村社火表演本身亦有了重要的變化，原先在社火表演中不曾有的《八仙慶壽》、《跳監齋》、《調方相》等內容被加入到社火表演中來，而《八仙慶壽》等節目正是在「8 月會」上受到重視的戲劇表演內容。借助晃杠等社火表演兼顧元宵節民俗活動和傳統賽社活動這一獨特存在方式，傳統賽社在存在形態上獲得了某種延伸。

(三)電視節目錄製

傳統賽社的另一個存在形式是，參加電視媒體拍攝的節目。2005 年 1 月 14 日賈村晃杠、鑾駕表演赴長治縣南宋村參加了中央電視臺春節特別節目《一年又一年》的拍攝，同年的 7 月 22 日，賈村杜同海又組織隊戲《八仙慶壽》、《斬華雄》再次赴長治縣南宋村參加中央電視臺《走遍中國·魅力長治》欄目的拍攝。另外，山西省電視臺也多次拍攝相關錄影。這些電視媒體對晃杠、隊戲《八仙慶壽》、《斬華雄》的重視，反過來無疑促使這些表演形態在回歸到傳統賽社活動中時受到更多的重視，在形態上也會有細微的變化。

上面對近年來賽社活動的三種存在新形態作了初步的描述和分析，這三種新形態無疑都是傳統賽社在當代新的延伸，這些新發展了的形式對傳統賽社的改變現在還不能看得夠清楚，但有一點值得注意，即不應簡單談論新形態給民間賽社活動帶來的「負面」影響，作為學術研究，更應該將各方的利益牽扯梳理清楚，為瞭解當代文化生產邏輯貢獻應有的智力支援，對戲劇研究來說，也是為賽社活動中的戲劇內容如何更好地存活提供更多的啟示。「8 月會」在這些新形態中最具影響力，可謂上述三種新形態的集大成者，下

文將以此為討論中心，從文化空間涵義變化、經濟運行模式變化、賽社活動執役人員變化等方面，分別進行細緻的描述和分析，以期對傳統賽社及其戲劇活動的新變有較為明晰的呈現。

第二節　文化空間涵義的變化：從地方性到國際性

一、對「國際性」的追求

　　無論是賈村賽社的舉辦者、長治市地方政府，還是來自北京的學者，似乎都無法忽略舉辦一次賽社研討會的「國際性」。在這個對「國際性」的追求背後，存在著全球文化生產的時代狀況。近幾十年來，跨國資本的流動使全球文化生產逐漸納入到一種大國／小國、中心／邊緣、城市／鄉村的結構當中，大國往往是那些在經濟和政治上佔據優越地位的國家，生產著普遍抽象的原理和意義，小國則在經濟、政治上處於劣勢，即使其在人口、土地、文化上像一個「大」國，小國依舊生產著不具普遍性的「地方性知識」；這一具有差別和等級的文化生產序列，也調動和影響了一國內部的城市和鄉村之間的文化資源，形成了相應的中心和邊緣關係。在這樣的文化生產條件下，越是具有「國際性」，就越能體現文化生產的「中心」意義。以此次研討會籌辦過程中的某些行為為例，可以幫助理解當事者對「國際性」的渴望和追求。

　　長治市人民政府和儺戲學會曾對 2006 年舉辦國際研討會達成初步協定，後來因為舉辦經費的問題以及具體的組織細節，雙方進

行了多次的商討。2006 年 5 月 2 日雙方的一次磋商指出：鑒於經費的壓縮，「雙方決定在參會代表名額上按原協定代表人數不變，進行控制。目前中國儺研會已對十個國家學者進行了邀請，如國外學者人數超出，則以壓縮國內學者名額達到總人數不變；結合長治市秦、杜兩位市長提出希望多國參會的意見，提出對印度、俄羅斯、越南經濟較差的三國學者，考慮提供國際旅費」。❾可見，即便經費緊張，但在會議的「國際性」色彩的考慮上，雙方都有共識。在雙方時隔不久的再次協商中，也有如是的共識，大會邀請海外學者的人數不變，而對國內學者的人數有所壓縮，並且指出：「長治方面曾希望多邀請一些國外的學者，以促進長治市的對外開放，北京方面對此表示積極支援。」❿從中亦可見地方政府在追求「國際性」上是非常明確的。並且，對「國際性」的追求是和市場主流話語、對外開放的政治正確性緊密聯繫在一起的。

賈村的「地方性知識」原先對身處其中的人們是不自知的，但以一種「國際性」的他者眼光來「觀看」時，「地方性知識」就獲得了其意義。但與「地方性知識」被重視相伴隨的，正是文化空間意義的被改變。

---

❾ 〈「山西長治賽社與樂戶文化國際學術研討會」會前賽社活動觀摩及大會籌備紀要〉，2006 年 5 月 3 日，中國藝術研究院戲曲研究所王馗老師提供，謹致謝意。

❿ 《賽社與樂戶文化國際研討會會談紀要》，2006 年 5 月 15 日，中國藝術研究院戲曲研究所王馗老師提供，謹致謝意。

二、地方性文化空間的被改寫

賈村傳統的賽社活動歷來都是以碧霞宮為中心而展開的，碧霞宮作為村中最大的廟宇，不僅有舉辦賽社活動的最大物理空間，而且象徵著整個村落的文化空間。碧霞宮中舉行的祭賽活動和祭祀戲劇演出絕不僅僅是藝術表演，而且是在建構當地文化空間中起著重要作用的整合性行為。「8 月會」的召開，在一定程度上對傳統文化空間進行了改寫。

1.參與者從村民改為包括國內國外眾多學者、媒體記者、政府官員等。村民是傳統賽社活動的參與主體，傳統文化空間裏整合的是他們的文化認同和情感認同；當參與主體變成了學者、記者、官員這些局外人時，村民們與他們文化空間之間千絲萬縷的聯繫被打斷了。為保證活動安全，這次「8 月會」採取了限制人數的手段，在「8 月會」頭一天（12 日）於碧霞宮南廣場舉行的遊行儀式上，村民們不許隨便進入表演區，隨後在碧霞宮內舉行的供盞儀式，除了執事人員和個別賣工藝品者，一般的村民都不許進入，出入碧霞宮都要佩戴代表證。當村民們和他們賴以安頓的文化空間之間沒有機會去交流時，那個所謂的文化空間就變得不復存在了。

2.具有實質涵義的地方文化空間變成了抽象的國際場域。傳統賽社及其戲劇活動中的碧霞宮是具備實際內涵的文化空間，在這個空間中，每個參與的村民都可以獲得文化上的持久認同感和情感上的深切滿足感，賽社文化空間的存在是積澱了明清以來數百年的文化心理和內涵在內的，因其深具歷史感，故而有真切的現實感，碧霞宮中小小的物理空間實則承載了久遠的歷史情感和文化積澱。

「8 月會」中的碧霞宮，因為有前所未有數量的國外學者的參與，也具備了可以感受、可以交流的現實感，但畢竟是短暫的。因其沒有更多的時間流轉，因而也就沒有更多空間建構。在這個各色人等交彙的時空中，「國際」變成了一次性的消費大餐，「國際」也只是一個抽離了歷史流程和文化積澱的想像場域。

正如「8 月會」的宣傳，這是一場「表演」。表演過後，所謂被改寫的文化空間涵義，似乎自然要回到原先的文化生態中去。但事實是，一旦村民們捕捉到了他者的目光之後，一切似乎就不總是那麼自然了。「8 月會」後，當筆者去賈村作調查時，當時的竹竿子表演者、村民李胡平遞給筆者一張名片，上面是這樣印製的：「九天聖母廟碧霞宮八卦殿弟子 山西長治賽社與樂戶國際學術研討會 竹竿子預測師」，可見，村民已開始對「8 月會」文化符號開始有意識地運用了。而且，關鍵是，與文化空間相聯繫的文化整合方向發生了重要的變化。「8 月會」過後，賽社組織者需要在當地文化傳統、上級領導、學者和「國際性」之間尋求一種新的平衡，當這些重要的象徵符號試圖進入到傳統賽社的文化空間時，變化就開始了；當賽社組織者作具體的整合和調整時，傳統的文化空間將會發生真正的變化。後文將在探討戲劇形態變化的部分，對這些具體的調整作詳細的描述和分析。

三、文化空間變化與非物質文化遺產保護

「潞城社火」是首批國家級非物質文化遺產之一，其主要內容即賈村賽社活動。「潞城社火」入圍國家名錄的類別是「文化空間」。據聯合國〈人類口頭和非物質遺產代表作申報書編寫指

南〉，所謂文化空間是指「可確定為民間和傳統文化活動的集中地域，但也可確定為具有周期性或事件性的特定時間」⓫，在烏丙安看來，非物質文化遺產中的文化空間概念是「不能被理解為我們中國社會知識階層通常討論文化時所說的十分寬泛的『文化空間』……非物質文化遺產保護的『文化空間』形式在這裏是一個專用名詞，是有所指代的。通俗地說：凡是按照民間約定俗成的古老習慣確定的時間和固定的場所舉行傳統的大型綜合性的民族民間文化活動，就是非物質文化遺產的文化空間形式」⓬。

　　據上述文化空間定義，「8 月會」在很關鍵的程度上改變了傳統賽會的文化空間。雖然「8 月會」和傳統賽會的舉辦實體都一樣，都是在碧霞宮，但是「8 月會」卻改變了傳統固定賽期，故而並沒有具備傳統文化空間的應有之義。對非物質文化遺產保護來說，保護文化空間個案的最好方式，就是讓保護對象回到它自身的「文化空間」中去。這樣說，並不是「理想主義」式地希望保護對象不受到任何干預，而是說，只有當保護對象置於深嵌在歷史結構和文化積澱中的「文化空間」時，才能具有最豐富的文化內涵。而且，只有建立在這一豐富性基礎上的賽社活動，才能在與當下語境中的各種文化力量進行的碰撞和交流中對傳統賽社文化產生真正意義上的拓展作用，否則，任何將賽社文化從其生成語境中簡單抽離出來的作法，都是在全球化生產條件下對單一化、模式化的文化生產的趨同。

⓫　聯合國〈人類口頭和非物質遺產代表作申報書編寫指南〉，中國文化報文化傳播網，http://www.ccdy.cn/pubnews/493845/20060614/493847.htm。

⓬　烏丙安〈民俗文化空間：非物質文化遺產保護的重中之重〉，http://discovery.cctv.com/special/C17729/20070216/103563.shtml。

第三節　經濟運行模式的變化

　　從 1996 年賽社活動恢復以來，每年辦賽的經濟運作，基本上都是由賽社組織者杜同海獨自進行的，其間也有村委會的合作，但基本上還是由杜同海進行資金的管理和核算。隨著賽社活動的影響逐漸超出賈村一地，辦賽的經濟運作方式也相應發生著變化，一方面，由原先的以個人主辦轉向政府主辦、個人承辦，另一方面，相應地，從自願集資轉向按工付酬。

　　先看 1997 年仿古大賽時的收支情況，如下表所示：

表 3-1：1997 年仿古大賽收支表[13]

	具體項目		總計金額
收入	五元門票 2345 元 集資 3543.90 元	三元門票 6764 元 捐款 705 元	13357.70 元
支 出	插祭工資 3050 元 潞城西社樂戶 1420 元 長子崔莊宋懷英 210 元 戲劇馬天順 200 元 插祭用料 4683.45 元 高河搭臺 2050 元 潞城職中樂隊 800 元 租車 600 元 錄影帶 120 元 另支 5848.20 元	壺關樂戶 1540 元 襄垣陳興元 400 元 沁縣服裝工具 100 元 漆轎工資 200 元 史坊煙火 3000 元 北舍搭廟棚 1500 元 村委汽車汽油 200.30 元 煙酒 865 元 租其他 630 元	27416.95 元

---

[13]　賈村杜同海先生提供資料，謹致謝意。

　　從 1997 年大賽的這份收支表，可以看出恢復辦賽之初的一些經濟運行狀況。因為是四十年「大賽」，所以在辦賽規模上比平常要大一些，故而在支出上需要花費更多的資金，收入上也能依靠門票獲得一部分補償。在平常的小型賽社活動中，許多辦賽人員都不需要外請，門票收入也自然不會有。這裏重要的是，1997 年仿古大賽主要是由杜同海一個人組織並進行經濟運作，並且可以通過集資獲得一部分的收入，雖然支出大於收入。

　　到 2006 年「四月會」時，情況就發生了一些變化，請看 2006 年 6 月 16 日賽社組織者杜同海作的一次支出結算，如下表：

表 3-2：2006 年「四月會」支出表❹

	具體項目		總計金額
支 出	儀仗隊 31050 元 故事樓 5250 元 隊戲 8700 元 粗樂 3000 元 迓鼓 1900 元 就餐 2691.30 元 廟內舞臺祭棚 5000 元 插祭 5200 元	晃杠 12000 元 鑼鼓隊 16000 元 細樂 4800 元 高蹺 1500 元 勤雜工 21375 元 神場舞臺門樓 5000 元 劇團 11674 元	135140.30 元

　　這是杜同海個人在「四月會」後所作的一次結算。作為「8 月會」的預演，「四月會」花費很大，比 1997 年仿古大賽的支出要多出六七倍。這次預演和後來的「8 月會」都是由當地政府全額撥

❹　賈村杜同海先生提供資料，謹致謝意。

出的，杜同海具體承辦。據 2006 年 4 月 7 日長治市人民政府辦公廳發給潞城市人民政府的通知中所言：「潞城市政府負責賈村廟會期間預演、8 月中旬正式演出兩次所涉及到的翟店鎮、賈村、南舍、崇道、東邑、辛安、西流人員的調配及勞務補貼、用餐，現場安全保衛、衛生、急救等。」❶由於辦賽花費大，「四月會」和「8 月會」的個人集資額基本可以忽略。

在辦賽之初的個人主辦到「8 月會」的政府主辦、個人承辦之間的過渡並非一帆風順。在「四月會」和「8 月會」的資金問題上，雙方有過一些爭執。政府的錢是不可能直接撥付到個人手裏的，因此要逐級撥款，鑒於當下現實，上面的撥款到達個人手裏不會很順暢，而且，政府和個人雙方間的信任關係不可能在一兩次的交往中就可能建立起來。因此，政府出資主辦、個人承辦的辦賽經濟模式仍有待時間的檢驗。

當地村民對杜同海辦賽有不同的看法，有的是羨慕：「人家同海（辦的事）可弄大了！」有的是嫉妒：「他（杜同海）就是想弄錢！」不管哪種看法，在當地人眼裏，杜同海的辦賽影響很大，當村民們知道政府給當地辦賽撥了錢時，都想辦法提高參加賽社活動的工資，很少有人再願意參加自願集資了，在這種情況下，傳統的自願集資模式就越來越變成了按工付酬了。討價還價是市場交易的正常形式，這種情況也出現在「8 月會」的組織活動當中。「8 月

---

❶　〈長治市人民政府辦公廳關於舉辦賽社與樂戶文化國際學術研討會有關事宜的通知〉，2006 年 4 月 7 日，中國藝術研究院戲曲研究所王馗老師提供，謹致謝意。

會」成功舉辦之後，當地政府進一步表示支援，並於 2007 年春節主動邀請賈村社火赴潞城市和長治市參加元宵節文藝活動。在這種情況下，2007 年「二月二」香火會的組織遇到了一些困難，在筆者對杜同海的電話採訪中，他告訴筆者，村民都想要錢，辦賽想請他們都要付錢❶。

　　無論是個人主辦到政府主辦、個人承辦的變化，還是自願集資到按工付酬的變化，都顯示了傳統祭賽格局在當代發生的較為根本的變化。當杜同海最初以辦賽組織者出現的時候，他的身分像是一個傳統意義上的社首，但是，當辦賽沒有固定的運作資金、需要從更具雄厚資金的經濟體獲得資助時，為了保證賽社活動的正常運轉，杜同海的身分在誇張的意義上就越來越像一個商人。傳統的賽社活動往往是和「社」、「廟」、「廟產」等密切聯繫在一起的，「廟產」屬於廟和相關的社的組織，「廟產」收入可以保證廟宇的正常運作，並保證祭祀典禮有規律地展開，而對當代賈村的辦賽來說，並沒有一個公共性的「廟產」收入，杜同海以一人之力，自然需要尋求外來資金的支援，而在尋求資金的過程中，不可避免地就介入了當代的政經、文化語境中去。在這一介入過程中，傳統的自為自足的賽社祭祀格局慢慢就發生了改變。傳統賽社活動中的自願集資，不僅單純是一種經濟行為，而且還是一種倫理行為，當按工付酬的方式出現之後，人與人之間的交往行為就發生了改變。在這一轉變的背後，顯示的是分工合作的現代生產關係，於是，傳統賽社格局中的經濟運作模式會慢慢式微。

---

❶　2007 年 3 月 2 日，電話採訪杜同海先生。

　　從當地賽社經濟運作模式的變化背後，深切地顯示出當代文化
生產方式中的深層動力。在筆者看來，當地賽社格局發生的較為根
本的變化，正是市場進行資源配置的結果，當地的賽社文化傳統要
想得到繼承和發展，就必須進入到市場資源配置中待價而沽，更具
經濟實力的當地政府，自然會在文化生產中獲得主導話語權，從而
得以支配當地的文化生產。雖然，民間文化在其中會起到一定的傳
承效果，但是，什麼樣的文化生產方式決定什麼樣的文化產品，民
間文化的傳承更大程度上變得依賴於當事者的智識。

第四節　樂戶的變化：從「樂戶」到「陰陽」

　　「大賽賽三行，王八廚師鬼陰陽」，樂戶、廚師、陰陽一直是
晉東南傳統祭賽活動中備受重視的三個群體。但對學界來說，對這
三個群體的重視程度並不一樣。20 世紀 90 年代以來，樂戶這個特
殊群體更多地進入到學界視野，受到了較多的關注，研究成果比較
豐富。對廚師的研究，似乎只有喬健在其「底邊社會」理論的觀照
之下，有較多的注意。而對陰陽，在對上黨賽社文化的研究中，則
缺乏觀照。樂戶群體在「解放」後經歷了重要的文化變遷和身分變
化，對此，閻鍾博論《樂戶：一個賤民群體的變遷》有過個案式的
詳盡討論，本書注意到：當上黨祭賽活動受到越來越多的關注時，
參與其中的樂戶試圖通過在辦賽活動中兼顧「陰陽」的角色這一方
式，來獲得地位的提升，以在以市場為主導的文化生產中加強其生
存競爭力。本書亦無力正面討論廚師、陰陽這兩個社會群體的存在
狀況，但通過對 2004 年以來賽社活動中牛姓樂戶兼具樂戶和陰陽

兩種身分的現象的描述，可能會引發對賽社中不同身分的人群或群體之間關係的思考。從戲劇研究的角度，作為賽社中戲劇活動的承擔者，其在賽社活動中地位和身分的變化，無疑對戲劇活動造成了一定的影響，對此，可使我們對戲劇形態等方面的變化原因有所瞭解。

一、1996 年以來碧霞宮賽中的樂戶

賈村並沒有自己的樂戶，歷來碧霞宮辦賽都是由平順西社村王家樂戶和潞城微子鎮朱家樂戶支應。1996 年恢復祭賽活動以來，「二月二」香火會一般不請樂戶參加，1997、1999、2004、2005、2006 這五年的「四月會」都邀請了樂戶參加。1997、1999 兩年辦賽邀請了潞城西流王進枝等樂戶參加，潞城西流王姓與著名的平順西社王姓樂戶同宗，皆源出平順王曲村（原屬潞城）。2004 年以來，除了潞城西流王姓樂戶繼續參與外，壺關以牛琦雲為首的壺關樂戶開始參與到賈村賽社活動中，之前，雖有壺關樂戶參與，但不如牛琦雲的影響大。造成牛琦雲影響大的原因在於，自 2004 年開始至今，牛琦雲不僅帶領壺關各姓著名樂戶參與賽社活動，其本人亦擔任了主禮先生。2006 年「8 月會」，牛琦雲還擔任了副總指揮，與此相應的是，山西長治舉辦的國際學術研討會以「賽社與樂戶文化」為名，樂戶被提升到了整個賽社文化中的核心位置，這樣，賈村賽社中的樂戶群體的身分就發生了重要的改變。而人的改變，正是傳統賽社格局發生根本變化的原因所在。

二、牛姓樂戶簡述

壺關縣有牛、劉、曹、郭、李、高、王、宋樂戶八大家。牛姓樂戶在上黨鼓樂行道中享有聲名，人稱「牛府鼓樂班」，是留存至今為數不多的樂戶世家之一。牛姓祖居壺關縣沙窟村，現在所知，1949年初有5戶17口人，現在增加到13戶67口人。牛姓譜系現在可上推三代，譜系如下：

表 3-3：壺關沙窟村牛姓樂戶四代譜系表❶

	代別	姓名	性別	出生年月	文化程度	傳承方式	學藝時間
傳承譜系	第一代	牛有財	男	不詳	不詳	家族傳承	不詳
		牛發財	男	不詳	不詳	家族傳承	不詳
	第二代	牛富好	男	1910	不詳	家族傳承	不詳
		牛安好	男	1909	不詳	家族傳承	不詳
		牛松則	男	1912	不詳	家族傳承	不詳
		牛發家	男	1935	不詳	家族傳承	不詳
	第三代	牛全聚	男	1934	不詳	家族傳承	不詳
		牛琦雲	男	1945	初中	家族傳承	1951
		牛琦明	男	1964	初中	家族傳承	1970
		牛全生	男	1946	高小	家族傳承	1958
		牛全科	男	1951	初小	家族傳承	1962
		牛全忠	男	1962	初小	家族傳承	1978
	第四代	牛斌則	男	1970	大專	家族傳承	1980
		牛國兵	男	1972	大專	家族傳承	1982
		牛書清	男	1963	高中	家族傳承	1975
		牛書平	男	1968	初中	家族傳承	1986
		牛二平	男	1972	初中	家族傳承	1986
		牛海清	男	1968	初中	家族傳承	1986
		牛國芳	女	1976	中專	家族傳承	1986

❶ 關於牛姓樂戶的資料，皆由牛琦雲先生提供，謹致謝意。

　　牛有財（？－1935）、牛發財是親兄弟，牛富好（1910－1984）為牛有財獨子，牛琦雲是牛富好之子。牛琦雲的父親牛富好是行業裏的全把式，在 20 世紀 50、60 年代多次參加省內的民間文藝表演活動和匯演大賽。牛琦雲的大姨夫劉懷鎖（1897－1966）是壺關縣麻巷村有名的「黑把式」，麻巷劉姓樂戶據傳是明初朝廷賜給杜姓宰相的樂戶之後。牛琦雲同代的牛全科擅嗩吶、耍牙，與牛琦雲一同參與了 2006 年「8 月會」的表演。牛姓第四代都繼承了傳統樂戶技藝，並進入藝術院校、劇團學習和工作。牛琦雲的母親輩向上多為行內結親，牛琦雲的同輩牛全聚、牛全生為行內結親，牛琦雲妻子是外行人。

　　牛琦雲生於 1945 年，六歲跟父親學習器樂、吹、拉、打等祖傳行業技藝。14 歲（1959 年）時，牛琦雲進入壺關縣人民劇團，不久，即開始參與壺關縣秧歌劇團的創建、改革工作，並進行乾板秧歌向配樂戲曲的研究和實驗工作。「文革」間，被調往縣糧食系統工作，組建糧食局文藝宣傳隊。20 世紀 90 年代以來，牛琦雲一方面參與各種民樂比賽，如 1991 年擔任壺關縣「首屆民樂大賽」評委，2003 年參加「長治市首屆金通杯」八音會民樂大獎賽，一方面又經常操辦當地紅白喜事、人生禮儀等民間典禮。另外，他還參加了樂戶傳承工作，1997 年擔任山西省戲曲學校與壺關縣文化藝術學校聯合組建的壺關分校副校長兼教務主任，1998 年受聘為壺關職業中學民樂班教師。牛琦雲在 2006 年參加賈村「8 月會」之後，代表長治市以「上黨樂戶」之名申請成為了山西省級首屆非物質文化遺產代表作中的一員。2007 年 1 月 1 日，參加山西省首屆民間文化傑出傳承人表彰大會。從前述履歷可見，與傳統的樂戶生

活相比，牛琦雲這一代的樂戶生活有了很大的改變，他們的職業生活範圍比以往有了更多的突破。

三、樂戶地位的變化

1949 年以前的樂戶都有自己固定的職業活動範圍，即所謂「衣飯」（也稱「坡路」）。「衣飯一經確定，一般不會變化。不論是地主，還是農民、商人，只要居住在樂戶的衣飯之內，他們都是樂戶服務的對象」**⑱**，「每個樂戶必須在自己的衣飯內辦事。如果樂戶到他人的衣飯內辦事，那麼所得的收入歸衣飯內的樂戶所有」**⑲**，衣飯就是樂戶的衣食父母，是他們不平等的社會地位的寫照，也使他們的職業範圍受到限制，不可能輕易改變。根據閆鍾的研究，樂戶在 1949 年以前所從事的職業主要有四類：打春、迎神賽社、「抓凶」或「討黃蒸」、紅白事，而在 1949 年以後，隨著「衣飯」的消失，樂戶職業不再有社會關係中的依附性，打春等原先具有義務色彩的職業都消失了。紅白事雖然繼續保留了下來，但是主家需要紅白事服務時需要和樂戶「定事」（提前商討辦事細節，簽訂合同），樂戶到主家辦紅白事變成了一種純粹的經濟行為**⑳**。在樂戶職業活動範圍變化的背後，是樂戶群體的社會身分由 1949 年

---

⑱ 閆鍾《樂戶：一個賤民群體的變遷》，北京大學博士論文，中國國家圖書館博士論文文庫藏，2003 年，頁 65。

⑲ 閆鍾《樂戶：一個賤民群體的變遷》，北京大學博士論文，中國國家圖書館博士論文文庫藏，2003 年，頁 65。

⑳ 閆鍾《樂戶：一個賤民群體的變遷》，北京大學博士論文，中國國家圖書館博士論文文庫藏，2003 年，頁 66－81。

之前的賤民向 1949 年之後的農民變化的事實。而在改革開放之後，農民階級也開始發生著變化，「改革開放的不斷深化，使得中國迅速從傳統農業社會向現代工業社會轉化，社會的階層結構也隨之發生了顯著的變化，不僅原來的工人階級和知識分子分化了，農民階級也分化了」❹。樂戶因為擅長現代經營方式，他們在市場競爭中獲得了較高的收入，所以，他們從普通的農民變成了「吃香的農民」❷，在當代市場經濟環境中，具有了更高的經濟地位。

　　在這個從賤民到農民再到「吃香的農民」的變化中，由於樂戶在 1949 年之後不再作為一個特殊的、有固定成員的階層存在，故而隨著社會的變遷，樂戶群體本身已發生分化，事實上，現在所謂的「樂戶」，只是因為他們的前代曾經的社會地位而命名。在這個分化過程中，樂戶自身的主體性是一個重要的考察角度，也即，樂戶身分的變化，既是外在的社會變遷的結果，亦離不開其內在的主體性對社會關係再生產的影響❸。牛琦雲就是這樣一個在社會關係再生產中充分發揮主體性的「樂戶」，對此，可從牛琦雲參加賈村賽社活動時從樂戶向陰陽身分的轉變談起。

---

❹　陸學藝《當代中國社會階層研究報告》，北京：社會科學文獻出版社，2002 年，頁 1。

❷　閆鍾《樂戶：一個賤民群體的變遷》，北京大學博士論文，中國國家圖書館博士論文文庫藏，2003 年，頁 112－118。

❸　關於在樂戶社會地位變遷探討中引入主體性概念的論述，可參看閆鍾《樂戶：一個賤民群體的變遷》，北京大學博士論文，2003 年，頁 9－11。

四、牛姓樂戶的選擇：從「樂戶」到「陰陽」

陰陽與樂戶在賽社活動中的地位不盡相同。陰陽在賽社儀式中被稱作「主禮生」，或「主神官」，《孟子·萬章上》有云：「使之主祭而百神享之。」可見，「陰陽先生正是作為賽場主祭能請來諸路神祇享賽的神職人員」[24]。在傳統祭賽顯示的禮樂文化中，陰陽主禮，樂戶則是以歌舞戲伎侑酒侑食服務於神明而彰顯「樂」者。在辦賽中承擔陰陽和樂戶這兩種神職的人員的實際社會地位有所差別，陰陽「作為一般社會成員，他們的行業能相對穩定地融入社會生活的方方面面」，樂戶則「是個特殊的社會群體，他們所從事的行業被視為『賤業』，誣稱之為『忘八』，在歷史上飽經滄桑，常處於詭譎多變的生活境況」。[25]陰陽雖是「一般社會成員」，但在實際的社會生活中地位要高於樂戶。陰陽又稱「禮生」，「在明清時期，禮生一般由擁有科舉功名的人擔任」[26]，可見禮生在明清時期的社會地位並不低；現在鄉村中還大量存在陰陽或稱禮生，他們對自己的社會地位也有不低的認同，劉永華對閩西四保地區禮生的研究中談到了當地禮生的身分感：「在與禮生接觸的過程中，他們經常在有意無意中強調自身參與的是『禮』，亦即

---

[24] 楊孟衡〈山西賽社樂戶陰陽師廚戶傳記〉，《民俗曲藝》第 107/108 期，臺北：財團法人施合鄭民俗文化基金會，1997 年，頁 161。

[25] 楊孟衡〈山西賽社樂戶陰陽師廚戶傳記〉，《民俗曲藝》第 107/108 期，臺北：財團法人施合鄭民俗文化基金會，1997 年，頁 162。

[26] 劉永華〈閩西四保地區所見五種祭文本〉，《華南研究資料中心通訊》第 33 期，2003 年，頁 15。

有『士大夫風格』的禮儀……」❷筆者在賈村調查時，兼任陰陽的杜同海和陰陽李胡平等人對自己掌握的禮的那套知識亦有相當的自信。樂戶的賤民身分研究已有很多，在此不贅。

鑒於這樣的地位差別和歷史記憶，具有主體性的那些樂戶就去努力作改變，通過當陰陽來提高自己的地位。牛琦雲告訴筆者，從他的父親牛富好起，就有意識地參與陰陽所作的那些工作。陰陽在鄉間生活中，除了參加迎神賽社活動外，還在祖先祭祀、人生禮儀、建房謝土等民俗生活中扮演著儀式專家的角色，牛富好因為是個「全把式」，一旦擺脫了賤民身分的束縛，自己對這些民俗活動的通曉就派上了用場。牛琦雲從 31 歲（1976 年）起，在乃父有意識的安排下，學習了民俗禮儀。從上文對牛琦雲履歷的描述可見，20 世紀 90 年代以來，他除了參與自己本專業的活動外，還積極地主持各種民間民俗儀禮活動，逐漸積累了經驗和名聲。從賈村 2004 年之前的賽社錄影和對當地人的採訪，可知當地並沒有什麼拿得出去的主禮生，那些主禮在錄影中的表現似乎都不能令人滿意。在這種情況下，牛琦雲被邀請到 2004 年「四月會」當主禮就是可以理解的了。到「8 月會」時，牛琦雲正式以賽社副總指揮的身分，進行了矚目的表演，並作為樂戶代表參與了與學者面對面的交流，在他看來，以一個樂戶的身分去當主禮，很是揚眉吐氣。牛琦雲發揮其主體性作用，還顯示在 2006 年成功申報山西省級首屆非物質文化遺產保護名錄上。筆者注意到，牛琦雲申報的名稱是「上黨樂

---

❷ 劉永華〈亦禮亦俗──晚清至民國閩西四保生的初步分析〉，《歷史人類學學刊》，2004 年第 2 期，頁 53-82。

戶」，而上黨樂戶眾多，但只有牛琦雲有意識地參與到申報工作上
來，也只有牛琦雲被看中和長治市文化局合作進行申報工作，可見
其在自我經營和推廣上具有的敏銳意識。

牛琦雲的主體性發揮，除了基於對樂戶卑賤地位的歷史記憶的
反彈之外，在當代，還和樂戶的經濟地位變化有關係。進入 20 世
紀 90 年代以來，傳統樂戶依靠紅白喜事吹打掙錢當「吃香的農
民」的日子受到了一些影響，現在很多民間的慶典不再僅僅是請吹
打班了，紅白喜事上經常會另請一些管弦樂隊、流行歌舞團，傳統
樂戶的吹打生意受到一定的影響；而且，年輕人學習傳統樂戶吹打
的越來越少，後繼乏人。面對這些生存壓力，傳統的樂戶必須抓住
任何可以帶來生存機會的事情，賈村賽社具有的社會影響及其背後
隱藏的經濟利益，對牛琦雲來說，都是一個尋求新的生存方式的好
機會。2006 年「8 月會」後，以牛琦雲為首，組織了「壺關樂戶協
會」，在牛琦雲撰寫的〈省級非物質文化遺產申報書〉還有「創建
民樂文藝演出發展公司，加強民樂文化產業化發展，組織農民樂手
與群眾婚俗、喪俗等民俗事象相結合，以增添活動機會與場所，廣
泛開闢演出市場」以及成立「壺關縣民間音樂研究會」的未來發展
主張。

「8 月會」中從樂戶到陰陽身分的明確變化，對賈村賽社活動
來說，是個重大改變，當傳統樂戶的身分地位在 1949 年之後發生重
大變化，並在 20 世紀 90 年代以來這個群體越來越深入到市場競爭
的環境當中時，傳統的祭賽格局中的「人」的涵義就發生根本變化
了。1996 年賽社恢復初期的樂戶並未自外於其歷史地形成的依附
於祭賽格局的傳統，還在習慣性地延續，但是，一旦這個群體有機

會去獲得自己的獨立地位並加以提升時，就是他們最先想改變傳統格局。「8 月會」促成了這樣的變化。有意味的是，當這次會議將樂戶提升到「文化」的高度時，當樂戶群體為提升自己地位的努力獲得一個標誌性的承認時，賽社格局也隨之發生了質的變化。

小　結

在以碧霞宮為中心的傳統賽社祭祀格局的恢復過程中，也出現了一些新的變化趨勢，2006 年「8 月會」的召開，標誌著傳統賽社祭祀格局將發生較為根本性的變化。賈村當代賽社活動形態已不再僅僅局限於傳統的「二月二」、「四月四」，而是在當代文化生產方式的推動下，出現了研討會演出、元宵節演出、電視節目錄製等新的形態。賽社活動形態的改變使賽社活動走出了村落地域空間，同時也帶來了文化空間涵義的變化。從「地方性」向「國際性」的拓展，帶來了新的生存機遇，但同時，賈村自足自控的地方社會文化空間也開始出現裂縫，當賽社組織者帶著「國際性」眼光重新審視自身的賽社傳統時，賽社的變化悄然展開。賽社的經濟運行模式也發生了變化，一方面，由原先的以個人主辦轉向政府主辦、個人承辦，另一方面，相應地，從自願集資轉向按工付酬，賽社組織越來越不可避免地進入以市場為中心的資源配置方式中去。「人」的變化是賽社祭祀格局變化中最值得注意的因素，以牛琦雲為代表的樂戶身分地位的變遷對傳統賽社活動有很大影響，從作為儀式執行人的樂戶到作為儀式主持者的陰陽的身分轉變，是牛姓樂戶在這個時代充分發揮「主體性」的結果。

第四章　當代賈村賽社
祭祀格局變化中的戲劇形態

第一節　傳統賽社抄本中的戲劇形態變化簡述

　　對傳統賽社活動中的戲劇形態的瞭解主要依賴曾經參與賽社活動的陰陽和樂戶留存下來的儀式抄本。現將各種賽社抄本中涉及到的戲劇形態和劇目製成一表❶，以大體勾勒上黨乃至賈村傳統賽社戲劇形態的變化狀況，下文將對此作具體的討論和分析。有論者將賽社抄本中的「前行贊詞」也劃歸戲劇形態之中，認為如《百花賦》等「顯係宋、元遺存下來的劇目」❷；胡忌先生亦通過對一段前行贊詞的分析，發現其中是「被大大省略了的一個院本表演的殘存篇章」❸，這些都是很有見地的分析，筆者限於學力，對此部分的討論暫付闕如。（圖4-1：口銜禁花的女亭子）（圖4-2：樂戶後人王進枝）

---

❶　參見附錄二〈傳統賽社抄本戲劇形態與劇目表〉。

❷　廖奔〈《迎神賽社禮節傳薄四十曲宮調》劇目內容考〉，《中華戲曲》第 7 輯，太原：山西人民出版社，1988 年，頁 145、151。

❸　詳見其〈金元院本的流傳〉一文中的相關分析，見《藝術研究》第 9 輯（杭州：浙江藝術研究所，1988 年，頁 85－86）。

圖 4-1：口銜禁花的女亭子

圖 4-2：樂戶後人王進枝

一、院本、隊戲和雜劇的變化

　　明抄《禮節傳簿》清楚地分出了三種戲劇形態：隊戲、院本和雜劇，院本在其中有相對獨立的延續和變化，而對隊戲和雜劇來說，自清嘉慶抄本《唐樂星圖》始，賽社抄本中的隊戲和雜劇的區分就不很明晰了。其實在《禮節傳簿》中，除了院本有其獨自的劇目外，隊戲和雜劇的劇目就已區別不大了，《過五關》、《諸葛亮赤壁鏖兵》、《十八騎誤入長安》、《天門陣》、《四馬投唐》等劇在隊戲和雜劇中皆有，當然，相同的劇目在不同的場合使用可能有相殊的意義，但是，如附錄二《傳統賽社抄本戲劇形態與劇目表》所示，後來的賽社抄本中，對雜劇和隊戲不作有意的區分卻是很明顯的趨勢。《禮節傳簿曲目文範》中對所列戲劇不作區分，《賽樂食雜集（甲）》和《告白文書本（甲）》乃至平順西社王姓樂戶所藏等抄本中徑直以「隊戲」為名，如論者指出：「『正隊戲』和『正雜劇』在流變中已經合而為一了。」❹胡忌先生曾對此作了一番解釋，他說：

　　　　宋元以來所謂雜劇、院本、隊戲、戲文、傳奇等等名稱，都是一種「約定俗成」的稱謂。「約定」即界限以後有它很多好處，但究之實際上演，界限往往並非十分嚴格。每一種稱謂各自存在著與他種樣式的混亂狀態。有的，本身即是「混合體」，因之出現「混雜的院本」、「雜劇」和「隊戲」

---

❹　山西省戲劇研究所〈上黨古賽史料新發現〉，《戲友》1986 年第 4 期（總21），頁 69。

在流變中「合而為一」這類說法是自然的，也合乎客觀事實。❺

　　胡忌先生並進一步提出了一個「『隊戲』如何在流變中與『雜劇』（甚至『傳奇』）合而為一」的問題，並以對陳鐸《太平樂府》一劇的解剖為例。筆者於此處關心的是，在這一合而為一的變化中，為什麼雜劇劇目越來越少，而在總量上日漸減少的劇目數量為什麼往往以「隊戲」為名？寒聲先生給出了解釋：一是認為「臺上臺下交互演出，逐漸變為固定舞臺後，宋宮廷隊戲影響日漸淡薄，於是出現與雜劇靠攏」，二是認為「上黨地區辦賽，向以演出隊戲為主，突出隊戲」。前者指出了隊戲和雜劇之間的混同狀況，後者強調了上黨「隊戲」的傳統影響力。筆者也認為，在一個較為穩固的繼承傳統賽社祭祀格局的「環境」中，人們對「隊戲」這一更具「傳統」意義的戲劇名稱似具有更大的認同和承繼。以清抄本《賽樂食雜集（甲）》中「隊戲雜」一名為例，似可旁證。此抄本中「隊戲雜」不僅包括通常的隊戲劇目，也有雜劇、院本等劇目，「雜」為何意？山西潞城微子鎮朱氏樂戶就把隊戲稱為「雜戲」❻，「雜」也許是包括多種藝術樣式的含義，也許有另外的含義，陵川縣禮義鎮東陳丈溝村樂戶侯成有也稱隊戲為「雜戲」，他說：

---

❺　胡忌〈金元院本的流傳〉，《藝術研究》第 9 輯，杭州：浙江藝術研究所，1988 年，頁 98－99。

❻　寒聲主編〈上黨儺文化與祭祀戲劇〉，北京：中國戲劇出版社，1999 年，頁336。

「咱們這個雜戲非配『靫』不行。」❼對此，寒聲指出：

> 「靫」是一種古代擊樂，即唐、宋時的「拍板」，又名「檀
> 板」、「鴛鴦板」。如今上黨地區之高平、陵川、壺關民間
> 演奏《大迓鼓》、《調方相》時，仍用此樂器。❽

「雜」與「靫」的聯繫，暗示了隊戲與唐宋間隊舞的傳承關
係，而後者就是包容多種藝術樣式在內的。

二、其他戲劇形態的變化

㈠南戲傳奇的變化

對明抄《禮節傳簿》中南北戲曲的交流情況，有眾多的研究
❾，首先碰到的問題就是劇目（或摺子）的認定，現將主要研究者的

---

❼　寒聲主編〈上黨儺文化與祭祀戲劇〉，北京：中國戲劇出版社，1999 年，頁
　　336。

❽　寒聲主編〈上黨儺文化與祭祀戲劇〉，北京：中國戲劇出版社，1999 年，頁
　　336。

❾　分見：黃竹三〈我國戲曲史料的重大發現——山西潞城明代《禮節傳簿》考
　　述〉（《中華戲曲》第 3 輯，頁 137－143）、廖奔〈晉東南祭神儀式抄本的
　　戲曲史料價值〉（《中華戲曲》第 13 輯，頁 151－153）、張之中〈中國古
　　代戲曲的南北交流——《禮節傳簿》探索之二〉（《中華戲曲》第 8 輯，頁
　　132－146）、班友書〈談談我對「供盞隊戲」部分曲目的淺見——讀《禮節
　　傳簿》〉（《中華戲曲》第 10 輯，頁 188－190）、王安祈〈再論明代折子
　　戲〉（《明代戲曲五論》，臺北：大安出版社，1990 年，頁 1－47）、丘慧
　　瑩〈再論《禮節傳簿》中的南戲傳奇〉（麻國鈞、劉禎主編《賽社與樂戶論
　　集：山西長治賽社與樂戶文化國際學術研討會論文集》，北京：中國戲劇出
　　版社，2006 年，頁 261－284）。

成果製表如下：

表 4-1：各家對《禮節傳簿》南戲傳奇劇目的認定

	黃竹三（8）	廖奔（23）	張之中（25）	王安祈（23）	班友書（32）	丘慧瑩（33）
玉蓮投江	v	v	v	v	v	v
逼嫁王門				v		v
咬臍打圍	v		v	v	v	v
打磨坊					v	v
曠野奇逢		v	v	v	v	v
南浦囑別		v	v	v	v	v
五娘官糧	v	v	v	v		
相逢						v
書館相會				v	v	v
周氏拜月		v	v	v	v	v
唐兒送行					v	v
哭倒長城	v				v	v
雪梅吊孝		v	v	v	v	v
斷機教子		v	v	v	v	v
三元捷報		v	v	v		v
安安送米		v	v	v	v	v
蘆林相會		v	v	v	v	v
許真君點化					v	v
織錦回文			v			
山伯訪友		v	v	v	v	v
天仙送子		v	v		v	v
偷詩		v	v	v	v	v
姑阻佳期		v	v	v	v	v

秋江送別		∨	∨	∨	∨	∨
潘葛思妻		∨		∨	∨	∨
尉遲賞軍		∨		∨	∨	∨
尉遲洗馬				∨		∨
拷打小桃		∨		∨	∨	∨
陳琳救主					∨	∨
周氏辱齊		∨	∨		∨	∨
私下三關			∨		∨	∨
貴妃醉酒			∨		∨	∨
班超投北					∨	∨
千里獨行			∨		∨	
古城聚義			∨		∨	
東方朔偷桃					∨	
趙雲救主					∨	
張飛祭馬		∨		∨	∨	
李逵下山		∨				
五鬼戲判		∨				
佛殿奇逢		∨				
戲鴛鴦	∨					
單刀赴會	∨					
趙氏孤兒大報仇	∨					
錯立身	∨					
三請諸葛			∨			
三氣周瑜			∨			
鍾馗顯聖			∨			

　　從上表可見，黃竹三對南方戲曲樣式進入北方賽社演出的認定最少，他認為「傳奇之風至明代中葉似乎尚未進入北方舞臺」，故

而將許多折子戲排除在外，其他幾位研究者共同認定的南戲傳奇劇目（折子戲）共有 12 種：《玉蓮投江》、《曠野奇逢》、《南浦囑別》、《周氏拜月》、《雪梅吊孝》、《斷機教子》、《安安送米》、《蘆林相會》、《山伯訪友》、《偷詩》、《姑阻佳期》、《秋江送別》，於此大體可見，南戲傳奇劇目（折子戲）在明代嘉靖之前即有較大數量的劇目（折子戲）進入了北方的民間賽社活動。丘慧瑩的研究進一步指出，賽社演出「除了上承宋元時期已流行的南戲劇作外，時與的劇目如《護國記》（《陽春記》）、《妝盒記》（《金丸記》）、《三元記》也包含其中」。❿顯示出賽社活動在明代前期的的有機活力。這一點也在賽社告白榜文〈虔誠春祈秋報獻戲榜文〉中得到印證：

> 今者，對越展誠，閭閻共獻西江之曲，中和且平，亞旅樂翰南風之歌，則唱隨之，豈□□作也。⓫

「南風之歌」的引入顯示了南方的南戲傳奇進入北方民間賽社舞臺的可能性⓬。

清抄《唐樂星圖》中的南戲傳奇保留甚少，以「出戲」為名，

---

❿　丘慧瑩〈再論《禮節傳簿》中的南戲傳奇〉，麻國鈞、劉禎主編《賽社與樂戶論集：山西長治賽社與樂戶文化國際學術研討會論文集》，北京：中國戲劇出版社，2006 年，頁 279。

⓫　〈告白文書本（戊）〉，楊孟衡《上黨古賽寫卷十四種箋注》，臺北：財團法人施合鄭民俗文化基金會，2000 年，頁 152。

⓬　李天生〈《唐樂星圖》散論〉，《戲友》1990 增刊，頁 73。

不知何解，僅有《姑阻佳期》等數種，這不只是賽社活動中對繼承南戲傳奇劇目的自然流失，而且是和這些在明代前期廣泛流傳的南戲傳奇劇目本身在「清代中葉以後，漸漸喪失了其舞臺活力」有關❸，這一變化，見證了賽社活動因應歷史變化而生之變。

㈡關於「小雜劇」

清嘉慶間的《賽場古贊（丙）》、《賽場古贊（甲）》出現了關於「小雜劇」的記載，皆無劇名，一個記錄了雍正間壺關老爺以賽致富之事，另一個被認為與《陳摶高臥》故事有關。這些「節目」是被安排在正賽「迎壽」、「安壽」的儀式上表演的，與「猿猴脫殼」、「排八仙」、「婦人唱八仙隊子」、「雜耍」等一起表演共同完成對壽星神仙的祝贊之儀。《陳摶高臥》「小雜劇」先由前行說詞，然後請上單色❹藝人唱【端正好】❺，隨後即講說故事大意：「頭一折有憎有喜，第二折拆散分離。第三折探子來報，第四折團圓聚。」並有「樓臺方方似曲池，盤今論古講是非。上來下去看做相，折辨伶倫是非知」之句，此形式頗有宋金古雜劇表演風格，所謂「小」，可能是在正式的雜劇開場前的熱場表演，賽社中遺留的這個「小雜劇」並非是什麼新的「戲劇形態」，而正是宋金

---

❸　廖奔〈晉東南祭神儀式抄本的戲曲史料價值〉，《中華戲曲》第 13 輯，太原：山西古籍出版社，1993 年，頁 153。

❹　單色即獨角兒。

❺　楊孟衡認為此處【端正好】與《陳摶高臥》第三折正同，是唱的《陳摶高臥》雜劇，見《賽場古贊（甲）》校注第 291 頁注 22（楊孟衡《上黨古賽寫卷十四種箋注》，臺北：財團法人施合鄭民俗文化基金會，2000 年，頁 291）。

雜劇表演的遺風。但問題的關鍵不在此處，「小雜劇」中還有另一個表現距抄本抄立時間不久的雍正間的故事，講「壺關老爺」因賽致富的事，言詞通俗：「賽過三朝並五日，一棵穀穗打半斤。賽過三朝並五日，結得南瓜大似鐘。」這一點顯示的正是賽社的新變，但其新變又尊從和適應了固有的儀式結構。

㈢「吹戲」、「大雜劇」的出現

清末民初賽用抄本《賽上雜用神前本（甲）》中有一份「籌帖」❻：「承攬定男樂三十名，大雜劇二場，襯隊戲九個，吹戲三場，出外有演樂隊戲一場，迎神上馬隊戲一場，設嘲說比方三個。」❼另一份「籌帖」《賽社籌帖實例》中也有同類記錄：「細樂八名，鑒齋值宿二扮，報食二扮，三場吹戲，九出晚樂，卯筵三盞。」❽其中都提到了「吹戲」，廖奔❾和李天生❿都認為是梆子腔，因為梆子腔裏的吹腔曲調是用笛子伴奏的，故名「吹戲」；而「大雜劇」不清楚為何種戲劇，廖奔認為不會是北曲雜劇❷。

---

❻ 籌帖，即辦賽的村社和樂戶簽訂的合同，主要是對辦賽內容、要求及報酬等的約定。

❼ 〈賽上雜用神前本（甲）〉，楊孟衡《上黨古賽寫卷十四種箋注》，臺北：財團法人施合鄭民俗文化基金會，2000 年，頁 29。

❽ 李天生〈《唐樂星圖》校注〉附錄二，《中華戲曲》第 13 輯，太原：山西古籍出版社，1993 年，頁 120。

❾ 廖奔〈晉東南祭神儀式抄本的戲曲史料價值〉，《中華戲曲》第 13 輯，太原：山西古籍出版社，1993 年，頁 154－155。

❿ 李天生〈《唐樂星圖》散論〉，《戲友》1990 年增刊，頁 73。

❷ 廖奔〈晉東南祭神儀式抄本的戲曲史料價值〉，《中華戲曲》第 13 輯，太原：山西古籍出版社，1993 年，頁 153。

四「燈戲」的出現

清咸豐《轉賽書》中有關於「燈戲」的記錄：「羌城村（三月十八送蝗王聖會，接靈賦王），三月十六日（迎神）：「晚西響槍，去南橋上祭風。上香，三奠酒，講酒。讀文。六叩禮。歸本廟。亭幃捎酒，晚三盞，參神。前行曲破畢。燈戲已畢。送陰神，至殿後廳房正位，上香，三叩禮畢。吃飯。」「燈戲」在這裏也是祭儀中的一項內容，在晚間舉行。可能是一種新的戲劇形態，待考。

三、傳統祭賽的「變」與「不變」

上文通過對各種戲劇形態的興衰變化的梳理，顯示了傳統祭賽活動的歷史流變的某個側面。賽社活動的變化還體現在其他方面：如前行的簡化。《禮節傳簿》中「前行贊詞」的名目很多，像《三元戲竹》、《百花賦》、《細分露臺》、《百壽福》、《酒詞》等，類似的「前行贊詞」在其他賽社抄本中也很多。這些贊詞都有較長的篇幅，為韻、散結合的詩贊體式，由前行來表演。賽社活動的後期，前行贊詞變得簡化了，雖然在抄本中還留有大量的贊詞，但在實際表演中，恐怕會大大簡化的，到民國年間，「『前行』的角色一般均由鼓師擔任（只戴相帽，簡單妝扮），『贊詞』也大大簡化，如《酒詩》只說：『杜康釀酒』的四句詩即帶過。……『前行』只作為酬神演出的『開場白』而存在，未能得以繼續發展。」❷又如供盞食物的簡化。以發現於明嘉靖年的《唐樂星行早七晚八

---

❷ 山西省戲劇研究所〈上黨古賽史料新發現〉，《戲友》1986 年第 4 期，頁67。

圖卷》與清抄《唐樂星圖》比較，「其所記的供盞食次文就遠比
《唐》本詳繁，不但按春夏秋冬四季分記，各季供盞不同，而且每
一盞都分別記有正供與襯供食品」❷。在各種變化中，祭賽活動中
的人的變化可能是最關鍵的，對戲劇活動來說，這體現在樂戶這一
特殊群體的歷史變遷當中。作為中國傳統禮樂制度中音樂、戲劇表
演的重要傳承者，樂戶群體在清代雍正初年解放賤民令的影響下開
始了逐漸的變化❷，雖然從賽社抄本中看到，樂戶在清末民初仍然
習慣性地承擔著賽社中的戲劇演出，但解放賤民令對戲曲藝術的間
接推動作用卻使地方戲曲形態相繼進入賽社儀式，這也是在上文的
敘述中顯示的各種傳統賽社戲劇形態的衍變和「南戲傳奇」、「小
雜劇」、「吹戲」、「燈戲」等戲劇形態的更替。而地方戲班也進
入了早先根本不能染指的賽社儀式表演程式，從老藝人回憶的賈村
民國祭賽活動的情況可以看到，「四月四」大賽正場的「堆八仙」
（屬於迎請壽星內容），出現了由地方戲班演出的情況，而此前須由
樂戶來扮演，從另一個角度看，這也是繁複的禮儀簡化之後才有了
地方戲班參與的可能❷。

---

❷ 李天生〈《唐樂星圖》散論〉，《戲友》1990 年增刊，頁 71。

❷ 參見項陽《山西樂戶研究》（北京：文物出版社，2001 年）、張振濤《冀中
鄉村禮俗中的鼓吹樂社——音樂會》（濟南：山東文藝出版社，2002 年）、
閆鍾〈雍正皇帝與樂戶〉（《山西大學學報》，2003 年第 1 期，頁 82－
86）、王馗《雍正解放賤民令與中國戲曲發展》（麻國鈞、劉禎主編《賽社
與樂戶論集：山西長治賽社與樂戶文化國際學術研討會論文集》，北京：中
國戲劇出版社，2006 年，頁 467－507）等文。

❷ 李天生〈賈村賽社採訪記〉，《中華戲曲》第 13 輯，太原：山西古籍出版
社，1993 年，頁 127。

但在這些變化之後，卻是一個依舊穩定的賽社祭祀格局，從明清賽社抄本中大量存在的改變甚少的祭賽用文就可以看出來，這個傳統是如何的強大，那些不斷變化的戲劇形態甚至也可以理解為是「祭祀中要將認為最好的、最為隆重的演出內容及形式呈獻於神，從而在不失傳統特徵的前提下，其演出內容和形式隨著時代的演變而又有適當的調整和演進」❷⑥，在酬神娛人的基本前提下，在具有豐富戲劇、音樂、表演技藝的樂戶群體的承擔下，在民眾的情感需求和文化認同的推動下，在地方社會的文化整合需求之下，賽社及其戲劇活動依舊接續。1937 日軍侵華，賽社停辦，1945 很快又恢復；經歷中華人民共和國成立後的無神論信仰的排斥和強大的基層社會控制，賽社活動幾乎消亡，但 20 世紀 90 年代以來，隨著民間社會的逐漸恢復，賽社以令人驚訝的力量重又恢復，賽社中的戲劇形態因之發生了一系列的變化，這是下文要分析的。

第二節　碧霞宮賽中的戲劇形態變化（上）

1996 年以來恢復的賽社活動基本上在傳統的賽社祭祀格局中延續，但在賽社活動的恢復過程中，新的變化因素同時也在醞釀。當賽社活動為了獲得其生存地位時，就越來越不可避免地捲入到當代文化生產的新的語境當中去，傳統賽社格局隨之發生了重要改變，與傳統賽社格局相互依存的戲劇活動及其表現形態在這一過程中也發生了相應的改變，這一變化在 2006 年「8 月會」中表現尤

---

❷⑥　李天生〈《唐樂星圖》散論〉，《戲友》1990 年增刊，頁 73。

為突出。下文將具體討論當代賈村賽社戲劇形態的變化狀況。

1996 年恢復賽社以來，在 1997 年「四月會」、1999 年「四月會」、2006 年「四月會」、2006 年「8 月會」中共四次在碧霞宮賽中演出了傳統的祭祀戲劇，這些祭祀戲劇大都在碧霞宮內演出，少數戲劇的活動範圍要擴大到碧霞宮外；有的戲劇如《斬旱魃》等並不屬於傳統的祭祀戲劇，而是在新近的賽社活動中加入的，為便於討論，暫且納入。現將各年演出祭祀戲劇的情況製表如下：

表 4-2：1996 年以來碧霞宮賽中的祭祀戲劇演出一覽表

		1997 年「四月會」	1999 年「四月會」	2006 年「四月會」	2006 年「8 月會」
祭祀戲劇	隊戲《過五關》			✓	✓
	隊戲《斬華雄》	✓		✓	✓
	院本《土地堂》	✓			✓
	雜劇《虎牢關》	✓			
	《八仙慶壽》	✓	✓	✓	✓
	《猿猴脫殼》	✓	✓	✓	✓
	《跳監齋》、《斬旱魃》等			✓	✓

下面對這些祭祀戲劇一一討論：

一、隊戲《過五關》的變化

《過五關》又名《古城會》、《五關斬將》、《千里獨行》等。描述了關羽掛印封金，辭別曹操，護送甘、糜二夫人，一路過關斬將，千里尋兄的故事。《過五關》在明抄《禮節傳簿》中就已

存在，可見是賈村碧霞宮賽的固有劇目，明代以來的《周樂星圖》、《告白文書本（甲）》、《禮節傳簿曲目文範》等抄本中也存在《過五關》這一劇目。《過五關》至晚於 1938 年還在農村有實際的演出存在。根據南舍村人李元興的記載❷，晉東南潞城市與賈村西向緊挨的南舍村一直有村賽「調家龜」，1938 年舉行過最後一次「調家龜」，「調家龜」的第三日也是「『調龜』發展到最高潮」❷之日即開演《過五關》。《過五關》在民國時仍舊保持著相當的演出活力，對《過五關》在當時演出的受歡迎程度，李元興描述道：「特別《過五關》這天人山人海，觀眾貫滿大街小巷，觀眾和演員彙作一片洪流。」❷可見，從明萬曆二年（1574）算起，到民國時的 1938 年，《過五關》至少已在當地延續了 364 年的歷史。1938 年之後，「調家龜」不再舉行，《過五關》也隨之不再演出。1985 年，上黨戲劇院的栗守田「經南舍村曹占鼇、曹占標、王新民、董毛孩（當年曾演過該劇中關羽的馬僮）、李俊興、李滿倉、李瘦孩、李元興等人回憶」得以「片斷收集」並「據之連綴成劇」，並經前述「老藝人校核修正」，在栗守田整理出來的「劇本」❸基礎上，山西省文化廳錄音錄像室、山西省戲劇研究所和山

---

❷　李元興〈追述南舍「調龜」〉，山西省上黨戲劇院《戲劇資料》，1987 年第 1 期（總 15 期下），頁 458－463。

❷　李元興〈追述南舍「調龜」〉，山西省上黨戲劇院《戲劇資料》，1987 年第 1 期（總 15 期下），頁 462。

❷　李元興〈追述南舍「調龜」〉，山西省上黨戲劇院《戲劇資料》，1987 年年第 1 期（總 15 期下），頁 462。

❸　劇本收錄於寒聲主編《上黨儺文化與祭祀戲劇》，北京：中國戲劇出版社，1999 年，頁 154－164。

西省上黨戲劇院在當年 10 月於山西省陵川縣奶奶廟聯合制作了
《過五關》仿古演出錄影，由晉城市城區二簧劇團演出。這個錄影
是現存最接近原先「調家龜」《過五關》的表演形態。此後再次恢
復演出就是 2006 年的「四月會」和「8 月會」，因為「四月會」
是「8 月會」的預演，所以演出基本一致，下文就以「8 月會」的
演出來討論❸。因為賈村碧霞宮賽的《過五關》並沒有流傳下來，
所以「8 月會」的《過五關》請了南舍村的孫根寶等人來演出，但
當年參與過「調家龜」的「老藝人」都已去世，孫根寶等人只好根
據《上黨儺文化與祭祀戲劇》一書中所收栗守田整理的《過五關》
劇本進行了「排練」，此書由賽社組織者杜同海提供給孫根寶。
1938 年、1985 年、2006 年這三次《過五關》演出形態的變化詳見
下表❸：

---

❸ 下文將要討論的《斬華雄》、《八仙慶壽》、《猿猴脫殼》、《跳監齋》等
　 劇也同時參加了 2006 年「四月會」和「8 月會」，討論時以「8 月會」演出
　 為準，不再說明。

❸ 1938 年演出內容主要參考了原雙喜〈過五關〉（山西省上黨戲劇院《戲劇資
　 料》，1987 年第 1 期，總 15 期下，頁 354－355）、李元興〈追述南舍「調
　 龜」〉（山西省上黨戲劇院《戲劇資料》，1987 年第 1 期，總 15 期下，頁
　 458－463）、楊孟衡〈潞城南舍調家龜──上黨古賽考察之一〉（《民俗曲
　 藝》第 115 期，臺北：財團法人施合鄭民俗文化基金會，1998 年，頁 267－
　 310）等文的記述。1985 年演出內容據錄影所記。2006 年「8 月會」演出內
　 容據筆者實地觀摩所記，其中部分內容來自筆者 2006 年 12 月 4 日赴南舍村
　 對參與演出《過五關》的村民孫根寶的訪談。

表 4-3：歷次《過五關》演出形態比較

	1938 年南舍演出回憶	1985 年陵川錄影	2006 年賈村「8 月會」演出
組織者	南舍村中、西、李家三社。	山西省文化廳錄音錄像室、山西省戲劇研究所、山西省上黨戲劇院。	潞城市賈村杜同海等人。
表演者	南舍村村民。	晉城市城區二簧劇團。	潞城市南舍村孫根寶等村民。
伴奏	樂戶。	樂戶。	樂戶。
劇本	祖傳都本、角單。	栗守田根據南舍村曹占鼇等人回憶整理。	栗守田整理本。
演出形式與地點	分臺上臺下演出。大體分三部分演出：「掛印封金」、「過五關」、「古城會」，故事首尾「掛印封金」和「古城會」在村中玉皇廟戲臺上演出，故事主體部分「過五關」在村中流動演出，依次在村中各處事先擺好的舞臺上表演，每個舞臺就是一「關」。五關依次為《洛陽關》、《東嶺關》、《滎陽關》、《汜水關》、《黃河渡口》。	同 1938 年演出，只是首尾「掛印封金」和「古城會」在奶奶廟戲臺演出。	無臺上臺下之分，全部是臺下演出，沒有「掛印封金」情節，「古城會」不回「臺上」演出。以簡易道具在村中南廣場中部南北兩端依次搭出各「城門」布景。
演出習俗	1.演出期間，村民買「五關鎖」（用製錢和紅頭繩製成，掛在關雲長的青龍偃月刀上）給小孩帶，可保長命百歲。2.演出每過一關或路	臨行前放鞭炮，沿路亦放鞭炮。	放鞭炮。

	過廟前,都有火銃鳴響。3.關羽所騎非紅馬不可,甘糜二夫人須坐黃馬所拉之轎。		
與賽社儀式關係	村賽「調家龜」第三日儀式中演出。	仿古錄影,單獨演出。	仿古表演,作為碧霞宮賽儀式「頭場」之一部分。
參演人員	演出要排巨大的儀仗隊,包括「一對飛虎旗,川鑼,抗牌一對,喜燈一對,全副鑾駕二十人,四文臣,八大將,八小軍,四班鼓樂三十人」等以及劇中演員若干共一百多人。	儀仗隊先行,包括:炮手2人,鼓樂隊約8人,行鑼、飛虎旗共2人,抗牌2人,鑾駕約16人,兵器隊約8人,劇中演員若干。共約50人。	無儀仗隊。劇中演員若干。
演出時長	大約一上午❸。	錄影時間46分鐘,實際演出時間可能更長一些。	約25分鐘。
觀眾	全體村民,「觀眾貫滿大街小巷,觀眾和演員彙作一片洪流」❸。	群眾演員扮演村民,有部分真正的村民圍觀。	學者、政府官員、記者等,村民被隔離至一側路邊。

從上表可見,三次《過五關》演出呈現出了如下幾點比較明顯的變化:

---

❸ 根據李元興回憶中「早飯一罷就開《出五關》」、「《出五關》回來趕快開飯,下午演出《光武山》」的說法,可知此隊戲要佔用一個上午的時間,參見李元興〈追述南舍「調龜」〉(山西省上黨戲劇院《戲劇資料》,1987年第1期,總15期下,頁462－463)一文。

❸ 李元興〈追述南舍「調龜」〉,山西省上黨戲劇院《戲劇資料》,1987年第1期,總15期下,頁462。

㈠演出規模日益縮小

無論是從參演人員的人數多寡、演出時間的長短還是從觀眾對演出的參與程度看,《過五關》的演出規模逐次縮小。

㈡習俗呈現漸次消失

1938 年演出《過五關》時,有許多演出習俗的存在:買「五關鎖」的習俗,一方面顯示出村民對關公的崇拜和信仰,另一方面,因為演出是從為神演出的臺上走向臺下,所以走下戲臺的戲劇自然延續了其為神演出的「神聖性」,當村民們認為這是更好地接近神靈、沾染福氣的機會時,買「五關鎖」的行為就產生了;放火銃的習俗,顯示了對演出的儀式感的營造;選擇紅馬和黃馬的演出習俗,是相沿成習,「按『出五關』時間,關雲長還沒有赤兔胭脂馬。可是歷來演出都是非紅馬不行」❸,這裏顯示的是習俗的權威性和穩定性。1985 年陵川仿古演出保留某些演出習俗,2006 年「8月會」仿古演出幾乎沒有注意到對相關習俗的呈現。

㈢隊戲表演涵義的轉移

同樣是仿古表演,2006 年「8 月會」與 1985 年陵川演出差別很大,最顯著的是,隊戲表演注重的臺上臺下交互進行的形式在 2006 年「8 月會」中不再存在,隊戲的涵義變成了「不在舞臺上表演的戲劇」,而不論是 1985 年的陵川仿古表演還是 1938 年的實際演出,隊戲都是臺上臺下的交替進行。並非說僅僅脫離了舞臺表演的戲劇才是隊戲,才是戲劇的「過渡形態」,臺上臺下交替進行的

---

❸　李元興〈追述南舍「調龜」〉,山西省上黨戲劇院《戲劇資料》,1987 年第 1 期,總 15 期下,頁 462。

表演形式背後,是戲劇和賽社儀式緊密結合的實際存在狀況,兩者不可分割。敬神演出的臺上演出被延續到臺下,既是村民對戲劇的娛人功能的需求,也是接近、沾染神性以帶來福祉的內心渴望使然,臺上臺下的交替和輪轉,正是通過戲劇表演將祭神和娛人緊密纏繞一起的現實生活需求的反映。如果說,此處可以啟示我們關注戲劇從臺下向臺上進行過渡的形態變化狀況的話,不如說,它所強調的其實是戲劇的存在是和儀式緊密結合在一起這一點。因為,只要賽社儀式一直存在,戲劇就會依附這一儀式而存在,村民祭神娛人的信仰和現實需求就會帶動臺上臺下的流轉,一旦賽社儀式不再存在,臺上臺下的交互表演就失去了現實需求的內在推動。重要的不是臺上、臺下抑或臺上臺下的交互變化形式本身,而是這個變化背後起決定性作用的賽社儀式結構。《過五關》在「8 月會」中臺上臺下交互關係的「斷裂」背後,正暗示著賽社儀式結構在 1996 年賽社活動恢復以來發生的較為根本的變化。

㈣傳統建構行為的變化

樂戶的再次出現和在碧霞宮賽仿古表演中重新將隊戲《過五關》吸納進來的作法,顯示了當代文化生產條件下,對賽社傳統的重構行為。對傳統進行重構並非是現在才有的事,每一時代都有對傳統進行繼承和創新的問題,要繼承傳統,就會涉及到對傳統的理解乃至重構,問題的關鍵不在繼承與否、重構與否,而在如何繼承、如何重構。我們知道,《過五關》在 1938 年時屬於村賽「調家龜」的一部分,《過五關》隊戲在過去是由樂戶支應的,但南舍「調家龜」是不用樂戶的,「龜戲」是對樂戶戲的侮辱性的稱呼,之所以名為「調家龜」的解釋之一就是不使用樂戶演戲,故名

「家」龜。南舍村賽演戲和祭祀都不用樂戶，所謂「從這裏可以看到歷來由樂戶歌舞祀神的『專業』轉換為『業餘』的群眾性社賽活動，這是南舍獨村辦賽的基本特點」❸正顯示了傳統賽社活動在民國南舍一地的變遷，值得注意的是，當時南舍辦賽「聘請樂戶藝人來村授藝」的作法：「1938 年賽前……請來一位姓靳的樂人教授樂藝，培訓了一班青年樂手；到舉賽期間，又請潞城微子鎮著名樂戶藝人朱桼根、朱群才來村臨場指導……」❸，這一作法不僅僅顯示出「昔日上黨地區迎神賽社的樂舞戲伎藝術專業與業餘相結合的遞傳方式」❸，更重要的是，這是傳統賽社變遷中的傳統重構行為，當賽社結構發生變化、樂戶不再支應賽社之後，鑒於傳統賽社的強大慣性和自身的內在需求，南舍村賽試圖重新吸納樂戶進入自家獨賽，樂戶在「必要時還直接參與演奏演唱活動」❸，在這一過程中，傳統獲得重構並得以延續。2006 年「8 月會」對《過五關》的吸納，本身就是重構賽社傳統的作法：一個在 1997 年、1999 年「四月會」中因為種種原因沒有進入賽社儀式的戲劇樣式在「8 月會」中為了向外展示自身的獨特性而被重新選擇參與到賽社傳統的建構當中。樂戶的再次出現，也是如此。上文談到南舍調家龜隊戲

---

❸　楊孟衡〈潞城南舍調家龜──上黨古賽考察之一〉，《民俗曲藝》第 115
期，臺北：財團法人施合鄭民俗文化基金會，1998 年，頁 274。

❸　楊孟衡〈潞城南舍調家龜──上黨古賽考察之一〉，《民俗曲藝》第 115
期，臺北：財團法人施合鄭民俗文化基金會，1998 年，頁 274。

❸　楊孟衡〈潞城南舍調家龜──上黨古賽考察之一〉，《民俗曲藝》第 115
期，臺北：財團法人施合鄭民俗文化基金會，1998 年，頁 274。

❸　楊孟衡〈潞城南舍調家龜──上黨古賽考察之一〉，《民俗曲藝》第 115
期，臺北：財團法人施合鄭民俗文化基金會，1998 年，頁 274。

並不一貫是由樂戶參與演出的，「8 月會」中卻為《過五關》的演出「配備」了一隊樂戶來伴奏演出，顯示其「原汁原味」，「8 月會」組織者試圖組織南舍村民演出他們其實已經失傳了的《過五關》隊戲，更多具有的是「傳統」象徵意義。使用象徵符號進行傳統的重構是文化傳承的習慣方式，無可厚非，但這裏的關鍵是，傳統賽社格局在經濟運行模式、文化空間涵義、樂戶身分變化的基礎上導致的根本變化，使得隊戲《過五關》的文化傳承和其賽社文化土壤間出現了隔離，在這種情況下，《過五關》的戲劇形態變成了徒具觀賞性的「不在舞臺上表演的戲劇」，光有能指，失卻所指。如果說，1938 年的賽社傳統重構獲得了村民對賽社的「眷顧」的話，2006 年「8 月會」的重構則有意味地與賽社傳統「漸行漸遠」。（圖 4-3：隊戲《過五關》）

圖 4-3：隊戲《過五關》

二、隊戲《斬華雄》的變化

《斬華雄》亦為三國故事，講呂布為董卓引薦了勇將華雄，華雄連斬曹操等十八路諸侯手下數員大將，關羽請令出戰被袁紹輕視，後得曹操支援，溫酒斬華雄的故事。隊戲《斬華雄》在《禮節傳簿》、《唐樂星圖》、《告白文書本（甲）》等賽社抄本中都有出現，可見也是很早就有並一直延續下來的賽社祭祀戲劇樣式。民國時，平順西社樂戶王來雲曾親見平順西社東峪溝、潞城賈村、潞城城隍廟演出隊戲《斬華雄》❹，賈村牛貴寶、秦連升、秦連忠等人的回憶也指出了賈村在民國間碧霞宮「四月四」賽正場隊戲多演《斬華雄》❹。南舍村在 1938 年演出過《斬華雄》，內容較多，包括「呂布引薦華雄」、「華雄斬殺三將」、「關羽自薦殺敵」、「關羽斬殺華雄」等。1985 年上黨戲劇院的栗守田根據南舍村曹占鰲等人和潞城微子鎮朱氏樂戶的回憶，對南舍村的《斬華雄》作了連綴整理，劇本收錄在《上黨儺文化與祭祀戲劇》❹一書中，並於當年 10 月在陵川縣奶奶廟由山西省文化廳錄音錄像室、山西省戲劇研究所和山西省上黨戲劇院對其中的第四場作了錄影，第四場只有關羽和華雄兩個人物，內容即是兩人打鬥，關羽將華雄殺死。1997 年賈村仿古大賽和 2006 年「8 月會」時都演出了此劇，延續

---

❹ 李天生，楊力軍〈西社村王姓樂戶考〉，《晉東南師範專科學校學報》2002年第 6 期，頁 42。

❹ 李天生〈賈村賽社採訪記〉，《中華戲曲》第 13 輯，太原：山西古籍出版社，1993 年，頁 126－128。

❹ 寒聲主編《上黨儺文化與祭祀戲劇》，北京：中國戲劇出版社，1999 年，頁149－154。

了 1985 年只演第四場的演法。

1938 年、1985 年、1997 年、2006 年四次《斬華雄》演出形態的變化詳見下表❸：

表 4-4：歷次《斬華雄》演出形態比較

	1938 年 南舍村演出回憶	1985 年 陵川錄影	1997 年 賈村仿古大賽	2006 年 「8 月會」
組織者	南舍村中、西、李家三社。	山西省文化廳錄音錄像室、山西省戲劇研究所、山西省上黨戲劇院。	潞城市賈村杜同海、長治市戲劇藝術研究院李天生。	潞城市賈村杜同海。
表演者	南舍村村民。	晉城市城區二簧劇團。	賈村村民。	潞城市南舍村孫根寶等村民。
伴奏	樂戶。	樂戶。	樂戶。	樂戶。
劇本	祖傳都本、角單。	栗守田根據南舍村曹占鼇等人回憶整理。	栗守田整理本。	栗守田整理本。
演出形式與	臺上臺下結合演出。呂布引薦華雄、華雄斬殺三將、關羽自薦殺敵以及關羽與華雄的	只演出關羽斬華雄一場戲，形式同 1938 年。在奶奶廟演出。	只演出關羽斬華雄一場戲，同 1938 年。在碧霞宮演出。演員穿樂戶龍褂。	只演出關羽斬華雄一場戲，形式基本同 1938 年。臺下不分神殿、香案、社房

---

❸ 1938 年演出內容主要參考了李元興〈追述南舍「調龜」〉（山西省上黨戲劇院《戲劇資料》，1987 年第 1 期，總 15 期下，頁 458－463）一文。1985 年、1997 年演出內容主要依據錄影所記。2006 年「8 月會」演出內容據筆者實地觀摩所記。

地點	部分打鬥戲都在村中玉皇廟戲臺上演出，然後，關羽與華雄下臺在神殿前對打，華雄先後跳上香案、竄入東廂社房，最後逃回戲臺，關羽將華雄斬殺。			等打鬥場合。在碧霞宮演出。
演出習俗	華雄逃到社房時，不忘搶走「利物」（內裝賞金、食物）。	同 1938 年。	同 1938 年。	無。
與賽社儀式關係	村賽「調家龜」第二日儀式中演出。	仿古錄影，單獨演出。	仿古表演，作為碧霞宮賽儀式「正場」之一部分。	仿古表演，作為碧霞宮賽儀式「頭場」之一部分。
參演人員	演員關羽、張飛、劉備、華雄、呂布、曹操、袁紹、八將及樂隊、社房若干人。	演員關羽、華雄、曹操、八將及樂隊、社房若干人。	演員關羽、華雄、曹操及樂隊、社房若干人。	同 1985 年。
演出時長	不到一個上午❹。	約 5 分鐘。	約 5 分鐘。	約 5 分鐘。

❹ 根據李元興一文，「調家龜」第二日早上演出隊戲《米糧川》，前昀開演「調十賽」，「調十賽」時間較長，演完就開始「上午戲」《斬華雄》，《斬華雄》之後緊接著演《三戰呂布虎牢關》直到中午。參見李元興〈追述南舍「調龜」〉（山西省上黨戲劇院《戲劇資料》，1987 年第 1 期，總 15 期下，頁 461）一文。

觀眾	「滿廟院觀眾擁擠不動。維持秩序的人要打開中間通道讓華雄通過。」❹	群眾演員扮演村民,有部分真正的村民圍觀。	村民、記者、學者等。	學者、政府官員、記者等,村民被隔離於廟外。

　　與《過五關》演出規模日益縮小的變化狀況相比,《斬華雄》在表演形式上沒有什麼大的變化,依然延續了臺上臺下交互進行這一演出特點。這可能與 1985 年以來演出《斬華雄》一直只選演「關羽斬華雄」一場戲有關,《斬華雄》中其他場次都沒有臺上臺下互動的表演形式,只有這一場能表示「隊戲」的特點,故而得到保留。但很明顯,從演出習俗、參演人員、演出時長、觀眾構成、與賽社儀式關係程度等方面,都可見《斬華雄》的表演越來越和賽社儀式本身相疏離的趨勢。（圖 4-4:隊戲《斬華雄》）

三、院本《土地堂》的變化

　　院本《土地堂》是一出以對白和調笑為主的戲,描述李月堂、劉二元、黃章三（可能又名「謊張三」❹）三個結義兄弟之間發生的故事。李壽辰之時,劉、黃二人前去祝賀,三人同去老張酒店喝酒,黃騙老張學法術並將其錢騙走;李、劉二人帶老張到土地堂喝酒碰到黃,黃將騙老張的錢輸光,被李、劉責罵,黃以死相戲,後三兄

---

❹　李元興〈追述南舍「調龜」〉,山西省上黨戲劇院《戲劇資料》,1987 年第
　　1 期,總 15 期下,頁 461。

❹　李天生將《土地堂》記為《謊張三大鬧土地堂》,〈賈村賽社採訪記〉,
　　《中華戲曲》第 13 輯,太原:山西古籍出版社,1993 年,頁 128。

圖 4-4：隊戲《斬華雄》

弟重歸於好。院本在賽社抄本中一直存留不多，《土地堂》是其中唯一一個從《禮節傳簿》開始到現在都存在的院本❼。除了《禮節傳簿》外，《土地堂》還在《賽樂食雜集（甲）》、平順西社樂戶王福雲口述《土地堂》❽等賽社抄本可以看到。賈村碧霞宮賽一直有院本《土地堂》的演出，除了明抄《禮節傳簿》有記載，民國時，平順西社樂戶王來雲曾親見賈村演出院本《土地堂》等劇❾，

❼ 李天生認為現存《土地堂》和明清抄本中的《大鬧土地堂》是同一內容，見其〈《唐樂星圖》散論〉（戲友，1990 年增刊，頁 52）。

❽ 寒聲主編《上黨儺文化與祭祀戲劇》，北京：中國戲劇出版社，1999 年，頁 311－325。

❾ 李天生，楊力軍〈西社村王姓樂戶考〉，《晉東南師範專科學校學報》2002 年第 6 期，頁 42。

賈村牛貴寶等人也回憶民國間碧霞宮「四月四」賽正場演出「葷戲」《土地堂》❺⓪。現存唯一的抄本就是王福雲口述本。1997 年仿古大賽和 2006 年「8 月會」是 1949 年之後僅有的兩次恢復性演出。

　　1997年、2006年兩次《土地堂》演出形態的比較詳見表4-5 ❺①。

表 4-5：院本《土地堂》演出形態比較

	1997 年賈村仿古大賽	2006 年「8 月會」
組織者	潞城市賈村杜同海、長治市戲劇藝術研究院李天生。	潞城市賈村杜同海。
表演者	賈村村民。	賈村村民。
服飾	演員穿樂戶龍褂。	普通戲裝。
演出地點	碧霞宮內戲臺。	碧霞宮內戲臺。
伴奏	樂戶。	樂戶。
劇本	王福雲口述本。	王福雲口述本。
演出習俗	無。	無。
與賽社儀式關係	仿古表演，作為碧霞宮賽儀式「頭場」之一部分。	仿古表演，作為碧霞宮賽儀式「頭場」之一部分。
參演人員	演員李月堂、劉二元、黃張三、老張等。	演員李月堂、劉二元、黃張三、老張等。
演出時長	約 40 分鐘。	約 40 分鐘。
觀眾	村民、記者、學者等。	學者、政府官員、記者等，村民被隔離於廟外。

---

❺⓪　李天生〈賈村賽社採訪記〉，《中華戲曲》第 13 輯，太原：山西古籍出版社，1993 年，頁 128。

❺①　1997 年演出內容據錄影所記，2006 年則據筆者實地觀摩所記。

　　經比較發現，這兩次《土地堂》的演出形態幾乎沒有什麼大的變化。這固然是因為有較為完整的傳本存世可資方便地復原，但更重要的，傳本得以存世是與《土地堂》本身在傳統賽社表演中屬於娛人的戲有關。《土地堂》雖然身處祭神的賽社格局之內，但向來不在供盞等敬神儀式中演出，往往是在晚上更富娛人色彩的「葷戲」系列中表演，根據賈村賽社廚師牛貴寶的回憶，頭場正場末場三天每晚都有一出「葷戲」，第一天是葷謎素猜，第二天是《放牛》，第三天是《土地堂》❷。原雙喜認為「《土地堂》是『正賽』演出的劇目，沒有『葷話』，是一出正派戲」，但他也指出《土地堂》「表演上主要突出黃章三如何耍無賴，以逗人取樂」❸。不論是「葷話」，還是「逗人取樂」，都是滿足娛人的需求的。因其濃厚的娛人色彩和調笑取樂的娛樂品格，《土地堂》可以相對脫離傳統祭賽格局而獨立存在，並在新的歷史條件下獲得生存機遇。這一特點使《土地堂》可以不受 1996 年以來傳統賽社逐漸改變的情形所影響，依舊保持其固有的演出形態，而使人覺得跟原先的演出相比幾乎「不可能」有什麼變化。（圖 4-5：院本《土地堂》）

---

❷　李天生〈賈村賽社採訪記〉，《中華戲曲》第 13 輯，太原：山西古籍出版社，1993 年，頁 128。

❸　原雙喜〈土地堂〉，山西省上黨戲劇院《戲劇資料》，1987 年第 1 期，總 15 期下，頁 350。

圖4-5：院本《土地堂》

四、雜劇《虎牢關》的變化

雜劇《虎牢關》是賈村 1997 年仿古大賽時對「虎牢關三英戰呂布」故事的命名。明清以來的賽社抄本中與此有關的劇目大都僅有劇名而沒有劇本傳世，明抄《禮節傳簿》中有隊戲《戰呂布》、雜劇《戰呂布》同時存在，清嘉慶抄《唐樂星圖》有雜劇《虎牢關三戰呂布》，清道光抄《告白文書本（甲）》有隊戲《三戰呂布》，現今僅有平順西社王雙雲藏兩種《戰呂布》抄本存世，一個抄於道光二十七（1847），另一個抄本年代不詳，這兩種抄本都是呂布角單。「虎牢關三英戰呂布」最先並非僅僅是雜劇形態，而是隊戲和雜劇兩種形態並存的，本章第一節「院本、隊戲和雜劇的變化」部分曾談到過隊戲和雜劇在後來發展中的合而為一現象，如寒

聲所說：「隊戲劇本（疑為「目」之誤——引者）《鴻門會》、《長阪坡》、《戰呂布》、《岳飛征南》，後來都成了雜劇劇目。」《戰呂布》即是「虎牢關三英戰呂布」，現今將《虎牢關》稱為「雜劇」即是這一流變的結果。「虎牢關三英戰呂布」故事上承「關羽溫酒斬華雄」，講華雄被斬後，呂布為華雄報仇出戰，劉備、關羽、張飛「三英」在虎牢關共戰呂布之事，南舍村調家龜就是連演《斬華雄》和《虎牢關》的：「斬了華雄，不停鼓點，就開『三戰呂布』。」❺《虎牢關》僅在 1997 年有過恢復性的演出，由賈村杜同海和長治市戲劇藝術研究院李天生共同組織，李天生兼作導演，劇本參照的是王雙雲藏本。由於王雙雲藏本只有呂布角單，故在恢復時增加了劉備、關羽、張飛三個角色的少許臺詞，恢復為一部較為完整的戲。這次演出由賈村村民自己演出，演出專門穿著樂戶龍褂，以示「正宗」，演出大約持續 20 分鐘，臺下有不少村民圍觀。由於沒有其他演出資料可以參照和比較，所以無法談論 1997 年的這次《虎牢關》仿古演出在形態上有什麼變化，但是，至少可以瞭解到，這出戲由於既沒有較為穩固的傳承可資參照，又沒有「臺上臺下」的互動演出可資吸引觀者眼球，所以，最終沒有進入「8 月會」演出組織者的「期待視野」。

---

❺　李元興〈追述南舍「調龜」〉，山西省上黨戲劇院《戲劇資料》，1987 年第 1 期，總 15 期下，頁 461。

第三節　碧霞宮賽中的戲劇形態變化（下）

五、《八仙慶壽》的變化

明清抄本《禮節傳簿》、《唐樂星圖》、《禮節傳簿曲目文範》中都有「八仙慶壽」戲，但名稱不同，《禮節傳簿》和《唐樂星圖》中稱為《八仙慶壽》，《禮節傳簿曲目文範》中則稱為《聚八仙》。新發現的清咸豐、光緒間抄本也有「八仙慶壽」戲的演出記錄：清咸豐抄本《轉賽書》中有賽社儀式中的三月十七日（即頭場）「早飯。戲推八仙畢。前七盞」的記錄；《排神部》有光緒八年三月辦事（即辦賽）時「接壽星先開酒仙後開八仙」的記載。民國間平順西社樂戶王來雲曾親見《八仙慶壽》演出❺❺，根據李天生的採訪，民國時賈村亦有「堆八仙」之演出❺❻。平順西社樂戶王雙雲所藏劇本中亦有《八仙》，現存❺❼。由八仙迎請壽星一同為玉皇大帝祝壽，是明清以來的賽社儀式中不可或缺的重要內容❺❽，這些資料中的「聚八仙」、「推八仙」、「開八仙」、「罰八仙」、

---

❺❺ 李天生，楊力軍〈西社村王姓樂戶考〉，《晉東南師範專科學校學報》2002 年第 6 期，頁 42。

❺❻ 李天生〈賈村賽社採訪記〉，《中華戲曲》第 13 輯，太原：山西古籍出版社，1993 年，頁 127。

❺❼ 收錄於寒聲主編《上黨儺文化與祭祀戲劇》，北京：中國戲劇出版社，1999 年，頁 471－477。

❺❽ 可參見《上黨儺文化與祭祀戲劇》（北京：中國戲劇出版社，1999 年）一書所收的〈八仙〉、〈今日裏祭神日期〉、〈壽星〉、〈爐內香焚寶鼎〉、〈壽星與筵主上壽進表文〉、〈祝壽贊語〉等文，分見該書頁 471－477、477、479、481、514－515、516。

「堆八仙」之名，都應是「八仙慶壽」戲在不同層面上的使用，其中「推八仙」與「堆八仙」也可能是音近相訛。

《八仙慶壽》在《禮節傳簿》中被歸於「隊戲」一類，在《唐樂星圖》中則被歸於「出戲」，其「出戲」不分正隊、雜劇、院本。在《唐樂星圖》之後的賽社抄本中就不再冠以任何名目，在王雙雲所藏劇本中被稱之為「隊戲」，恐怕是研究者的命名，1996年以來演出的幾次《八仙慶壽》都被稱為「隊戲」，也是後來者的命名。《八仙慶壽》作為「隊戲」和《過五關》、《斬華雄》等隊戲是不同的。根據附錄二〈傳統賽社抄本戲劇形態與劇目表〉，《過五關》、《斬華雄》兩劇都曾被劃歸到「隊戲」、「雜劇」或不分隊戲、雜劇的類別中去，《八仙慶壽》也有被劃歸到「隊戲」和不分隊戲、雜劇的類別中去的情況，但從未有被劃歸到「雜劇」中去的情況，可見它們之不同。從表演形態上看，《八仙慶壽》是在供盞儀式中進行表演的，《過五關》、《斬華雄》不一定必須在供盞儀式中表演。至於《八仙慶壽》是否在供盞儀式中進行臺上臺下的互動演出，現在無法確知。1996 年以來在 1997 年「四月會」、1999 年「四月會」、2006 年「四月會」、2006 年「8 月會」中共四次表演了《八仙慶壽》。2005 年 7 月 22 日，賈村赴長治縣南宋村參加中央電視臺《走遍中國·魅力長治》節目時也表演了《八仙慶壽》。

1997 年、1999 年、2005 年、2006 年歷次《八仙慶壽》演出形態的變化詳見下表❺：

---

❺　1997 年、1999 年、2005 年演出內容據錄影所記，1997 年演出在錄影中無法

表 4-6：1996 年以來歷次《八仙慶壽》演出形態比較

	1997 年賈村「四月會」	1999 年賈村「四月會」	2005 年 7 月赴南宋村演出	2006 年賈村「8 月會」
組織者	潞城市賈村杜同海、長治市戲劇藝術研究院李天生。	潞城市賈村杜同海等人。	潞城市賈村杜同海、中央電視臺《走遍中國》欄目。	潞城市賈村杜同海等人。
表演者	賈村村民。	賈村村民。	潞城市紅旗劇團。	賈村村民。
伴奏	賈村村民。	賈村村民。	劇團樂隊。	賈村村民。
劇本	未知。❻	以 1997 年演出為底本。	不知所本。	以 1997 年演出為底本。
演出形式	未知。	供盞儀式中演出。先由前行念《爐內香焚寶鼎》文❻，然後壽星和八仙依次	無前行致詞，八仙各念四句詩，請壽星出場，八仙為壽星祝壽。	供盞儀式中演出。先由前行致詞❻，然後八仙依次出場，前行為每仙念詩兩句。

找全，有些地方只能付之闕如。2006 年演出內容據筆者實地觀摩所記。

❻ 1997 年仿古大賽的總導演是李天生先生，《八仙慶壽》就是由李先生指導的，李先生告訴筆者《八仙慶壽》在當時限於條件只弄了個大概，作為學術研究先「看個意思」，後來的演出都是參照這個不完整的「版本」。採訪時間：2006 年 12 月 6 日，採訪地點：李天生先生家。

❻ 此文共八句，分別為：「爐內香焚寶鼎，金杯酒斟〔盤〕羊羔。前邊一朵翠雲飄，門外有八仙來道〔到〕。先獻上舟〔丹〕沙一令〔盒〕，後敕賜王母潘〔蟠〕桃。年年慶賀在今朝，慶賀壽長生不老。」收錄於寒聲主編《上黨儺文化與祭祀戲劇》（北京：中國戲劇出版社，1999 年，頁 481）。

❻ 此前行致詞不知所本。共 10 句，分別為：「玉皇啊坐為天地，盤古啊君王之氣。不要說外國他邦，只表咱中原大地。安四季得謝賢明，累歲得慶賀天地。今日是賈村大賽，排的是八仙隊戲。眾八仙一氣排開，聽前行細說仔細。」筆者於 2006 年 8 月 13 日現場所記，可能有錯誤。

		上場念詩，每人八句，最後由前行帶領眾仙念四句詩收尾。念詩時由樂戶奏樂。演出面對神殿。		八仙請壽星出場。壽星念詩兩句，八仙依次念詩四句。八仙在漢鍾離帶領下整衣冠為壽星祝壽。念詩時由樂戶奏樂。演出面對東廂房一側學者。
演出地點	碧霞宮內。	碧霞宮內神殿前。	南宋村五鳳樓院內。	碧霞宮內神殿前。
與賽社關係	仿古表演，作為碧霞宮賽儀式「正場」之一部分。	仿古表演，作為碧霞宮賽儀式「正場」之一部分。	電視節目錄製。	仿古表演，作為碧霞宮賽儀式「正場」之一部分。
參演人員	未知。	前行 1 人，壽星 1 人，八仙 8 人，樂戶 16 人，社首 1 人，主禮 1 人，香老 1 人，酒老 1 人，亭幃若干。	壽星 1 人，八仙 8 人，樂隊若干人。	同 1999 年。
演出時長	未知。	約 10 分鐘。	約 4 分鐘。	約 14 分鐘。
觀眾	未知。	村民、學者、記者。	村民、記者、電視錄製人員。	學者、政府官員、記者等，村民被隔離於廟外。

經過對這幾次演出的比較，可以發現《八仙慶壽》的演出形態發生了明顯的變化。根據李天生的說法，1997 年時的《八仙慶壽》已經是簡化了的演出，而後出者又以此為本；前行念文從有所

本到不知所本；八仙念詩由八句變為四句；更重要的，八仙慶壽是八仙在壽星帶領下為玉皇或當時的皇上祝壽，而後來變成了八仙為壽星祝壽⑥，這一變化可能從 2005 年為中央電視臺拍電視就開始了。這裏有一個有趣的隱喻，傳統賽社中演戲是敬神的，所以演出的潛在對象就是演出隊伍所面對的神靈，但電視演出面對的是「去魅」之後的現代觀眾，當八仙無法找到他們祝壽對象時，隊伍中的壽星只能充當被祝賀的對象了。這種說法雖無法證實，但當「8 月會」中的《八仙慶壽》演出真實地朝向了廟內東側的學者時，這一說法的隱喻意義是不虛妄的。傳承在這些變化中漸次消失了。（圖4-6：《八仙慶壽》1）（圖4-7：《八仙慶壽》2）

圖 4-6：《八仙慶壽》1

⑥　2006 年 12 月 6 日在李天生先生家中採訪時，李先生指出了這一點。

圖 4-7：《八仙慶壽》2

六、《猿猴脫殼》的變化

　　早在明抄《禮節傳簿》中就有隊戲《猿猴脫甲》之名。清抄《禮節傳簿曲目文範》中有《猿猴脫殼》，不分隊戲雜劇。賈村民國間有隊戲《金猴脫甲》演出。❻❹這些劇名並不完全一樣，但應該是同一劇目。至今，上黨地區的陵川、高平、壺關一帶的喪葬儀式中仍存「猿猴脫殼」表演❻❺，應該是賽社活動衍變中逸出的形式。《猿猴脫殼》表演沒有唱念，只有扮作猿猴的人左顧右盼，抓耳撓

❻❹　李天生〈賈村賽社採訪記〉，《中華戲曲》第 13 輯，太原：山西古籍出版
　　社，1993 年，頁 128。
❻❺　寒聲主編《上黨儺文化與祭祀戲劇》，北京：中國戲劇出版社，1999 年，頁
　　338。

腮，在供桌上隨意抓取食物，然後躺在供桌前的絨氈上，另一人將麵粉篩過灑在「猿猴」身上，「猿猴」被擡走，絨氈上留下麵粉鏤出的猿猴身形，絨氈被供奉在神棚前，在喪葬儀式中則被掛於靈棚內。**⑥**

　　1996 年以來在 1997 年「四月會」、1999 年「四月會」、2006年「四月會」、2006 年「8 月會」中共四次表演了《猿猴脫殼》。1997 年和 1999 年兩次表演都與上述情況基本一致，2006 年發生了一個不太明顯的變化，即擔心麵粉鏤出的猿猴身形不太成形，賽社組織者事先準備了一個鏤好的猿猴身形來替代，並在麵粉灑完時用一塊嶄新的紅布將「猿猴」卷走，而原先的表演只是用兩個人隨手將「猿猴」擡走。這一變化正是考慮到「觀賞性」的結果。（圖 4-8：《猿猴脫殼》）

七、《跳監齋》、《斬旱魃》等的變化

　　《跳監齋》在現存明清抄本中並沒有記錄，平順西社樂戶王雙雲、王福雲藏本中有早至民國三年（1924）的《監齋》劇本，山西省文化廳錄音錄像室、山西省戲劇研究所和山西省上黨戲劇院曾據此於 1985 年進行了仿古表演的錄影。《監齋》講元順帝時紅巾軍造反，觀音化身為燒火和尚，關鍵時刻變為監齋神，拯救了少林寺。《監齋》在早晨太陽沒有升起的時候演出，保護敬神供盞時廚房的乾淨。此劇的演出要由前行念頌大段贊詞，監齋神第二次上場

---

⑥　寒聲主編《上黨儺文化與祭祀戲劇》，北京：中國戲劇出版社，1999 年，頁338－339。

圖 4-8：《猿猴脫殼》

時要變身為三頭六臂扮相。此劇在 1996 年以來一直沒有演出,除了「8 月會」。在過去,《監齋》的演出主要通過前行致詞來表現,「8 月會」的演出減少了大量的前行致詞,監齋神的表演動作增多,強化了三頭六臂的扮相,更具觀賞性。「8 月會」還增加了在《監齋》中請觀眾捐錢的情節。（圖 4-9：《跳監齋》）

　　《斬旱魃》是一出儺戲,據現存資料,賈村過去的賽社活動中沒有演過此劇,在「8 月會」中的演出是第一次。《斬旱魃》主要表現旱魃在方相和方弼追趕之下一路逃跑,最終被打碎腦殼,村民將紙紮的旱魃趕至村口外放火燒成灰燼,以示驅邪逐疫之意。在「8 月會」中對儺文化的強調,還體現在對《調方相》、《沖瘟》等儺儀的展示。「8 月會」《調方相》是在社火隊伍中出現的,

圖 4-9：《跳監齋》

圖 4-10：《斬旱魃》

「方相」黃金四目，執戈揚盾，由五個小鬼相伴，齊舞，在社火中起開路作用。據寒聲書，《沖瘟》是具有角色和情節的，有天官、判官、孫悟空、老虎四個角色[67]，但在「8 月會」中，《沖瘟》展示為大人將小孩抱過瘟船的形式，被改變成了一種簡單的驅邪逐疫儀式。（圖4-10：《斬旱魃》）

八、「殘缺戲劇」的出現

通過對近十年乃至更長時間內隊戲《過五關》等傳統祭祀戲劇的演出形態變化狀況的考察，可見各個祭祀戲劇的演出形態在總體上都呈現漸次簡化的趨勢。筆者準備用「殘缺戲劇」一語概括這些在當代發生了變化的祭祀戲劇。所謂「殘缺」，是指當代恢復演出的這些祭祀戲劇在演出形態的呈現上與現今所能瞭解到的傳統祭祀戲劇相比都是不完整的；所謂「殘缺」，也指當代新生的祭祀戲劇形態往往沒有準確、穩固的傳承線索，漸次失其所本；所謂「殘缺」，更指當代新生的祭祀戲劇在「拼貼」那些來源不一、抽離產生語境的演出形態時，往往受到當代文化生產中各方力量的牽制和各種因素的影響。

「殘缺戲劇」一詞的使用，受到殘廟信仰研究帶給筆者的啟發[68]。「殘廟是指過去曾經有過的寺廟道觀和其他神廟設施，因種種原因殘破或者毀夷，現僅留下的部分遺蹟。殘廟信仰是指人們對這

---

[67] 寒聲主編《上黨儺文化與祭祀戲劇》，北京：中國戲劇出版社，1999 年，頁349-350。

[68] 田兆元〈上海地區殘廟信仰個案及其意義〉，民間文化青年論壇，http://www.pkucn.com/chenyc/thread.php?tid=7827。

些殘剩的遺蹟的信仰和朝拜，殘廟信仰古已有之，它是信仰民俗的現實表現形式之一。」❻❾本書第一章曾談過以碧霞宮為首的賈村廟宇都經過了不斷的破壞和不斷的重修，至今碧霞宮中的大殿和東西三皇殿、八卦殿因為種種原因都沒再蓋起來，這些廟都屬於「殘廟」。碧霞宮中的祭祀戲劇演出，也在歷經中斷和恢復中變成了「殘缺戲劇」。「殘廟信仰，雖然體現信仰的復興，但更是體現信仰本身的殘缺」❼❶，「殘缺戲劇」在近十年得以恢復，這些祭祀戲劇在表演形態上的「殘缺」也體現出祭祀戲劇格局的「殘缺」。賽社祭祀格局在近十年經歷了恢復和變化，越來越捲入了當代文化生產狀況當中，由於當代文化生產中資源由邊緣向中心集中的「全球化」趨勢，文化內涵越來越單一，戲劇形態在這個新的變化中也變得越來越單一化，賽社戲劇文化的濃度在「殘缺戲劇」的演出中被稀釋了。

第四節　從當代賈村祭祀格局變化
看戲劇形態變化

　　第三章曾討論了當代賈村祭祀格局從賽社形態、文化空間涵義、經濟運行模式、樂戶身分等方面發生了較為根本性的變化，本節試圖指出這些變化給其中的戲劇形態變化帶來了重要影響。

---

❻❾　田兆元〈上海地區殘廟信仰個案及其意義〉，民間文化青年論壇，http://www.pkucn.com/chenyc/thread.php?tid=7827。

❼❶　田兆元〈上海地區殘廟信仰個案及其意義〉，民間文化青年論壇，http://www.pkucn.com/chenyc/thread.php?tid=7827。

　　1996 年以來的賽社形態一直按照「二月二」、「四月四」的傳統日期在習慣地延續著，但同時也逐漸延伸出了研討會表演、元宵節表演、電視節目錄製等新的形態，這三種新形態的具體情況已在第三章作了探討。賽社活動形態的變化本身就顯示了傳統賽社格局出現的「裂變」，當傳統祭賽格局中自為、自足的狀況被打破時，與之緊密相連的戲劇活動也在發生重要的變化。《過五關》等劇由於一直得到學術界較多的研究和重視，被認為是傳統祭賽戲劇演出的標誌和符號，所以得以在研討會表演這樣的新形態中獲得生存的機會。研討會本身在當代文化生產中是一個多方利益的綜合體，其在多種向度上改變了《過五關》等劇的表演形態，因為時間的關係，現在還看不到被改變了的《過五關》如何在將來的傳統祭賽日期中演出，但鑒於《八仙慶壽》等戲的變化，改變了的、「不在舞臺上演出」的隊戲《過五關》很可能在未來進入傳統祭賽活動。《八仙慶壽》、《斬華雄》等在祭賽中逐漸被簡化的表演形態由於符合了電視節目錄製的需要，被選擇進入電視節目的錄製，而這些祭祀戲劇在電視節目錄製過程中又進一步被簡化和變形，這種簡化和變形了的新形態反過來裹挾著「電視」的權力重新進入賽社活動，戲劇形態就在這種相互作用下出現了變化。《跳監齋》、《調方相》等劇由於在研討會演出中獲得了首肯，也得以進入元宵節表演，《調方相》並不是賈村自己傳下來的，而是壺關一地的驅儺儀式，但不影響它作為賈村社火的代表進入元宵節表演，各有所承的戲劇形態在當代文化生產中的新的資源配置方式下逐漸被抹掉了差異性，賈村因為是非物質文化遺產「潞城社火」的代表，所以有「資格」在資源配置中代表潞城一地的全部社火內容。上述三種

新形態和傳統賽社形態之間存在著複雜交錯的關係,每一種賽社新形態都是各方利益的妥協體,於是,新形態之間的交互更顯複雜。在這些利益的共同作用下,傳統的祭祀戲劇形態發生著各自不同的變化。

由於賽社活動形態的變化,傳統的賽社文化空間也隨之發生了改變,碧霞宮不再是戲劇演出的唯一中心,研討會舉辦地、電視節目錄製地、元宵節表演地都可以稱為戲劇演出的空間。更重要的是,演劇空間的涵義在發生轉移,原先的碧霞宮演劇是整合當地社會的有效文化手段,而現今的碧霞宮演劇在某種程度上進入了全球文化生產的資源配置鏈條,「地方性」被轉移成了「國際性」,在外來者視野的「觀看」下,碧霞宮演劇將當地社會有效地組織到另一個更大的「社會」當中,《過五關》等戲劇在觀賞性上的強調就顯示了「被看」的內在準備。

當社會整合目的不再局限於一個「地方」社會時,所有的村民都主動或被動地加入到這一新的變化當中,從賽社組織的經濟運行模式變化可以很好地看到村民對這一改變的態度。當原先自願集資、更具倫理意義的賽社經濟運行方式,變成按勞付酬的市場運作手段時,對賽社活動的組織者而言,也許是樂意,也許是無奈。以市場為手段的資源配置和文化生產方式,對戲劇形態的變化無疑有重要的影響,當無法在傳統祭賽格局內部解決戲劇演出所需的經費問題時,賽社組織就自然要向外尋求任何可以生存的機會,但在這種情況下,傳統祭祀中的傳承力量對戲劇形態的規範很難在市場這一新的制約力量下不受影響。

對賽社活動來說,傳統祭祀活動中的音樂、戲劇、表演技藝的

傳承最終要依靠樂戶這一特殊群體的存在。樂戶群體身分地位的改變對戲劇形態的變化是至關重要的。一方面，隨著技藝傳承的喪失，他們的權威性逐漸被掌握了新的話語力量的利益集團替代。1996 年以來的歷次祭賽活動中，樂戶還可以進行音樂表演，延續「樂戶獻戲」的傳統，但在戲劇表演的部分，卻已經無法再傳承了。樂戶退出了戲劇表演，意味著「權威」的消失，傳統的戲劇形態就面臨著「任人宰割」的局面，於是，祭祀戲劇的演出形態很容易受到文化生產中各方利益作用的影響。哪一方在文化生產中更具話語權，哪一方就在戲劇形態的改變和所謂「傳承」方面更具權威性。另一方面，樂戶為了地位的提升，逐漸進入了賽社中的陰陽行當，作為樂戶謀求自身社會地位的表現，這一行為既打破了傳統的賽社祭祀格局，又意味著樂戶將與當代文化生產各群體一同合作，轉而改變自身的技藝傳承以適應當下的利益格局，不管怎樣，這些行為都直指戲劇形態的改變這一事實。

　　不論是賽社形態、文化空間涵義的改變，還是經濟運行模式、樂戶身分地位的變化，對戲劇形態變化的作用都不是單一的。賈村賽社戲劇形態發生的各種變化，既見證了當代賽社祭祀格局的恢復和新變過程，也映現了當代文化生產的各種面目，為我們從戲劇角度理解戲劇史變遷和文化的傳承延續提供了獨特的認識視角。

小　結

　　傳統賽社祭祀格局中的戲劇形態一直都是有所變化的，每一時代都有新的、有活力的戲劇形態得以進入賽社活動，但並不對賽社

祭祀的基本格局發生改變，這是傳統賽社祭祀格局變與不變的辯證所在。在當代新的文化生產條件下，當代碧霞宮中的祭祀戲劇出現了演出規模縮減、形態殘缺等趨勢。隊戲《過五關》一劇的「臺上臺下」互動表演在脫離了傳統的賽社文化母體之後，變成了「不在舞臺上表演的戲劇」；《八仙慶壽》等戲發生了從壽星帶領八仙向玉皇大帝祝壽到八仙為壽星慶壽的情節變化；《跳方相》、《斬旱魃》等原先不屬於賈村的儺戲被加入了「8月會」的表演之中。祭祀戲劇在總體上呈現「殘缺」的面貌，一方面表現為形態的殘缺，另一方面表現為在當代文化生產各方力量的牽制下，丟失了傳承的戲劇以一種文化拼貼的方式進行形態的呈示。戲劇形態的變化是當代賽社形態、文化空間涵義、經濟運行模式、樂戶身分地位等方面發生的變化帶來的。對戲劇形態變化的細緻描述，一方面顯示了傳統賽社祭祀格局發生的較為根本的變化，一方面對當代文化生產方式也有所彰顯。

結　論

　　賈村村落歷史是伴隨著廟宇中的神靈信仰的延續而被記憶的，信仰活動與為維護信仰而進行的祭祀活動是村落歷史的中心內容之一。至晚於 16 世紀中葉就已展開的碧霞宮賽社祭祀活動，與普通村民的歷史觀念、經濟生活、社區認同緊密相關，在當地社會中具有相當的整合作用。通過對碧霞元君信仰歷史的梳理，筆者發現賈村碧霞宮經歷了從「九天聖母」到「天仙聖母」的重要變化，這一變化實際上是明清以來碧霞元君信仰興盛、並在北方大為傳播的結果，同時也顯示了碧霞宮在整合新的信仰神靈方面的活力，而這是得以維繫傳統賽社祭祀格局的前提。傳統賽社祭祀格局在當代信仰行為和人生禮儀等民俗生活中仍保留了相當的延續性。

　　雖經歷戰亂和社會變革，傳統賽社祭祀活動仍待機而生，1996年得以重新恢復，並一直延續至今。賽社恢復之初面臨著新的生存環境，必須在村落行政機構、學者、上級領導、自身傳統等幾種力量的交互作用中尋求平衡。2004 年以來，賈村賽社文化研究會的成立為有效解決各方力量的掣肘關係提供了機遇，借助「多名制」實踐和樹立當地文化權威等文化整合方式，以碧霞宮為中心的傳統賽社祭祀格局逐漸恢復起來。在賽社格局的恢復過程中，以碧霞宮為中心的民間演劇空間也得以復興，通過賽社祭祀及其戲劇活動，

祖師廟、三元宮、三大士廟、玉皇廟等幾個戲劇表演中心都被納入
到以碧霞宮為中心的演劇空間中。

在以碧霞宮為中心的傳統賽社祭祀格局的恢復過程中，也出現
了一些新的變化趨勢，2006 年「8 月會」的舉辦，標誌著傳統賽社祭
祀格局出現了較為根本性的變化。變化主要體現在賽社形態、文化
空間涵義、經濟運行模式、樂戶身分四個方面。賈村當代賽社活動
形態已不再僅僅局限於傳統的「二月二」、「四月四」，而是在當代
文化生產方式的推動下，出現了研討會演出、元宵節演出、電視節目
錄製等新的形態。賽社活動形態的改變使賽社活動走出了村落地域
空間，走向了「國際性」文化場域，但賽社組織亦相應地捲入到以市
場為中心的資源配置方式中去。從作為儀式執行人的樂戶到作為儀
式主持者的陰陽，樂戶參與身分的變化帶給賽社活動深刻的改變。

傳統賽社祭祀格局發生的當代新變對戲劇形態變化有較為明顯
的影響，碧霞宮中的祭祀戲劇演出出現了規模縮減、形態殘缺等趨
勢。隊戲《過五關》一劇的「臺上臺下」互動表演在脫離了傳統的
賽社文化母體之後，變成了「不在舞臺上表演的戲劇」；《八仙慶
壽》等戲發生了從壽星帶領八仙向玉皇大帝祝壽到八仙為壽星慶壽
的情節變化；《跳方相》、《斬旱魃》等原先不屬於賈村的儺戲被
加入了「8 月會」的表演之中。「殘缺戲劇」的出現，一方面顯示
了信仰和傳承的殘缺，另一方面也是當代文化生產中各群體對戲劇
形態進行的利益拼貼的結果。

對賽社祭祀格局及其戲劇形態的變化的考察，促使我們在當代
文化生產條件下重新認識戲劇發展與其賴以生存的賽社文化肌體之
間的內在關係，也為文化傳承提供一些思考。

附　錄

一、賈村廟宇碑文、匾文、舞臺題記錄

凡例：

一、共收錄碑刻 25 通、匾 2 塊、舞臺題記 6 條，總計 33 通（塊、
　　條）。所錄以廟宇為序，每廟碑文以時代為序，時間待考者放
　　在後面。

二、所收碑刻、匾時間不限於 1949 年以前，1949 年以來的烈士
　　碑、20 世紀 80 年代以來的新修碑、新獻匾也一併錄入。

三、所有文字統一為繁體。同一文中某字混用簡體、繁體、俗體、
　　異體的，統一為繁體。俗訛字、錯別字，改正。原文字體大小
　　不一的，基本上統一而未作區分。個別碑文原有標點，照錄。

四、原文某字辨認不清的，以「□」代替；原文殘缺或漫漶不清、
　　不知有多少字的，以「＊」代替。

五、錄入時不顯示敬空，不同於原文行列；人名部分不完全照原碑
　　格式錄入，對有些格式較為隨意的碑文，以及格式複雜難以處
　　理的碑文，皆據整理者的理解，重新作了排序。

六、原文無題者，整理者自擬題目，以〔　〕號表示。

㈠碧霞宮

1.□修□天聖母廟記　明正德元年（1506）

沈府＊潞州城縣平原鄉南＊九天聖母神考諸篇簡嘗閱潞志潞□□□
□□□□□□□□□□漢置□唐天祐□□□□宋元至我國朝咸□潞

城其所由也歷歷灼見但廟之建事失紀載不知世代其梁棟日朽瓦石盡
□□□無□像飾污蔑悉不足安神不足昭敬本鄉耆士牛廠任繼祥等慨
然謂曰我輩居是□□□旱癆疫輒禱於神神不我違昭應若答老稚咸甯
歲時豐稔大有餘年沾恩佩澤非一昕一夕也茲廟貌□□乃首出己資傾
囊不吝城鄉靡不樂競相助於成化丁未歲四月傭工市材平基重建正□
三楹繪塑其像創建東西二殿六楹又逕丁巳歲居屈玹忕事香火終始
一誠民有請□者若接影響感發城鄉捐財林集復建皇天后土聖母後殿
三楹左右附殿四楹東西殿各三楹塑畫其像妝樓一座三門殿三楹東西
廊房一十二間構飾合矩殿室巍巍金碧五彩而被乎土木輪奐一新光彩
奪人目且四顧廟之風後有鳳凰名山之倚無影仙岡之句甘泉出水之潮
明鏡積水之川鄉人鍾比之秀托神之庇而逮於後世遠矣自成化至茲
正德紀元丙寅歲舍十月屈指十有九載工極百費錢以萬計方會落成噫
首者曹彪之志敬奉信句之人又如彼從此之後人民悠久之安恭奉香火
之祀縮不可以歲月限也眾以肇工之由靈感之實請予撰記刻石用垂不
朽云

峕正德元年冬十一月吉日立石

2. 〔重鑄香爐施錢碑記〕　　明嘉靖十二年（1533）

山西潞安府潞城縣在城居□張代倉竊念□村古建九天聖母正殿兩廊
缺少香爐代倉謹發虔心會同李仲仁等各舍資財不等共買鐵七百五十
斤鑄大小香鼎五十三個設列聖前供獻祈祐康泰施主姓名鏨鏨計開
陳文會　陳添祿　王昆　王辰　戴倫　賈隆　□貴　王忠秀　李銳　李鐸
申順　李仲仁　申孝　王尚禮　劉聚米　田收　牛文學　魏朝　王應辰　張代倉
趙雷　趙志學　李志全　原公明　陳賢　梁□　王添爵　申安　賈虎　郝受
山　宋錦　李倉　李錦

三月十五日建立看廟僧人　祖䜣　登喜福

本縣瓦匠陳世明陳世強陳賓

本村瓦匠牛景義

大明嘉靖十二年四月吉日申禎　李朝

玉工段雲刊

3. 重修天仙聖母廟記　清康熙三十二年（1693）

＊從來廟＊因之理良不＊天仙聖母廟立於□治之地代建自何人但見廟貌巍峨神像森列附近鄉＊來臨降凡歲時之氛禠運數之癘疫莫不有禱即應＊降康於物類匪淺鮮也奈年深歲久風雨傾圮殿宇＊曰吾輩生長茲土坐視凋敝心則何安於是相與共＊堅致而完固敝壞者丹塍之俾焜耀而輝煌正殿寢＊成歷數十載而厥功告竣焉雖遜績於創始之拮据＊之巨觀也爰勒諸石以垂不朽云後康熙四十＊

峕大清康熙三十二年歲次癸酉已未吉＊

管＊

4. 〔土地界碑〕　清嘉慶六年（1801）

嘗思以□□□禦患之方行善以陰□□之道今有本村牛檜全□如淇於乾隆五十六年□聖母廟前已業水池一個施於廟內許本街□街□里流水永無阻當□□東南至□□□西至□□□北至官街東西四丈五尺南北七丈八尺永屬官地並無食言故立石以垂永□為記嘉慶三年十□月十八日住持道人□□□全侄徒劉本立所置小東川中地官畝陸畝伍分貳釐□毫起徵其地止許道人後人耕種為業不許典賣立石永遠為記其池以□石岸塌毀本街一街修理此照

曹□□　秦士傑　王尚敬

維首宋□□　崔□□　曹□□

　　崔□雲　靳□元　牛天寵

住持道人　□□□佺　劉□立　王□□

嘉慶六年正月　日刊石　玉工　崔誠身

5.〔重修碑記〕　清乾隆六年（1741）

□□國之大典在祀是禮所以□□□□□□□□□□□□□□□□□

□□報神之功德□□□□□□樓神無地雖欲報祀之也無由故人＊

□□廟之建其殆有見於是興詳閱歷來碑記爾時已不知其建自何代始

自何人源流莫溯殊為□□□□□廟制之形勝頌神聖之功德卓卓可據

者則至於今而不朽前人撰之既詳後人必欲再贅非意□□□□□復數

見不鮮不如其也而其不容以不贅者惟重為修塑之原委而已時康熙四

十八年鄉中長□□□□張來發崔璠□潛德隱輝素號樂善之叟見一切

聖相俱已殘毀內外廟宇俱已塵垢不勝慨然太□□□革故鼎新之意因

會眾同約以為相者像也於像神者而殘毀瞻拜者幾不識為誰氏之容廟

者貌也□□□者而塵垢登獻者將無以嚴如在之念吾儕既不能妥神靈

而大昭報神亦無由普惠澤而錫純嘏遂首□□舉捐貲樂貢其餘士庶以

及四方善男信女因心種果者不可以數計於焉延請丹青將殘毀之聖相

俱□□塑塵垢之廟宇俱為輝煌妝塑完訖開展神光遠近焚香者無不爭

先樂睹嘖嘖稱快嗣後後寢宮東西兩□殿前殿左右兩角樓以及禪室久

經風雨凌蕩不勝棟折榱崩之懼若使聽其頹壞不為改修則輔翼不立□

何以肅寢廟之觀瞻壯正樓之嵯峨也哉但糜費相繼物力維艱經營頻仍

非可猝辦延及雍正改元十三□再歷乾隆改元六載又有李復初宋宏業

曹梅等悲同棄井慨深覆簣謀於村眾量力捐貲始鳩工庀材次第修舉而

興向之金碧莊嚴粉堊凝霞者共觀厥成焉為統前後計之功雖告竣寔多

歷年所初非一朝一夕之□詳述修塑原委敬勒諸石非曰以彰勤勞也一

以見神廟之維新一以見祀典之克展且並使後之觀者有□□於今而興
起之亦如今之有所感於昔而興起之也云爾

嵓□□六年歲次辛酉七月吉旦

北莊廩生侯儉熏沐撰並書＊

　　　　牛國英　耆賓宋維＊

先年維首

　　　　秦束景　耆賓＊

　　　　李＊

　　　　牛爵　　　宋宏業　　　何一煌

本年維首 李復初 廩生宋宏績 主持何清□ 玉工 雷光顯　　仝立石

　　　　曹維世　　　曹梅　　　屈陽鑒

6.本村助緣人

王＊ 王廠 王會＊ 申虎＊ 牛聰 王經＊ 張法 張俊 張昱 申＊王
緼 王紀 郭長才 成交木 王仲米＊ □聚才 王朋 張德雲 張信 張
安 劉子直 崔＊ 郭文成 郭文學 屈鐸 屈義 屈志 任子倉 屈榮 賈
升 賈升 曹景山 任懷 曹得山 郭文玘 曹玉＊ 史智 牛鸞 郝成 馬
寬 郝子花 宋□滿 喬泉 賈有 賈鐸 牛法 賈聚 申執 曹鼎＊ 李永
進 李永緣 李景會 李景厚 李信 李謙 李聰 張文貴 張宗護 張宗
良 王錚 張敏 王林李永緼 李永繗 李洪 李唐 李永成 李恭 李懷
張宗義 張宗信 張得山 劉法 郭雲 李菓郭彪 郭倫 郭朋 楊貴 郭
俊 郭慶 郭盛 郭子興 郭增 郭玹 史智 宋景成 李志 崔進 崔交良
崔交谷 王仲仁 王自岩 楊聰 楊恭俊 王甯 楊玄 王仕興 張廠 賈
仲玹 申雲 賈＊ 王雷 張智 張文 宋貴 馬交 馬交才 宋聚良 張得
山 張馴 張得林 張得祿 李法 王倉 李＊ 王雲 張善 宋碧 馬資

王雲 宋洪 張鼎 張豎 陳隱 申聰 李端 張仁 宋守倉 王＊ 張才
楊閔 楊富 牛曩 張其 張智 牛萬 張子良 張消 牛奈 張泉 王得倉
羅榮 羅＊ 張萬 牛會 李永秀 曹景隆 屈永 王法 崔得 屈聰 王仲
米 牛得才 任昶 賈仲良

本縣在城上舍侯寛

儒學廩膳生員馬瑛 申璋 馬綸 牛瑭

7.恢復二月二古廟會碑記　1996 年

碑額：萬古流芳

潞城縣南賈村碧霞宮據殘碑記載始建年代不詳按現存後宮建置考古
為元代建築九一年立為縣級文物保護單位九五年在村委的支助下對
該廟後宮進行了修繕據知每年農曆正月三十日至二月初二日有迎神
賽社香火會三天在此期間全村群眾舉行大型晃杠大小傘抗牌鑾駕鑼
鼓樂隊等遊行大街並先後到附近蝗蝗崗史回村迎神並邀請有戲劇兩
班前來助興以求風調雨順五穀豐登此會從四五年停辦距今五十餘年
原來香火會的用具全部失毀因此本村以張枝群杜同海為首在數十位
老人的倡導下集資購置了大會用具在村委大力支持下恢復了二月二
會其目的一為把這種民間古老文化流傳下去二為發展旅遊事業活躍
農村物質交流在恢復本廟會期間得到了鄰村集體支助其款數刻碑留
記其他群眾集資款數已並入修廟碑上另外有本村民眾衛長友李潤生
將已生長有拾年的紅白牡丹敬獻給本廟

捐　資　史回村壹仟伍佰元　　崇道村壹仟叁百元
　　　　朱家川壹仟元　　　　小天貢肆百元

組　委　杜同海 張枝群 李紅秀 曹樹枝
　　　　曹滿倉 牛拴群 王雲章 徐懷福

　　秦彥真　張來有　曹福成　李喜英

　　王志平　王龍枝　劉海有　張雙喜

撰並書　　宋枝群

鐫　工　　元鎖成

公元壹玖玖陸年農曆二月初二日立

8. 重修九天聖母廟記　1996年

碑陽：

潞城縣南賈村九天聖母碧霞宮據歷代碑記載僅有重修始建不詳據清
代康熙年間殘碑有如下字句詳閱歷來碑記爾時已不知其建自何代始
自何人源流莫溯據民間傳說先有碧霞宮後有潞城縣而縣誌記載隋開
皇十六年析刈陵縣始置潞城縣距今一千四百年該廟始建歷史悠久據
現存重修結構經縣文物保護單位鑒定為元代建築距今已有七百餘年
歷史該廟係諸神聚會之地方位坐北向南為二進院落中軸線從南往北
依次有山門為三闕其上有樂臺兩側分列鐘鼓二樓下有青石欄杆金水
橋中殿為碧霞宮建造異常雄偉藝術超群別具一格高九米有餘面闊五
間周十八柱殿內神臺有木制暖閣雕工遒勁後殿為元君寢宮兩廊分列
十四座神殿東廊從南至北馬王殿蝗皇殿眼光殿三峻殿六丁殿東閻王
殿東角為三皇殿西廊從南向北五瘟殿龍王殿子孫殿昭澤殿六甲殿西
閻王殿西角為八卦殿建造均係雕梁畫棟飛簷斗拱各種雕塑神像一百
二十餘尊有四海龍王駕像元君走像坐像走像逢重大節日身著蟒袍坐
轎赴會坐像高五米赤金鐵面木制暖閣上有魯班板斧蝗皇殿門輕推有
鈴聲猛推則無鈴聲係一奇觀此廟雖經明清歷代重修惜今原貌殘缺不
全為保存現存古老建築開發旅遊事業致富於民於一九九五年春經市
縣同意在村委的大力支持下群眾集資部分資金對現存建築進行了全

方位修繕主要對後宮進行了精修著色雕塑現已竣工將資助百元以上
者特鐫是石銘載千秋

捐資　壹萬元者　　張枝群　　杜同海

　　　　叁仟元者　　王龍枝　　曹全孩

　　　　貳仟陸佰元者　李喜英　　牛義堂　　王成枝　　崔秋生

　　　　壹仟元者　　侯五孩　　王紅章　　韓余良　　曹滿倉　　張躍進

　　　　　　　　　　靳建會　　李紅秀　　張金堂

主持　張枝群　　承辦　杜同海　　幫辦　宋枝群　　書丹　趙良俊

篆額　杜建堂

塑像　苑滿法　　著色　秦紅中　　鐫工　元鎖成　　撰文　杜同海

領工　劉根成

仟元以下百元以上者刻於碑後

公元一九九六年農曆四月初四日　　立

碑陰：

碑額：流芳百世

柒佰元者　　潞南關　申玉明　　三局　張連生

伍佰元者　　賈村　　王志平　王志俊　王雲章　申躍崗　申海松　劉海有

　　　　　　　　　　宋天喜　宋枝良　李金虎　秦功良　曹樹枝　曹滿貴

　　　　　　　　　　曹榮生　崔俊良

叁佰元者　　賈村　　徐懷福　曹躍太　宋根會　　北舍　任玉寬　　安昌

　　　　　　　　　　高虎旺

貳佰元者　　賈村　　牛四虎　牛拴群　牛海根　王過龍　宋彥俊　秦燕增

　　　　　　　　　　曹福成　曹連胖　崔拴牛　張來有　張堆才

貳佰元者　　潞西街　任連枝　　潞郵局　郭福貴

壹佰伍拾元者　　賈村 宋紅日 曹天全 曹和尚 曹安太　交漳 史秀
　　　　　　　　紅　潞郵局 李建民 溫連功
壹佰叄拾元者　　賈村 曹彥枝　翟店 李河英
壹佰壹拾元者　　賈村 牛引生 田海順 宋全保 李小狗 曹榮光 張進
　　　　　　　　偉 崔春生　西南山 張斌
壹佰元者　賈村 衛長友 馬計洪 王寶江 王蘇龍 王良只 王發旺
　　　　　　牛安和 牛保太 牛群庫 宋富才 宋天才 宋有俊
　　　　　　李富堂 李拴狗 李玉喜 李大堂 杜樹堂 杜建堂
　　　　　　杜文堂 杜雲堂 秦安秀 曹任增 曹拴牛 曹和平
　　　　　　曹建英 曹天喜 曹太國 曹小五 曹群旺 崔福平
　　　　　　崔發才 張雙喜 張富良 靳福來 楊天亮 韓水枝
　　　　　　趙良俊 衛樹旺

　　　崇道 申懷珠 田志英　北舍 郭保枝 曹志紅 張余慶
　　　東天貢 甄成珠　西天貢 申文堃　羌城 牛引枝
　　　寨上 李富蘭　潞城 梁雙慶 李醜女　北街 郭保令
　　　西街 趙狗只　西村 李學良　史坊 張重虎
　　　溝潰 王金林　西南山 梁改蘭　王山坪 路文貴
　　　安陽 劉愛令　安昌 高紅日 任元疊　漳移 郭愛明
　　　辛莊 王志仁　黃碾 李元英　三局　閆愛蓮
　　　屯留汽送 黃長武　屯留東河北 趙俊娥
　　　黎城北流 張增田

公元一九九六年夏曆丙子年四月初四日立

(二)白衣堂

1.白衣堂重修石志　清道光二年（**1822**）

碑額：萬善同歸

賈作雅施錢五千三百文

侯得貴＊　牛進玉＊　古佛堂＊　福運＊　靳承龍＊　牛傑＊　牛詩書＊
牛茹淇＊

維首人
{牛三興
□□□
牛作貴
牛茂□
牛貴書
楊林
靳惠元
靳拔元
屈起運
楊金庫}

大清道光二年歲次壬午敬立

2.重修白衣堂碑記　民國五年（1916）

嘗思莫為之前雖美弗彰莫為之後雖盛弗傳古有牛靳屈三姓白衣大士
宮不知建自何代始自何人但世遠年湮風雨摧殘南北兩廊悉就傾頹惟
有基址存焉又有社田數十畝盡被強豪霸耕社事廢弛整頓無人幸有鄉
耆屈過計在廟鳴鍾聚眾當場公議欲事重修苦無其資遂將社地一律並
追還按畝捐錢刻日興工不三月而功成告竣焉茲故略述顛末並將各地
之座落畝數俱勒於石以垂不朽此雖由士庶善量之廣亦以見大士之精
靈有以悚人心於無涯也廟作翼翼咸與維新猗歟休哉是為記

道口理中地四畝樓行十二遭東川理中地五畝樓行五遭王宅理中地五

畝樓行十一八遭桑嶺理中地三畝樓行八遭五道頭中地四畝樓行四□
遭東郭村中地四畝半樓行四遭二去東渠頭上地四畝樓行東西頭十一
遭一去□遭

師範養成所畢業生王培明撰並書丹

　　　　　　　牛庭蘭　牛黑狗

督工屈過計□維首人靳仁祥　牛土山

　　　　　　　牛□桂　靳和興

大中華民國五年歲次丙辰桃月下旬全立石

羌城村郭鎮方刻

(三) 觀音閣

1. 禁地土樹林碑記　清道光十一年（**1831**）

自古建廟奉神必置田產蓋□助祭祀之資而不敢或有毀傷也奈人心不
古非竊樹木以為營利之計即斂田土以傷播種之業若不早為杜防恐滋
蔓難圖有累於祀典者不淺今約社公議禁止社內田土不得私自載取犯
者無論大小車輛驢駝擔挑罰大錢壹阡文並及大小樹株不得任意砍
伐犯者罰大錢伍阡文所罰錢件社約一半出售人得錢一半自禁之後
倘有故行抗違不遵罰處者稟官究治

皆大清道光拾壹年巧月吉日 鄉約維首 同立石

(四) 崔府君廟

1. 潞城縣南賈里二甲崔姓家廟碑記　清嘉慶十四年（**1809**）

碑額：昭垂萬古

且夫古佛堂由來舊矣先祖建立已非一日矣仰觀正殿乃重修也俯視左
右非昔景象南北廊房屢次經營山門房屋漸積修理方使當日煥然維新
寔先祖之令德也迄今百有餘歲風掃雨濕幾經圮敝綢繆補葺理宜最急

所可恨者無現預備難濟其事地八十餘畝錢二百有餘皆在戶族拖欠不
知收斂趨事誠有愧於先人也故今合社戶族人等通共公議以約諸事欲
壯廟宇之聳觀以紹先祖之令德務複當日之盛治不愧將來之繼述庶可
以列碑記云

凡事同共公議不得私辦如有私辦各算己錢社內不算貨物不得取回

舊欠不交不得收錢管事租地如有強者立地清完舊欠

租地要有文約收錢亦有文約不得自便空取

舊欠家無過度立注碑文家有過度不注碑文不得比例同注

交班每年定於十二月初八日交過期一日罰磚一百按日照罰

交文約每年定於十二月初十日交錢定於二月十五日交過期不得強種

立碑以後永不立欠單每年與維首人清算不得撥帳兌戶空口接應

諸事有絞亂不遵規矩者一併同官究治花社內錢維首不佃

交舊欠錢數十千以上者限五年交還清完十千以下者一時清完不得比
例

大清嘉慶十四年正月吉日立又將地畝欠戶開列於後

2.合族公議

宗祠院內一切大小樹株止許社內砍伐收養族人不得任意自便倘有損
壞一株者罰磚壹千個□於內外院中永不得堆積柴草以及禾稼違者罰
磚貳千個端此是禁

(五)祖師廟

1.重裝神像序　清道光二十七年（1847）

常思莫為之前雖美弗彰莫為之後雖盛弗傳凡事類然而於奉神為尤甚
吾村舊有魯班神祠歷年久遠神像殘垢舉凡吾儕匠藝諸眾並不知趨事
赴功重新聖像斯有愧於前創者尤淺而獲咎於神明者為甚深也今董事

人等不忍廢墜神祀邀祈匠藝諸眾樂施貲財共勸盛事銘之殿壁永昭不
朽云謹將施錢姓名列後

李春景施錢貳百文　　　　　　崔世琛施錢五十文

李吉祥施錢貳百文　　　　　　牛鈞則施錢五十文

崔錦雲施錢貳百文　　　　　　秦小的施錢五十文

崔秦柱施錢乙百五十文　　　　崔　都施錢五十文

楊貴榮施錢乙百五十文　　　　秦永庫施錢五十文

申闖嘴施錢乙百五十文　　　　王　鎖施錢五十文

李蛆則施錢乙百五十文　　　　雷蘭柱施錢五十文

牛　林施錢乙百文　　　　　　宋富成施錢五十文

宋宰歧施錢乙百文又錢乙百文　牛富明施錢五十文

牛小由施錢乙百文　　　　　　牛永富施錢五十文

牛林則施錢乙百文　　　　　　崔疤則施錢五十文

李四則施錢乙百文　　　　　　宋小龍施錢五十文

李雪則施錢乙百文　　　　　　靳進元施錢五十文

崔海魚施錢乙百文　　　　　　雷禮孩施錢五十文

牛金洪施錢乙百文　　　　　　宋聚魁施錢五十文

崔縱雲施錢九十七文　　　　　楊來興施錢五十文

崔起祿施錢乙百文　　　　　　劉邦宋施錢五十文

劉起運施錢七十五文　　　　　靳拴住施錢五十文

李丙則施錢七十五文　　　　　宋往則施錢五十文

牛金法施錢七十文　　　　　　屈海則施錢五十文

申起富施錢乙百文　　　　　　魏未則施錢五十文

申魚則施錢八十文　　　　　　崔起元施錢五十文

葉明錦施錢五十文　　　　　　申小丑施錢五十文

申天玉施錢乙百文　　　　　　崔小五施錢五十文

秦起家施錢貳百文　　　　　　戴五則施錢五十文

曹家夘施錢貳百文　　　　　　崔　平施錢五十文

李跟成施錢乙百文　　　　　　牛娃則施錢五十文

李跟秋施錢乙百文　　　　　　崔秉文施錢五十文

李進財施錢乙百文　　　　　　宋崔鎖施錢五十文

申□則施錢五十文　　　　　　秦宋孩施錢五十文

宋占魁施錢五十文　　　　　　崔成孩施錢五十文

以上共收佈施錢五千貳百三十七文

裝修神像包乾丹青匠錢貳千貳百文　開光並雕花費錢壹千伍百三十

七文　除花淨存錢壹千五百文每年止許將利焚香不許動破本錢存照

　　　　　申可則
　　　　　曹富夘
　　　　　李跟辰
維首人　申天玉　仝立
　　　　　葉明錦
　　　　　秦起家
　　　　　宋宰歧
　　　　　李進財

大清道光二十七年歲次丁未三月十六日

2.整飭社規永禁匪類碑記　清光緒二年（1876）

碑額：流芳百世

且社事之盛衰關乎風俗風俗之厚薄繫乎人心南賈村古多善良俗尚儉

樸故今村只立一社自同治十年分為四社將看秋看夏之費四社各按地
畝之多寡均攤其餘各立各社奉行數年而我北大社之規矩猶未盡善今
合社公議酌立數款詳列於左欲為永遠淵鑒爰勒諸石以垂不朽云爾立
碑石共花費錢伍千文

派社首以公正之人殷實之戶為額若身家應管欲不管而不稱即欲管而
不得

社首分為十班一班三人每年以九月十三日新舊交接新社首值年管理
舊社首幫辦挨次輪流

戶人中日後有應管社者即派入社內管事不得推諉社首中如有不公正
之人許公中裁出免其攪擾

每年捐穀合社公議酌量多寡捐穀之期以五天為止或錢或穀送社清交
如有過期來交者每畝多加半升

禁匪類之流或竊取財物或藉端訛許如系北社戶人即許來社指明□約
懲責如有不受社內稟官究治以安善良

邑庠廩膳生員王遇庚撰並書丹

五道頭中地八畝摟行八遭

桑嶺中地五畝摟行十五遭

香臺上地十四畝摟行四十遭有零

頭班	秦九斤	崔千祥	秦狗群	二班	牛保山	申秉仁	李福來
三班	崔魁則	崔富祥	秦小胖	四班	秦聚林	張四成	崔郭全
五班	宋小金	張五典	崔　跣	六班	李泰來	崔遭則	申福鎖
七班	衛萬銘	張和順	牛起富	八班	秦玉和	崔萬年	戴元則
九班	崔　峻	崔嵩年	秦王辰	十班	秦玉林	張廣發	李師有

維首等同勒石

大清光緒二年歲次丙子丑月既望穀旦　玉工^{崔長命}_{申秉義}同鐫　住持崔全則

3.整修殿堂塑像碑序　1995年

碑額：流芳千古

祖師威震北方，欲興村民安。一九四七年神像遭損，殿堂作為集體糧庫，達四十餘年。在改革開放之大潮中，為弘揚民族文化，吾村東北區域居民，對此項慈善事業，經過反覆磋商，約定志願捐資，整修殿堂，光復神像。捐資者壹佰戶，計肆仟陸佰元，達碑記線者六十九戶。擇日施工後，周圍熱心之眾踴躍投工獻料村委會給予有力支援，完善了基礎設施。按原始設置裝塑起祖師、桃花、周公三尊臺像；增塑龜蛇落地立像倆尊。竣工後，邀曲藝團演唱三日，嘉賀開光。立此碑誌，銘載千秋。

捐資花名	捐資貳佰元者	李喜英	劉海有	李小狗	崔俊良	秦功良
	捐資壹佰元者	李紅秀	張枝群	王志平	王龍枝	杜同海
		王平孩	牛義堂	申海松	王紅章	周全有
		崔俊生	趙良俊			
	捐資伍拾元者	曹樹枝	張來有	曹滿倉	王成枝	宋天喜
		李紅章	王太紅	張騰國	耿毛友	徐懷俊
		崔雙平	楊枝俊	崔秋生	王俊學	曹志剛
		秦連忠	秦連順	趙志強	王慶全	崔雙良
		王根堂				
	捐資叄拾元者	牛栓群	王雲章	王法旺	王過龍	李富堂
		曹紅章	張余金	張堆財	王紅枝	張起枝
		李雲生	秦保慶	宋群旺	曹建倉	宣　林
		秦海龍	戴成俊	趙小丑	王小紅	崔志賢

　　　　　　李海斌　宋全保　朱安根　衛延波　梁連群

　　　　　　秦保太　周天順　周長有　楊俊生　張福剛

　　　　　　宋瘦仁

　　　　王小剛贈奏民樂一場

　　　　捐資拾至貳拾伍元者三十二戶

維首人　劉海有　趙良俊　周全有　崔俊生　張來有　仝勒

筆文趙良俊

石工靳過明

塑工宋虎則

公元一九九五年五月一日

㈥三元宮

1.革命先烈紀念碑　1952年

碑額：英名永著

溯自蘆溝事變日寇逞兇全國各地在慘無人道的鐵蹄蹂躪下人民備嘗艱辛生命財產之喪失難以數計在偉大的共產黨和英明的領袖毛主席領導下群策群力團結一致反抗暴日的侵略我村烈士申雨成等先後自覺自動奮起從戎肩負起禦敵自衛的偉大使命在八年抗日戰爭和三年解放戰爭中他們拋頭顱灑熱血不顧生死與殘暴的日寇及國民黨反對派不屈不撓地展開殊死的鬥爭終於在全國人民的英勇奮鬥下打敗了日本侵略者消滅了國民黨反動派全國人民勝利地獲的了解放英勇的烈士們你們的生命雖已犧牲但你們英勇的革命事蹟卻永遠活在人們的心上你們的壯志是值得敬仰與欽佩的我們將踏著你們的血跡前進繼續完成你們未完成的革命大業烈士們的英名將流芳千古永垂不朽

申雨成　遊擊大隊隊員　於一九四零年沁
　　　　縣戰役壯烈犧牲　亡年二十三歲

孫來佳　十三縱隊隊員　於一九四八年解放太
　　　　原戰役中壯烈犧牲　亡年二十二歲

烈士　曹小花　遊擊大隊隊員 於一九三九年沁
　　　　　　　縣戰役壯烈犧牲 亡年二十七歲

　　　劉起富　潞城六區區幹部 兼任聯合編村村長
　　　　　　　於一九四三年壯烈犧牲 亡年三十歲

　　　牛五則　遊擊隊隊員 於一九四二年安澤
　　　　　　　戰役壯烈犧牲 亡年二十一歲

　　　張餘德　西南軍區政治部──五團四連隊員 於河
　　　　　　　南周家寨戰役中壯烈犧牲 亡年二十二歲

　　　王富有　潞城六區區幹隊隊員 解
　　　　　　　放前犧牲 亡年一十九歲

　　　王忠勇　決死三縱隊三十八團二營六連 於安
　　　　　　　澤戰役中壯烈犧牲 亡年一十九歲

公元一九五二年四月二十八日南賈村全體人民恭立

2.潞城縣南賈村重修三元宮碑誌　1997年

碑額：三元宮

據考證三元宮始建於清朝康熙五十九年距今已有二百七十餘年歷史
因年久失修破漏不堪為保護現存古老建築宏揚民族文化經當地居民
對此慈善事業反覆磋商約定志願捐資重修殿堂光復神像擇日開工後
周圍熱心之眾踴躍投工獻料村委會給予有力支援對原建築進行了全
方位修繕按原始設置裝塑起天官地官水官三尊神像殿堂廟牆進行彩
繪著色現已竣工特將捐資投工者鐫石銘載千秋

七百元　崔雙平

六百元　張雙俊　張拴好

五百元　崔福平

三百五　張堆財

三百元　王龍枝　徐懷俊

二百元　王紅章　王良則　崔富龍

一百五　王枝俊　曹太國　張建崗

一百三　秦燕增

一百二　王俊芳　王紅枝

一百一　靳小慧　張紅樂　王水亭　李拴狗

一百元　李紅秀　李紅章　李富堂　李小山　崔旭芳　崔旭東　崔雲東
　　　　崔俊良　崔雙虎　王法旺　王引生　王余發　杜同海　曹樹枝

　　徐懷福　張躍進　韓余良　侯五孩　牛義堂　宋枝良　楊天亮
　　申玉章　劉鵬義
一百元以下者載入碑後
維首　張拴好　張余俊　崔雙平
瓦工　牛德俊　李黑孩
木工　崔福平　張朝選
塑繪　連進枝　南豐溝　連進峰　襄垣南豐溝　楊文生　桃樹村
撰書　曹太國
鐫工　王志明　黎城東駱駝
公元一九九七年農曆九月十六日立

㈦三大士廟

1.重□三大士記　明崇禎十六年（1643）

尼父云鬼神之為德其盛矣乎夫鬼神胡為而盛也大要一誠之理隱顯於
＊土開宗沙門演教萬禪裏莫掩者歟問宅居奚在則曰通慧你作門慈悲
作宅詢骨肉＊度為母法喜為妻暨及菩薩乘大願船住彼生死海中呼引
眾生咸登覺路凡有血＊不尊親也噫嘻不生不滅菩提開智慧之花無愛
無憂優缽結因緣之果雖佛名諸＊勝紀而欽崇瞻仰者甚稱三大士焉猗
歟休哉潮音垂象尋聲救苦故竹影瓶形俾人＊羽而凝眸合掌者時不輟
也文殊立前三三後三三之語則龍蛇不能以雜居至於位＊聖彌滿三千
普賢德行豈其誣之緣是在必有祠祠必有祀饌供伊蒲香燃紫茸蜜益足
＊道之萬一哉潞邑南賈古有觀音堂三楹爾來年月永久風雨圮頹神難
依矣耆老曹＊王承試等一鄉之善人也實心惻焉糾里眾而相商各捐己
貲共成聖事備插朋興丹青云＊廟貌為之重新於前更有光耳將見神人
胥祛帙幽明咸騰保茲方土助流休明斯亦一隅之＊舉矣迨夫兩建樓臺

各懸鐘鼓置山門於階頭設僧房於廟側爰以嗣後日之善士云予＊為之記

皇明崇禎十有六年歲次癸未嘉平月朔一日辛酉

潞安府郡庠增生趙杏傑撰

潞城縣＊生王者作篆

撫＊生王家培書

＊思孝曹＊

2.〔置東郭村中地九畝碑〕　清乾隆五十七年（1791）

詩有之神之格思不可度思矧可射思蓋言神之為靈昭昭也嬰城之西南十里許有南賈邨邨之西觀音堂在焉不知建自何代始自何人奈廟無積聚祀典多曠殊非敬神如在之理於是附近居民有鄉耆王德才等同心協力合隨神社置到東郭村中地九畝以為香燭之用庶祭祀以皆而神之靈爽於焉來格矣謹序以志其事

王起元

王帝豐　王維山　王習武　楊廷柱

王征庸　王牛山　王習禮　王起樓

王德才　王馬山　王克儉　王起京

王玉山　王鳳儀　王克勤　王起化

王貴山　李　富　王克敏　王繼蕊

　　　　王晶才　楊廷海　王　弼

　　　　王鎖長

本村處士曹文芳沐手撰並書

玉工崔恒身

大清乾隆五十七年歲次壬子巧月立

3.〔重修大士宮碑記〕　清道光六年（1826）

嘗思莫為之前雖美弗彰莫為之後雖盛弗傳此有大士宮不知建自何代始自何人但世遠年湮風雨飄搖向之光彩殆不復有況神之聲靈赫耀其尼庇吾邑之阜安者即廟貌重新猶難報厚澤於萬一於爰是合社維首同心公議欲增其式廊而積聚甚寡按戶捐貲共襄盛舉因修南北角殿兩楹補葺大殿三楹功將告竣謁余序略並銘志石永垂不朽以徵士庶善量之廣益見大士精靈足悚人心欲無涯也作廟翼翼咸與維新猗歟休哉侯其禕而

　　　　　　起祥　□豐

管理維首　王福廣　廷樞

　　　　　　世和　廷宰

邑庠生　王佩金撰並書

王福廣　王世和　王　印　王　鍋各捐錢壹千文

茂盛號　李國發　王起祥　王世恭　王佩金　王廷宰　曹種德　各捐錢伍百文

王廷舉　王世楨　王世榮　王　金　王保成　王　□　王慶雲

王世匠　王世□　王世□　王世□　楊□鳳　李萬春各捐錢貳百文

楊廷桂　楊　泰　王廷樞　楊　興　王炳南　楊　蘭　王世福

楊　福　王維屏　王世寬各捐錢叁百文

王　貴　王廷河　王　壽　王廷輔　王廷臣各捐錢貳百五十文

王　富　李安龍　王　玉　王世發　王騰雲各捐錢壹百五十文

王起化　王起枝　王發枝　李貴良　王廷相　王世增　王　銘

王廷桂　王壬戌　王明楊　劉萬魁　王桂馨各捐錢壹百文

大清道光六年荷月立

木匠　　雙興號
鐵匠　　茂盛號
畫工　　張朝
泥水匠　曹種德
玉人　　曹福德

4. 〔戲臺題記〕　清宣統至民國

大清宣統四年二月初二日西街司樂會

西街秧歌人太少
午前打擂唱得巧
午後又唱告陰府
全班人等皆□□
民國卅二年九月十九

民國三十零二年
田禾旱到柒月天
初五初六落普雨
神像穿衣又誇官
人民身下不了言
秧歌唱了兩半天
民國卅二年三伏□□

十五午後美青衣
全唱出□□縣官

□且人馬都也好

全只小旦□天仙

民國三十□年正月□

西街人太少

秧歌唱得好

今日巧梳妝

明年不算老

打一人

樂意班

意氣亢龍高百丈

福祿壽

文章司馬竈千秋

(八)玉皇廟

1.〔重修玉皇上帝廟碑記〕 明嘉靖二十二年（**1543**）

大明國山西潞安府潞城縣平原鄉南賈村香老郭芳等謹發虔心有本村
牛聚才玉皇上帝廟疏漏會同本村等曹會於嘉靖二十二年二月初一日
起工重修翻蓋至三月初八日工畢人口六畜安康大吉留名萬載於後

<table>
<tr><td></td><td></td><td>郝倉</td></tr>
<tr><td>計開花名</td><td>群牧所</td><td>陳佑</td></tr>
<tr><td>□□</td><td>牛公用</td><td>郭子賢</td></tr>
<tr><td>李□</td><td>張建</td><td>張得祿</td></tr>
<tr><td>王錫</td><td>曹廷臣</td><td>王朝德</td></tr>
</table>

牛奈	牛公相	牛天受
常雲	秦朝用	申錦
申廷貴	牛仲世	張才
李洪	刑世威	史米
王得正	李經	秦寧
郭輔	張倫	王朝進
秦宣	牛公臣	王仲倉
王宗禹	王甯	崔添祿

馬疋通事郝受山

本縣儒學增廩生員趙鳳來

本村修廟僧法玉

本村木匠張文良男張為

瓦匠劉有才劉有奐

鐵匠趙訓男趙雨

嘉靖二十二年歲次癸卯三月吉日立

玉工段進科董進孝

書寫牛經丹青劉朝用

2.〔祈雨靈驗區〕　清乾隆五十三年（1788）

蒼天施仁固有資於地寶迎地長養要必待夫天成吾村之祈雨於玉皇上
帝者早已屢經屢驗靈茲因六月憂旱良苗已槁恭請鑾輿敬祈神庥同賈
村兩社於初七日白龍神洞取水初八日踏邊未時作云亥時甘霖普降竊
思帝心之布膏實緣人心之有悟曷萃群黎之精意以答聖德之嘉庥蓋人
心誠則帝心順安知不繼此而時雨頻施報我士女乎故闔村敬志之曰靈
雨

乾隆五十三年歲次戊申七月崇道賈村合社人等敬立

3.〔張枝群等敬獻玉皇匾〕

敬獻玉皇大帝有求必應

信士弟子　張枝群　呂束吳　呂□花　高□旺　劉小令　□□□

　　　　　李□□　崔□□　陳□□　□□□　□□□　□□□　趙□□

　　　　　□□□　王□成　申□智　申有才　□□□　□□□　□□□

　　　　　李□□　□□□　李□　　申□□

4.〔重塑金身碑記〕　　2001 年

公元二零零一年茲有潞城市南賈村玉皇廟因年久佛像損壞為保國泰
民安風調雨順重塑金身以留後世

主持　王發群　王保珠　王國節

馬疋　宋玉生

丹青　張建華　侯家莊

公元二零零一年五月十二日立

(九)北五道小廟

1.〔重修佈施碑記〕　　清道光八年（1828）

旹道光八年歲次戊子三月二十六日重修敬將維首佈施開列於後

戴　鈞	一千三百	申萬里	一百五十
戴　琪	三　百	申俊德	一百五十
戴　斌	三　百	申德安	一百五十
戴　璽	三　百	崔合□	一百五十
申松林	三　百	崔朝帝	一百五十
宋發運	三　百	崔可德	一百五十
崔月桂	三　百	□□□	一百五十

崔起秀 施錢 三 百		李三理	一百五十
申 儉	一百五十	李□祥	一百五十
申 讓	一百五十	張富成	一百五十
申 英	一百五十	□□□	□□□□
申 蘭	一百五十	李俊士	一百五十
李 旺	一百五十	王□□	一百五十
牛天寵	一百五十	張□□	一百五十
戴 有	一百三十	侯□□	一百
		申 發	一百五十

泥水匠宋汝河

　　　　同立石

玉　工崔秦住

㈩禿奶奶廟

1.〔創修碑記〕　2005 年

碧霞宮護神使者乃靳府門張氏名石花也被二仙奶奶封為民間封號神侍號稱禿奶奶知名方圓百里之遙侍童禿奶奶於壬申年一八七二年東方杜將軍聖誕之日異時降世凡間頑童時期善心靜性德真心修練於甲申年觀音菩薩聖誕之日碧霞宮仙奶坐壇查視點納為神侍靜修順延至丙申號年六月觀音菩薩成道之日受戒正修行俸碧霞宮宮殿內封為引路侍童禿奶奶行居宮殿內中心俸仙自身淡化享受消除財欲之念口中唱阿彌陀佛自行行規戒律受神奶重托徒步行善消災測報天時轉變懲邪揚德頌善唱佛鞠躬盡瘁於順號甲申年正月二十四日 盤坐碧霞宮殿蝗皇殿脫俗正果升天成佛元極七三歲卒終由本山脈之村長李忠庫主持承葬建廟本村廟岸地安俸本山脈臣民永記頌唱順至 2000 年庚

辰三月十九日由靳府門後孫主持捐資建廟（奄堂）行俸又於 2004
年（甲申年）三月十九日敬之坐蓮神像尊俸

三百元靳福來

一百元曹樹枝　張金堂（磚九千塊）　牛元慶

五十元李存苟　崔俊良　宋老三

三十元李紅秀　李大堂　靳建慧　韓餘良

　　　　李金虎　牛滿庫　牛義堂　曹嚴俊

　　　　張躍進　牛四虎　曹滿貴　李胡平

　　　　王龍枝　崔來奇

主持人本門之後靳福來

籌辦者向友權　張金堂　崔俊生　王過海

文書向友權　塑像張建華

公元二〇〇五年古曆三月二十九日立

二、傳統賽社抄本戲劇形態與劇目表

抄本名稱	抄本年代	使用地區	戲劇形態與劇目❶
《禮節傳簿》	明萬曆二年（1574）	潞城賈村	隊戲共 164 個。供盞隊戲（115 個）： 《尉遲洗馬》、《五虎下西川》、《天仙送子》、《敬德戰八將》、《周氏拜月》、《尉遲賞軍》、《蘆林相會》、《鴻門會》、《南浦囑別》、《山伯訪友》、《熊精盜寶》、《張生戲紅娘》、《破蚩尤》、《周氏辱齊王》、《安安送米》、《三請諸葛》、《走樊城》、《下河東》、《鬥轅門》、《神殺忤逆子》、《古城聚義》、《霸王封官》、《拜帥》、《兩狼山》、《潘楊征北》、《射七郎》、《六郎搬兵征北》、《斬華雄》、《關公斬妖》、《戰呂布》、《土地祠》、《鍾馗顯聖》、《四馬投唐》、《三氣周瑜》、《李逵下山》、《復掛午時牌》、《武林趕腳》、《陳橋兵變》、《咬臍打圍》、《火燒上元驛》、《闖轅門》、《戲鴛鴦》、《斬關平》、《單刀赴會》、《諸葛祭風》、《猿猴脫甲》、《五鬼戲判》、《曠野奇逢》、《六出祁山》、《玄壇伏虎》、《鴻門設宴》、《偷詩》、《張飛大鬧水南寨》、《許真君點化》、《雪夜訪賢》、《織錦回文》、《存孝顯魂》、《病協高思繼》、《楊宗保救主》、《趙雲救主》、《雪梅吊孝》、《叢臺設宴》、《單蟾戲水》、《雅觀樓奪帶》、《唐兒送行》、《私下三關》、《鞭打翰林院》、《楊妃醉酒》、《玉蓮投江》、《張良賣劍》、《相逢》、《群頌簫管》、《泰安寺設宴》、《三收岑彭》、《獨行千里》、《水滸章邯》、《秋胡過關》、《風花雪月》、《拷打高童》、《鞭打黃癆鬼》、《拷打小桃》、《楊宗保取僧代卷》、《十棒鼓》、

---

❶ 鑒於迎神賽社活動歷史悠久，各種資料來源不一，為避免混亂，本表對各種戲劇形態儘量使用原初的名稱，而減少人為的命名。

《斷機教子》、《追信》、《張飛祭馬》、《秋江送行》、《三聖道化春秋》、《四公子鬥富》、《擋曹》、《書房相會》、《五娘官糧》、《齊下生》、《三元捷報》、《班超投筆》、《趕楊林》、《子權誇富》、《陳林救主》、《鬼子母揭缽》、《打磨坊》、《岑彭馬武奪狀元》、《鞭打楚平王》、《哭倒長城》、《暗巡河北》、《叢臺會》、《潘葛思妻》、《關公出許昌》、《佛殿奇風》、《小兒難夫子》、《東方朔偷桃》、《八仙慶壽》、《逼嫁王門》、《目連救母》、《姑阻佳期》、《斬韓信》。

正隊戲（24 個）：

《大會垓》、《告御狀》、《四馬投唐》、《過五關》、《觀音鬥六籌》、《十八騎誤入長安》、《田令狐賣國弄權》、《火燒葫蘆峪》、《存孝暗巡河北》、《七郎八虎戰幽州》、《孔明詭計斬魏延》、《火燒新野縣》、《堯王舜子登基》、《唐僧西天取經舞》、《霸王設朝封官》、《九龍峪八王被困》、《諸葛亮赤壁鏖兵》、《三曹大對案》、《關大王獨行千里》、《大破天門陣》、《十面埋伏》、《捧股》、《五虎反太原》、《八陣圖智伏》。

帶排場角單的隊戲❷（25 個）：

《齊天樂‧鬼子母揭缽》、《巫山神女陽臺夢》、《五嶽朝后土》、《樊噲腳踏鴻門會》、《二仙行道老子開禦》、《關大王破蚩尤》、《悉達太子遊四門》、《王母娘娘蟠桃會》、《熾盛光佛降九曜》、《二仙行道朝后土》、《周瓊姬子道遇三清》、《二十八宿朝三清》、《涇河龍王難神課》、《唐僧西天取經》、《武王伐紂》、《霸王設朝封官》、《徐福採靈芝草》、《王昭君和北番》、《二十八宿鬧天宮》、《八仙過海》、《文殊菩薩降獅子》、《聖道化論春秋》、《八百諸侯朝武王》、《十二湘江會》、《青提劉氏遊地

---

❷　對此部分的戲劇形態，有不同說法。寒聲等〈《迎神賽社禮節傳簿四十曲宮調》注釋〉稱為「啞隊戲」（《中華戲曲》第三輯，頁 106）；李天生〈《唐樂星圖》散論〉（《戲友》1990 年增刊，頁 55－58）則認為不存在。本書暫以「帶排場角單的隊戲」為名。

			獄》。
			院本共 8 個： 《土地堂》、《錯立身》、《三人齊》、《張端借鞋》、《改婚姻簿》、《神殺忤逆子》、《劈馬莊》、《雙揲紙》。
			雜劇共 26 個： 《長阪坡》、《戰呂布》、《奪狀元》、《擒彥章》、《當箱》、《六郎報仇》、《看兵書》、《天門陣》、《岳飛征南》、《七擒孟獲》、《五關斬將》、《四馬投唐》、《三王定政》、《周亞夫細柳營》、《赤壁鏖兵》、《三下河東》、《姜維九伐中原》、《趙氏孤兒大報仇》、《羅成顯魂》、《四公子鬥富》、《誤入長安》、《樊噲腳蹈鴻門會》、《關大王破蚩尤》、《巫山神女陽臺夢》、《齊天樂鬼子母揭鉢》、《二十八宿朝三清》。
《賽場古贊（丙）》	嘉慶二年（1797）	長子縣	共 1 個： **小雜劇**（1 個）：《陳摶高臥》。
《賽場古贊（甲）》	清嘉慶三年（1798）	長子縣	共 2 個： **小雜劇**（2 個）：雍正間壺關老爺以賽致富事❸、《陳摶高臥》。

---

❸　小雜劇原無劇名，現據內容概述其事。

《賽樂食雜集》（甲）》	清嘉慶九年（1804）	長子縣	隊戲雜（包括隊戲、雜劇、院本）（31個）：《霸王封官》、《水滸章邯》、《三捉》、《捧轂推輪》、《河中府會》、《巡按河北》、《戰邳彤》、《賀亡秦》、《十面埋伏》、《潘楊征北》、《鴻門設宴》、《岳飛征南》、《鎖秦王》、《箭射□虎》、《三收岑彭》、《白袍會跨海征東》、《五侯反太原》、《奪魁》、《擋楊林》、《誤入長安》、《出禁門》、《別虞姬》、《大鬧土地堂》、《熊精盜寶》、《二鬼偷油》、《瘋僧掃秦》、《五鬼戲判》、《雙揲紙》、《應武舉》、《餞行還帶》、《拜帥送印》。
《唐樂星圖》	清嘉慶二十三年（1818）	屯留縣	隊戲共95個。隊子（38個）：《張天師判斷風花雪月》、《樊噲鴻門會》、《十羞李密》、《五官斬將》、《〈賀皇恩〉創立天子班》、《〈順聖樂〉十八國臨潼鬥寶》、《〈大聖樂〉俱俗口充八將復鎖界丘縣》、《〈龍池會〉坤陽大戰漢光武》、《〈千春樂〉關大王千里獨行》、《〈清平樂〉孫臏排九宮八卦》、《〈安樂〉虎牢關破夏王》、《〈順聖樂〉六郎大破天門陣》、《〈遇樂〉百花林作會》、《〈長壽樂〉老人星過關添壽》、《〈中和樂〉馬踐楊妃》、《〈清平樂〉四公子鬥富》、《〈喜清波〉諸葛亮赤壁熬兵》、《〈劍器〉〈胡渭州〉〔中呂宮〕鴻門會》、《〈體依嬴府〉五虎將下四川》、《〈呈王梁州〉〈順聖樂〉李靖捕夜看揚州》、《〈新水〉〈二司六么〉〈道人歡〉八仙朝三真》、《〈大明樂〉七國七龍會》、《〔高平調〕〈順聖樂〉鎖五龍》、《〔平宮〕〈萬歲〉〈梁州〉悉達太子遊四門》、《〈胡渭州〉〈升平樂〉五女混清堂》、《〈帶劍胡渭〉〈宜和樂〉郡鬼遊九》、《〈稜〉〈范清波〉越范蠡歸湖》、《〈雲歸〉「高夢」宋玉悲秋》、《鎖幽關〈胡渭州〉齊公子出秦》、《〈傾杯樂〉〈細腰〉單舞盤中曲》、《〈撥花梁州〉哪吒太子降牛魔王》、《〈喜清波〉水兵破肖鐵》、《〈新水〉〈降黃龍〉潮江聖母》、《〈保金支〉十八學士明立文學館》、《〈桔梧桐〉楊妃單舞盤中曲》、《夢新婦定針》、《〈慶雲樂〉〈英客〉三靈侯五瘟使者》、《〈傳聖樂〉唐玄宗夢進月宮》。頭場正隊（3個）：《風花雪月》、《漢·樊噲鴻門會》、《唐·十羞李密》；頭

			場襯隊（6）：《唐・五虎鎖秦王》、《叢臺赴會》、《二郎捉李雲》、《三國・關聖斬華雄》、《鞭打李雲都》、《唐・尉遲戰八將》。**正場正隊**（4 個）：《漢・紀信裝高祖》、《宋・瘋和尚掃秦》、《漢・九里山大會垓》、《十八騎誤入長安》；**正場襯隊**（6 個）：《五鬼齊下生》、《殘唐・雅觀樓奪帶》、《三國・獨行千里》、《漢・霸王封官》、《大破蚩尤》、《殘唐・復掛午時牌》。**末場大隊**（1 個）：《漢・十面埋伏》；**襯隊**（9 個）：《五虎下西川》、《宋・一下河東》、《殘唐・五龍擒彥章》、《宋・六郎私下三關或告御狀》、《三下河東》、《陳江流》、《三國・獨赴單刀會》、《五侯反太原》、《殘唐・存孝打虎》。**襯隊戲排場單**（28 個）：《齊天樂・鬼子母揭缽》、《巫山神女陽臺夢》、《五嶽朝后土》、《樊噲脚黨鴻門會》、《二仙行道老子開禦》、《關大王破蚩尤神》、《悉達太子遊四門》、《王母娘娘蟠桃會》、《熾盛光佛降九曜》、《周瓊姬道遇三清》、《二仙行道后土》、《二十八宿朝三清》、《涇河龍王難神課》、《曹公賜袍》、《李衛公佼看揚州》、《武王伐紂》、《香山子父劈華山》、《霸王設朝封官》、《徐福采靈芝》、《王昭君和北番》、《青提劉氏遊地獄》、《四公子鬥富》、《二十八宿鬧天宮》、《楊六郎大破天門陣》、《五龍朝聖母》、《關大王獨行千里》、《大會垓》、《二十八宿朝玉皇》。 **雜劇**共 106 個。**雜劇**（99 個）：大唐：《楊宗保周臺救駕》、《黑熊精盜寶》、《鞭打翰林判》、《鞭打黃勞鬼》、《病協高鬼計》、《薛金蓮罵城》、《黃毛打兔》、《勾引王氏》、《大戰廣武山》、《太祖立秦》、《陳橋兵變》、《楊宗保取僧兵代卷》、《李存孝顯魂》；三國：《諸葛亮火燒上元驛》、《關大王水渰章邯》、《孔明火燒新野縣》、《大安寺設宴》、《張飛大鬧水南寨》、《秋胡過關》、《孔明火燒葫蘆峪》、《大戰長阪坡》、《孔明六出祁山》、《楊宗保招親》、《諸葛亮祭風》；大唐：《黑李密四馬投唐》、《龍虎殿三王定正》、《唐太宗御宴餐飛蝗》、《羅時信鬼捉義定方》、《五虎鎖秦王》；三國：《虎牢關三戰呂布》、《三請諸葛亮》、《關大王月下斬貂蟬》、《關大王獨行千里》、《關大王義勇

思金》、《關大王獨赴單刀會》、《三氣張飛》、《關大王正直斬關平》、《古城聚義》、《關大王斬華雄》、《諸葛亮七擒孟獲》、《諸葛亮火燒戰船》；大宋：《趙二舍三下河東》、《楊六郎私下三關》、《楊六郎擊鼓告御狀》、《瓦橋關孟良錯配》、《保鑾輿八虎出幽州》、《楊清赫退李王朝》、《楊六郎銅臺破天門陣》、《孟良盜骨什》、《楊六郎三捉孟良》；唐：《羅成顯魂》；東漢：《二十八宿應武舉》、《二十八宿鬧坤陽》、《邋陽城姚其降站》、《報冤殿五鬼七下生》、《倒馬戰裴通》、《王昭君賽和北番》、《二十八宿擒王莽》；西漢：《腳踏鴻門會》、《九里山大會垓》、《十面埋伏對子是大會垓》、《捧股推輪》、《席捲三秦》、《周亞夫屯軍細柳營》；春秋：《六國臨潼鬥寶》、《子胥走樊城》、《吳豔女采桑遇齊王》、《崔懷寶夜遇文爭》、《龐涓夜走馬靈道》；佛家：《觀音鬥六籌》、《二郎變化捉李雲》、《降九曜》、《真武降十帥》；拐棒：《釘釘鐺鐺盆裏鬼》、《福臣子講仁義禮智信》、《李三娘打水澆磨》、《羊角哀鬼戰荊柯》、《哭韓亭賽娘僧住》、《秦太士東床爭妃》、《李太白醉寫嚇蠻書》、《晉謝安東山高臥》、《魯御士夜斷六臣夢》；殘唐：《李存孝打虎破黃巢》、《十八騎誤入長安》、《朱樂爭親》、《李存孝復掛午時牌》、《五虎困彥章》；雜寫：《趙氏孤兒大報仇》、《五虎鎖秦王》、《叢臺赴會》、《對子大鬧昆陽》、《五鬼七下生》、《岳飛征南》、《按巡河北》、《滎陽紀信》、《五臺焚香》、《大破蚩尤》、《鞭打李雲都》、《尉遲戰八將》。**頭場晚雜劇**（2 個）：《列國·十八國臨潼鬥寶》、《漢·築壇拜將》；**正場晚雜劇**（2 個）：《後漢·二十八宿擒王莽》、《龍虎殿三王定政》；**末場正雜劇**（1 個）：《宋·大破天門陣》；**末場晚雜劇**（2 個）：《趙氏孤兒大報仇》、《後漢·二十八宿破昆陽》。

院本（1 個，被混入雜劇中）：《雙揲紙》。

「出戲」（不分正隊、雜劇、院本）（17 個）：《八仙慶壽》、《潘葛思妻》、《斬韓信》、《關公出許昌》、《四馬投唐》、《東方朔偷桃》、《逼嫁王門》、《三元捷報》、《鞭打楚平王》、《擋

			楊林》、《二氣周瑜》、《佛殿奇逢》、《姑阻佳期》、《班超投筆》、《秋胡過關》、《目連救母》、《小兒難夫子》。
《告白文書本〔甲〕》	清道光二十五年（1845）	長子小關館	共 53 個。**隊戲（47 個）**：《鴻門設宴》、《五虎下西川》、《三王〔定政〕》、《觀音鬥六籌》、《趙氏八義》、《楊六郎告御狀》、《十面埋伏》、《四馬投唐》、《岳飛征南》、《尉遲戰八將》、《黑熊精盜寶》、《大破蚩牛》、《霸王封官》、《暗巡河北》、《下河東》、《鞭打翰林判》、《私下三關》、《泰安寺設宴》、《水滸章邯》、《三請諸葛》、《秋胡過關》、《風花雪月》、《古城聚義》、《七擒孟獲》、《太祖立契》、《陳橋兵變》、《斬華雄》、《三戰呂布》、《三氣周瑜》、《復掛午時牌》、《五關斬將》、《火燒上元驛》、《五虎鎮秦王》、《火燒新野縣》、《鞭打黃癆鬼》、《雙揲紙》、《七郎八虎鬧幽州》、《病協高思繼》、《存孝顯魂》、《楊宗保取僧代卷》、《孔明火燒葫蘆峪》、《張飛大鬧水南寨》、《存孝暗巡》、《五龍二虎擒彥章》、《周亞夫細柳營》、《楊六郎銅臺救駕》、《趙雲救主》。**帶排場角單的隊戲（6個）**：《〔齊天樂〕鬼子母揭缽》、《巫山神女陽臺夢》、《關大王頗蚩牛神》、《悉達太子遊四門》、《五嶽朝后土》、《周瓊姬王子高遇三清》。
《禮節傳簿曲目文範》	清道光年間	疑為潞城賈村	（不分隊戲、雜劇、院本）（79 個）：《七下生》、《封官》、《莊子歎骷髏》、《猿猴脫殼》、《關大王破蚩尤》、《接花》、《古城聚義》、《斬蔡陽》、《歇帳》、《五拷房送鬼》、《秦詢簫管》、《單舞盤中曲》、《繡定針》、《觀音鎖水母》、《苗莊王將》、《蠻牌隊子》、《三清朝玉帝》、《翰林判》、《單舞醉胡林》、《三陷江東》、《聚八仙》、《二郎降健龍》、《單蟾戲水》、《三教》、《天門陣》、《唐明皇馬踏楊妃》、《李靖夜看揚州》、《二十八宿鬧天宮》、《捉李雲》、《王子高周瓊姬》、《十八頂錦衣花帽》、《抱琵琶》、《鴻門會》、《三靈侯朝玉帝》、《五嶽朝后土》、《五龍朝聖母》、《掉木兒》、《泗州大聖鎖水母》、《五關斬將》、《張良賣劍》、《打二十八宿》、《大紅袍》、《鬼伯戲》、《張飛大鬧水南寨》、《白門斬呂布》、《三靈

			侯》、《黃良借錢》、《紀信》、《戲像》、《三跳澗》、《悉達太子遊四門》、《細柳營》、《反太原》、《五龍行雨朝雲母》、《武王滅紂》、《玉帝朝三清》、《鎖秦王》、《大會垓》、《禪師解鬬虎》、《鬧洞房》、《假裝瘋魔》、《出像》、《何良接駕》、《周文王領兵撥賊兵》、《單斗子》、《一下河東》、《月下追韓信》、《撿柴》、《錯立身》、《三請諸葛》、《斬關平》、《病郊夾》、《丁香女》、《出幽州》、《打瓦罐》、《逢湛》、《三人齊》、《誤入長安》、《趙太祖舞》。
《轉賽書》	清咸豐十一年（1861）	潞城羌城村	燈戲。 隊戲：《推八仙》。
《排神部》	光緒八年	潞城市羌城等村	《八仙》。
《堯王山大賽底》❹	清代	長子堯王山	《纏令》、《美令》、《雙舞皂雕旗》、《翰林判》、「隊子」、「把戲」、「雜耍」。

❹　2006 年 11 月 27 日，筆者在賈村作田野調查時，賈村杜同海先生提供。杜先生

其他抄本與口述資料❺	清嘉慶至民國	潞城南舍村

隊戲（4個）：
《斬華雄》、《過五關》、《廣武山》、《長阪坡》、《大會垓》、《銀牙王征西》。

另行提供了一份清代長子縣辦賽的樂次單，名為〈三場樂次文〉，謹致謝意。此文中涉及到一些戲劇演出的內容，現全部迻錄如下：「維　年　月　日，今據山西潞安府長子縣各坊廂里不同人氏現在　　村奉神，社首等蓋因慶賀聖壽，春祈秋報，答報闔境神祇，點到樂部古倫等，今將奉神宮調樂次頭場七盞開具於後：第一盞：南山利市歌曲子，補空：金枝三臺。第二盞：靠樂歌唱，補空：滿詞。第三盞：唐明皇擊梧桐，補空：再撞。第四盞：全場細樂，補空：纏令。第五盞：太平鼓板，補空：再殺。第六盞：單呈獨獻，補空：美令。第七盞：接舞變太，補空：隊子。正場十二盞開具於後：第一盞：老人星歌曲子，補空：萬化三臺。第二盞：靠樂歌唱，補空：滿詞。第三盞：五花梁州，補空：再撞再殺。第四盞：笙管呈獻，補空：纏令。第五盞：雙猿獻果，補空：把戲。第六盞：單舞盤中曲，補空：太平歌。第七盞：群箏合唱，補空：美令。第八盞：翰林判，補空：雜耍。第九盞：雙舞皂雕旗，補空：時興令。第十盞：琵琶合唱，補空：把戲。第十一盞：單呈獨戲，補空：美令。第十二盞：全場隊子，補空：收隊。末場八盞開具於後：第一盞：壽南山歌曲子，補空：三臺。第二盞：靠樂歌唱，補空：滿詞。第三盞：道宮薄媚，補空：再殺。第四盞：五眼西下笛，補空：把戲。第五盞：全場大樂，補空：纏令。第六盞：十樣錦小樂，補空：雜耍。第七盞：群簫合曲，補空：美令。第八盞：打散曲破，補空：接帳。右件前項次序莫違，如有錯亂怠慢，自招罪愆。　年　月　日奉神前行、後行、古倫、古弄姓　名　。」

❺ 關於清末和民國時期賽社戲劇資料，除了老藝人保留的某些抄本外，尚據當時參與活動的老藝人的記憶和口述，茲暫列表中，便於比較。此處資料主要

長子和峪村	**隊戲**（1個）： 《太極圖》（民國四年抄本，1925）。	
陽城梁橋村	**隊戲**（1個）：《大會垓》（樂戶劉廷俊口述）	
平順西社村**❻**樂戶王福雲	**隊戲**（去除重複，共計 20 個）：《鴻門會》、《叢臺設宴》、《追韓信》（王雙雲藏本，清嘉慶十七年，1812）；《氾水關》、《潘楊征北》（王福雲藏本，清道光五年，1825）；《秦王》、《長阪坡》、《大會垓》、《征南》、《戰呂布》（王雙雲藏本，道光二十七，1847）；《佳山寨》、《趙氏孤兒大報仇》、《拿仁都》、《水滸章邯》、《鴻門會》（王雙雲藏本，清咸豐八年，1858）；《大會垓》、《玉泉山》、《美良川》（王福雲藏本，清咸豐八年，1858）；《長阪坡》（王福雲藏本，清咸豐八年，1858）；《潘楊征	

參考寒聲主編《上黨儺文化與祭祀戲劇》（北京：中國戲劇出版社，1999年，頁 132－302、304－325、363－413），其資料來源並未完全交待清楚，筆者將其資料分出 6 類來源：1.潞城南舍村「調家龜」口述本；2.長子和峪村抄本；3.陽城梁橋村；4.平順西社村王福雲、王雙雲樂戶藏本；5.微子鎮朱氏樂戶口述本；6.資料來源不明。此處關於潞城賈村的資料參考了李天生〈賈村賽社採訪記〉（《中華戲曲》第 13 輯，太原：山西古籍出版社，1993年，頁 126－129）。另將李天生、楊力軍〈西社村王姓樂戶考〉（《晉東南師範專科學校學報》，2002 年第 6 期，頁 42－43）中關於平順王姓樂戶的演戲資料補入「平順西社村王福雲、王雙雲樂戶藏本」中。

❻ 平順西社村王姓樂戶原自王曲村遷來，王曲村原屬潞城，從明嘉靖八年（1529）開始，王曲劃歸平順；西社王姓因此一直為潞城城隍廟官賽和潞城賈村大賽支賽，並被認為是潞城樂戶八家科頭之一。參見李天生、楊力軍〈西社村王姓樂戶考〉（《晉東南師範專科學校學報》，2002 年第 6 期，頁39）一文。

	王雙雲藏	北》（王福雲藏本，民國三年，1924）；《監齋》（王福雲藏本，民國三年，1924）；《告御狀》（王福雲藏本，年代不詳）；《追韓信》（王福雲藏本，年代不詳）；《監齋》（王福雲藏本，年代不詳）；《潘楊征北》、《大會垓》、《戰呂布》、《玉泉山》、《雅觀樓奪帶》（王雙雲藏本，年代不詳）；《八仙》（王雙雲藏本，年代不詳）；《監齋》（王雙雲藏本，年代不詳）。 院本（1個）：《土地堂》（王福雲口述）。 另西社王來雲（為王福雲❼兄弟）親見：平順西社東峪溝、潞城賈村、潞城城隍廟演出：隊戲《斬華雄》、《八仙慶壽》；院本《鬧五更》、《猜謎》、《土地堂》、《老王借丈旦》；雜劇《氾水關》、《楊六郎》、《瘋僧掃秦》。其父王根旺演過雜劇《餞行》。
	微子鎮朱氏樂戶	隊戲（1個）：《斬華雄》（朱招群、朱群才口述） 院本（1個）：《鬧五更》（朱招群、朱群才口述）
	待考	隊戲（16個）：《拜帥》、《岑彭馬武奪狀元》、《跳澗》、《封官》、《勾捉》、《問卜》、《洗馬》、《戲判》、《鴻袍會》、《黃飛虎出五關》、《淤泥河》、《皂雕旗》、《斬韓信》、《氣周瑜》、《水戰龐德》、《掃秦》。 院本（3個）：《三人齊》、《土地堂》、《禿子觀燈》。
	潞城賈村	隊戲（10個）：《斬華雄》、《薛仁貴征東》、《尉遲公訪河東》、《鞭打米糧川》、《五郎出家》、《關公出曹營》、《取滎陽》、《金猴脫甲》、《老王借擔丈》、《堆八仙》。 「葷戲」： 「破謎」❽、《放牛》、《謊張三大鬧土地堂》、《鬧五更》。

❼　李天生、楊力軍〈西社村王姓樂戶考〉（《晉東南師範專科學校學報》，2002年第6期，頁39─45）一文記作「運」。

❽　李天生、楊力軍〈西社村王姓樂戶考〉（《晉東南師範專科學校學報》，2002年第6期，頁42）寫作「《猜謎》」。

三、賽社抄本選錄

凡例：

一、整理時統一為繁體，並作標點。異體字、俗體字一般改為正
體，訛字、錯別字，改正。

二、原文字分大小，整理時盡力遵從。

三、原文某字辨認不清的，以「□」代替。

四、不顯示敬空及相應格式。

五、參考了李天生《《唐樂星圖》校注》、寒聲《上黨儺文化與祭
祀戲劇》、楊孟衡《上黨古賽寫卷十四種箋注》諸家研究成
果。

(一)《賽書》

說明：

　　此抄本封面分題「賽書」、「大清咸豐十一年歲次辛酉立」、
「德記」。共 61 面，最後一面有闕文。抄本中《正殿下請狀》一
文寫至「李白一盞」處停止，另行從頭寫起。抄本全文字體一致，
當為一次寫就。此抄本為山西省潞城市羌城村第九代陰陽張開太先
生家珍藏，據抄本封面題詞和文中多次出現的「咸豐十一年」、
「羌城村」之語，可知此本為清咸豐十一年潞城羌城村辦賽用本，
應是張開太先生祖上所記，封面題「德記」可能是張家祖上某位陰
陽先生的名號。抄本內容以祭祀祝禱文為主，另有少量祭祀儀節的
記錄。（附圖 1：《賽書》封面（複印件））（附圖 2：《賽書》內文（複印
件））

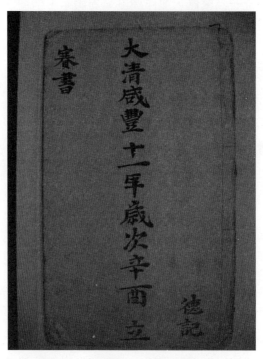

附圖 1：《賽書》封面（複印件）

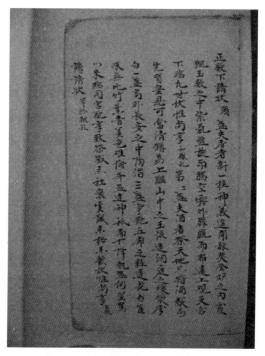

附圖2：《賽書》內文（複印件）

正殿下請狀

　　頭盞。夫香者，新香一炷，神義遙開。采焚金爐之內，霞飄玉殿之中。紫氣盤旋而騰空，霧外朦朧而布遠。上觀天宮，下臨凡世。伏惟尚享！初獻禮。　　第二盞。夫酒者，祭天地，只將酒獻為先賀。皇恩可當，清罇為上。醞山中之玉液，造洞庭之瓊漿。李白一盞，高臥長安之中；陶潛三盞，爭豔五柳之妝。蓮花白佳味無比，竹葉青美色難倫。降杯達神祇而下降，執盞伺聖駕以來臨。同宮配

享，致祭威靈。社眾虔誠，來格來歆。伏惟尚享！_{亞獻。}　讀請
狀。_畢。終獻禮。

土地廟下請文

一盞。夫香者，惟通三界，道達九天。上獻三天之大聖，下通
四海之神王。願彼高真，俯乘朗鑒。伏惟尚享！_{初獻禮。}　二盞。夫
酒者，夷狄傳授仙方，杜康造下美味。古往今來，祭祀筵賓。聞之
者，香馨十里，飲之者，醉臥三春。金鐘再酌，玉斝重斟。降杯謹
祭，上奉尊神，社眾虔誠。_{亞獻禮。}　第三盞。讀文。_畢。終獻禮。

迎神文

頭盞。夫香者，陰陽不能造化，天地難以生成。視之而不見其
形，聽之而不聞其聲。上達三天之聖眾，下通四海之神明。其功莫
測，其聖難量。今奉一炷之真香，假作他方之遠信。謹獻金爐，馨
聞於蓬萊三界；上焚銀鼎，氣達於碧落天宮。伏惟尚享！_{初獻禮。}
二盞。伏以香焚寶篆，便通於三界十方；酒酌金樽，各呼於千真萬
聖。仰迎仙伏，早降凡塵。敬陳菲薄之儀，少答生成之造。謹以虔
誠。_{亞獻禮。}　三盞。有文讀文，無文念酒。伏以真風才動，聖駕來
臨。布三天之瑞氣氤氳，仰六合之祥雲縹緲。界臨法席，願飲螻蟻
之誠；聊備犧牲，仰答神恩之祐。謹以虔誠。_{終獻禮。}　做雜劇。
畢。

起身文　_{一盞完。二盞完。三盞文。}

伏以尊神，爐焚香消，威靈已動，雲路迢遙。早乘駝輿海馬，
元情瞻仰。乞賜神力加鞭，敬請諸神俯從迎道。_{終獻禮。}

圓神處文

頭盞。夫香者，出自凡情，產於異地。焚之者切要精嚴，侍之

者無生怠慢。凡俗慇懃祀聖賢，只將香信最為先。原非蘭棠並茅薹，本是沉檀與降芨。寶鼎焚時呈瑞彩，金爐爇處起祥煙。合社下民心當謹，沐手壇中著意然。神其不昧，昭格無涯。伏惟尚享！初獻禮。　二盞。自古神仙，造下將來。祭祀筵賓，釀成美醇。傳夷狄之奇方，醞就香醪；得杜康之妙法，能扶衰老，善助英雄。酒裏有悟道之門，杯中有登仙之路。滿斟玉液瓊漿，接引千真而下降。杯酌清香卮酒，奉邀萬聖以來臨。普伸上供，致獻神祇。社眾虔誠。亞獻禮。　三盞。讀圓神文。畢。終獻禮。　做雜劇。畢。

山門外下馬文

頭盞。伏以尊神，動勞聖駕，屈降凡塵。誠心遙空乞請，不勝屏營之至。伏望尊神，暫脫玉鐙，款離金鞍，請諸神下馬。初獻禮。　二盞。伏以迎接諸神，請詣行宮。聊備薄酌，祭獻神明。駕龍車寶馬而降會，乘鳳輦鶴輅以來臨。伏望尊神，暫離寶鞍，請諸神下馬。亞獻禮。　三盞。伏以尊神，同宮配享，不棄凡情。請諸神早降瑤階，乞眾聖須登寶殿。伏望尊神，離鞍下馬，俯從迎道。終獻禮。畢。

入廟升殿文

伏以尊神，臨於玉階，宜升寶殿。今者華筵已展，繡幕皆齊。敬請諸神，登殿上坐。西下。請正主坐下，諸神乃站班。生跪奏稟。奏稟尊神，今有諸神在於階下，未曾參禮，不敢自專，伏候聖意。進旨。玉皇上帝尊神旨賜，諸神參禮。生西下唱。諸神謹參再參三參已畢。生從東上。奏稟尊神，諸神參禮已畢，未敢升殿，伏候聖意。進旨。玉皇上帝尊神旨賜，諸神升殿上坐。西下。引東西各二位共四位上殿。生唱。謹參再參三參已畢，次序上坐，節節依此，各

神坐下。奏稟尊神,今有五道、土地,在於門外,伺候多時,不敢擅進,伏候聖意。_{進旨。}玉皇上帝尊神旨賜,五道、土地進門。_{西下,引五道、土地到院跪下,生東上。}奏稟尊神,今有五道、土地叩於階下,未曾參禮,不敢自專,伏候聖意。_{進旨。}玉皇上帝尊神旨賜,五道、土地參禮。_{生西下唱。}五道、土地參禮,謹參再參三參已畢。_{生東上。}奏稟尊神,今有五道、土地微臣,職卑位小,不敢升殿,禮當侍立。伏乞上位尊神,旨賜五道、土地升殿,下位侍坐。_{生西下。}引二位東上,從中間參禮,謹參再參三參已畢。生引進廟內,_{先玉皇位,生作揖,二人執牌位打一千參。一左一右參神至天地位下。畢。}

安神文

頭盞。伏以明香一炷,千里遙聞。東方甲乙,展開山水之圖;南方丙丁,擺列鶯歌鳳舞;西方庚辛,卷起貪沈之帳;北方壬癸,高懸清翠珠簾;中央戊己,朵朵天花亂墜。鋪陳綾錦繡褥花氈,凡俗未知聖位尊卑,伏乞諸神論職而坐。社眾虔誠。_{初獻禮。} 二盞。伏以龍車暫降,鳳輦初開。感勞諸神而降會,伏願聖意而開懷。東海日出金烏,西臺蟾光玉兔,南觀萬象森羅,北望鴻門鬥宿。上有天河雨露,下有黃河九曲。琉璃砌地,耀日光輝。筵前潔淨,器物新鮮。社眾虔誠。_{亞獻禮。} 三盞。伏以爐燃十味,鼎焚百和。三達上天之聖眾,下通四海之神靈。謹請諸神降於祭所,尊者上位正坐,卑者下位升臨。敬陳華筵,同宮配享。社眾虔誠。_{終獻禮。畢。}

省令文 _{社眾香老亭幛各執事人等聽令}

伏以尊神,合行奏稟。今有社首、香老、諸般執事人等參禮已畢,叩於階下,聽命打躬,須當省令。今者下民修龍亭而祭獻,設

香壇而奉神。華筵已展，繡幕皆齊，執事擺列，傘扇張輪。正香老當前謹敬，眾士民各要誠心。廳上廳下，神前神後，社首左右，各局諸般執事人等，各要齋戒，沐浴淨身。凡且大小祭祀，早晚須要盡誠。有其誠必有其神，無其誠則無其神。同心協力，侍奉尊神。凡在幾席之間，謹守禮法，勿得非言苟且，衣冠整齊，勿得蓬頭垢面。往來有忠信之言，出入無暴慢之氣。只當謹心，不可褻瀆。若不預先省令，唯恐觸犯天顏。雖目前不降於陽愆，過後必加於陰譴。為此省令，慇懃慎行。俯伏，興，分班，不圓揖，站定。

省樂令

伏以尊神，合行奏稟。今有樂人參禮已畢，叩於階下，聽命打躬，須當省令。掌樂之人，前行後行，須要管理。男女整齊，各要精神。衣帽新鮮，鼓樂齊備。男記四十大曲，女記小令三千。謹按五音，宮商角徵羽，又按八音八樂，金石絲竹匏土革木。按詞章而動起鼓樂，依宮調而歌舞和音。院本、雜劇、隊子、詞曲，早不動商調，晚不動黃鐘。早動商調，神靈不悅，晚動黃鐘，不敢奉神。早晚奉神，不可差亂。各要誠心，切莫怠慢。壇上掌握之神，明明監察是非。神前書表之司，暗暗啟奏善惡。為此省令，慇懃慎行。

念香文

伏以爐燃十味，願神祇而下降。鼎焚百和，乞眾聖以來臨。香焚一炷徹天宮，通靈達聖秉丹誠。乾坤照處根株茂，雨露垂時枝葉榮。馥鬱爛煙通聖意，氤氳瑞氣達神心。今奉祭祀慇懃獻，降福留恩自不窮。惟神不昧，既右享之。尚享！

各局長念香文

夫香者，金爐香嫋，紫霧騰空。祥雲上結於太虛，瑞氣已升於

三界。乃山川之秀氣，伏日月之精華。蒸向金爐，焚於銀鼎。上通霄漢，下徹雲鄉。長在蓬萊仙界，住在海島山中。謹焚寶香，虔誠拜請。神明既已到壇，受陳香案。伏惟尚享！

省局長令

伏以尊神，合行奏稟。今有膳夫參禮已畢，叩於階下，聽命打躬，須當省令。自從盤古初分，伏羲以來，原有肴饌，始立庖廚。每逢祭祀之辰，戒酒斷淫，沐浴淨身。切莫怠慢，著意謹心。變生造熱，務要精鮮。凡入廚司，必先淨手。臨於錡釜，提防咳嗽。合用器皿，洗刷潔淨。造食者，閉唇膠口，作饌者，仰面低聲。盞用羹趁，謹依食次。烹蒸各物，五味調和。造成品饌，堪為供養。若不省令，唯恐系毫之招愆惹罪。他未知人已先知，人不見而神先究。為此省令，慇懃慎行。

開封文❾ 　執壺將酒酌滿，紅帖封嘴，上寫「謹封」二字。

伏以造就清香異味，宴筵用酒開封。執壺者，雙手高舉，敬臺者，低頭打躬。並不敢未祭殆破，並不敢拋灑伶仃。明有青天照見，暗有監察神明。要誠心而供獻，至上下而奉承。有其誠必有其神，無其誠則無其神。敬神如在，希聖降臨。奉神上獻，無任虔恭。

送陰神文

伏以陰尊其仁，日暮沉昏，茶寒酒冷，食至香消，不敢久留聖駕。合行奏稟，願離香案，赴寢仙宮，下民無任虔誠之至。敬神四拜。

---

❾　《開封文》頁眉處另題「界十祭十類孤魂」。

眾神歸寢文　筵主可另搭一棚，用桌供獻，或入廚局亦可。

伏以鬥柄玉移，日轉金波。筵前食殘酒冷，案上燭滅香消。久屈眾聖，啟神出席。伏望尊神，各歸寢室，下民無任虔恭之至。啟神四拜。

報曉文

伏以東方才白，陰氣歸分，出隊子才來，報曉金雞罷。各鳥啼鍾玉，美人方才蘇醒。感皇恩，伏乞照鑒，下民無任虔恭之至。

放生文

物外靈禽照碧天，籠中拘鳥幾多年。今逢聖降蒙恩宥，赦放天堂化飛仙。

開寢出戶文

伏以尊神，聖駕遙遠，俗意難通。凡塵禱告，伏乞金爐已開，伏望尊神而離寢，下民無任虔恭之至。

請諸神出寢文

伏以尊神，昨夜日暮，送於寢室，今者華筵再展，繡幕重陳，復請尊神，願離仙境，早降龍庭，同宮祀禮，請神尚享！

有陰神在寢位

盥漱文　先梳洗文

伏以金梳欽獻，照耀珊瑚之影。玉籠上陳，動獻碧霞之光。神鬢彩結於瑤臺，聖容重整於天府。紫氣輝煌，儀招炳煥。下民無任虔恭之至。

執水盆文　每一位作一揖，生念酌水淨巾。

伏以江漢清波，堪濯聖天之表。詞源倒浹，掬浴聖贍之容。清泉無異於岷嶓，聖意垂鑒於江海。萬籟萬鳴，金標自著。下民無任

虔恭之至。

念香文

夫香者，根源生於清靜園中，枝葉長於無為境內。焚之者驚動天地之心，獻之者必合神明之意。上通三天境界，下達地府幽冥。香煙起處，眾聖知聞。入壇上香，無任虔恭。此處以右不可寫，通到拋太陽方可用。

請壽文

頭一盞。伏以天垂象而示眾，人觀象而知天。昨夜星臨，知神明之應瑞。今者聖降，曉南極以呈祥高真，俯垂天星降臨。社眾虔誠。初獻禮。　二盞。伏以凡音俗禮，那堪又視高真，聖境仙宮必有長生異品。煩勞聖駕，敢望洪恩，伏乞星君，早登仙路。社眾虔誠。亞獻。　三盞。

請壽星表文　紅寫

維大清咸豐十一年歲次辛酉三月己丑朔越厶日大吉之辰，今據山西潞安府潞城縣平原鄉厶里厶甲人氏現在羌城村居住，奉神致祭，合社維首人等於今月厶日幸遇大唐太宗聖誕之辰，謹以清酌庶饈之奠，敢昭告於南極注生大帝老人星君位前曰：恭惟君等大德格天，壽星光曜於南極，千祥宇宙，遐齡紫氣於北堂，碧日紅桃。仙子從天捧至金鐘玉酒，麻姑自地獻來山阜，擬厥崇高。下民同其祝頌，青松綠香以難凋，鳳髓龍肝而常享。伏望注生大帝老人星君一行群仙，綠龜前引，白鶴後隨，龍車鳳輦，飄飄而離天宮，鶴馭雲旗，幡幡以臨地界。祈仙慈雲垂聖恩降日，激切屏營之至，願表丹誠萬歲萬幸。伏惟尚享！右謹具表以文。咸豐十一年三月十七日合社維首厶人等。終獻禮。畢。

又請壽星表文　鄉貫由頭同前

敢昭告於南極注生大帝老人星君位前曰：恭惟星君，靈悟妙道，丹養真元，清淨法身，亦有時而化現，渾全性體，乃無日而不存。恭惟某神^{聖誕}之辰，拜請星君身披鶴氅，頭頂金冠，乘鸞鶴以下降，駕紫而臨壇，不辭黍稷之菲馨，來享蘋蘩而酩薦。伏望仙慈來臨，聖駕早降，不勝屏營之至，伏惟尚享！右謹具表以聞。　年號日。下民社首厶人。分班。前行起壽說路詩。

講山　頭一盞

夫山者，高不高，頂摩雲漢，深不深，根徹黃泉。山前日暖，嶺後風寒。山前日暖千千歲，草木常不凍嶺後。風寒萬萬年，冰雪永無消。一峰嶺上，仙鶴遼遠。二峰嶺上，藤來扪葛，葛去扪藤，藤葛相扪。千千條青雲瑞氣，萬萬朵紫霧毫光。松柏靄靄，樹木森森。東西成行，南北成林。東西成行遮天地，南北成林徹雲霄。且不說林中景致，只見地下走獸，獐麂野鹿，猛虎豺狼。獐麂野鹿尋山過，猛虎豺狼串山行。又只見樹上飛禽，鴉鵲噪，孔雀鳴，杜鵑啼，黃鶯叫。黃鶯落在樹梢頭，諸般飛鳥空中鬧。一山未罷一山行，百里全無半里平。五湖雲裏安舟處，只見圖畫不看形。這山朝是雲，暮是雨，香的是花，流的是水。弄風虎赤哩哩搖頭擺尾，戲水龍忽喇喇展爪翻身。詩曰：山高無可比，長在空雲裏。樵夫失了腳，三年才到底。

講山　二盞

夫山者，千峰列急，萬映開屏。日影彎光輕所翠，雨收黛色冷寒清。枯藤纏老樹，古杜界幽城。奇花異草，修竹蕎松。修竹蕎松，萬載長清起伏地。奇花異草，四時不捨賽萌英。幽鳥啼聲近，

源泉響流清。重重峪壑芝蘭搖,處處巉崖臺萱生。起伏巒頭龍脈
好,必有高人隱姓名。高的是山,峻的是嶺,陡的是崖,深的是
澗,鮮的是花,響的是泉。那山高不高,頂上接青霄,看澗深不
深,底中見地府。山前面有圪嘟嘟白雲,咯噔噔怪石。說不盡千丈
萬丈卻魂崖,崖後有宛宛轉轉蒼龍洞,洞中有叮叮噹噹滴水岩,岩
下有呀呀咿咿代角鹿。又有些靡靡淒淒看人獐,盤盤曲曲紅鱗蟒,
耍耍玩玩白面猴。自晚扒山尋穴虎,帶曉翻播出水龍。噔的洞門忽
喇喇響,洞中紫霧圪朵朵生,草裏飛禽撲呼呼起,林中走獸拘律律
行,一群狼蟲圪瀼瀼過,嚇的人心咯噔噔驚。正是麼:當倒動當當
倒動,動當當倒動當聲。青石養就千般玉,碧桃紅杏罩山峰。

講山　三盞

夫山者,山根連地腳,山頂接天心,山水滾浪響,山風喧盡
聲。東山雲罩西山霧,南山霧鎖北山雲。山前白蓮山後白,左塌松
茂右塌松。山頂上蓋著山寺,山和尚念著山經。山澗下水長流,盤
盤曲曲,山頂上打柴人,轉轉尋尋。山仙呼山□,山客叫山人。山
麐山頭走,山鹿山下行。山虎山前臥,山狼山後存。山狗嗷嗷咬,
山雞哏哏鳴。山農陌山地,趕著山牛耕。山妻送山飯,引的山孩
童。山風陣陣起,山雲朵朵生。山上下山雨,山下水浪聲。山林滿
山會,山花遍山紅。青山如靛染,紅山火焰生,白山粉妝就,黑山
是墨精,黃山黃金樣,五山五樣形。五嶽名山,不敢比四大部洲也
有名。不說此山生的險,山上琳琅長的凶。終獻禮。畢。

古論祝皇　頭一盞

伏以皇帝萬歲萬歲萬萬歲,智同日月,壽並乾坤。萬邦歌有道
之長,四海樂無窮之化。恭惟太上皇帝,聖體永安,太后皇后,重

增瑞算，文武官僚，咸臻祿位。河清海晏，五穀豐登，干戈偃息，邊鄙和平。伏乞聖壽無疆福無疆，萬歲萬歲萬萬歲。女樂【普太平】。

古論祝皇　第二盞

祝太子。伏以皇帝萬歲萬歲萬萬歲，乾坤並壽，日月齊明。常居九重之宮，永鎮千秋之殿。天慈廣博，聖智淵深。天元太后福祉如海闊山高，中國宮妃壽齡同天長地久。宏垂聖訓，四維覃著於門庭，大布嚴風，八表皆成於軌範。慈當保佑太子諸王，壽令並於山河，福祉通於江海。人民安堵，帝裔流長。朝中儀式，四海不動煙塵，閣下論文，一國鹹遵法度。伏願壽筭延如泰山，福祿堅如磐石。出言典則，行事有規。風調雨順，國泰民安。家家享豐稔之年，戶戶賀太平之世。伏乞聖壽無疆福無疆，萬歲萬歲萬萬歲。女樂【拜君王】。

古論祝皇　第三盞

伏以皇帝萬歲萬歲萬萬歲，明並日月，德合乾坤。萬邦仰一人之慶，兆民霑無窮之恩。九重端拱，萬國咸寧。正人正巳，常行仁義之金章；為瑞為祥，永作國家之玉柱。皇圖鞏固，地道遐昌。伏乞聖壽無疆福無疆，萬歲萬歲萬萬歲。女樂【朝靴】。終獻禮。畢。

壽星贈筵主表　紅寫。依此直寫不用鄉貫。頭盞。

南極注生大帝老人星君表贈某神位前，恭惟皇天后土日月星辰社稷祠廟一切聖神，南極老人星君於本年厶月厶日幸遇某神聖誕秋報之辰，合進壽酒表。敢不先禱於上蒼，聖壽無窮，更願神祇安樂，上下清寧。日月迴圈，川嶽效靈。風調雨順，水火潛行。干戈偃息，邊鄙和平。普天率土，田里安寧。萬民樂業，五穀豐登。家給人

足，永享太平。蓋聞天清地濁，陰陽順序，清風細雨，萬物皆生。瑞氣祥雲繞神明^{聖誕}_{秋報}之辰，電光霞彩靄聖壽長春之節。華祝南山之固，嵩呼北斗之堅。巍巍聖德配乾坤之廣太，永固皇圖與天地之長久。聖壽無疆福無疆，萬壽萬壽萬萬壽。右謹具表以聞。　年號下民社首人等。

南極注生大帝老人星君表贈西王母。

社首奉筵主表　紅寫。二盞。

維大清咸豐十一年歲次辛酉三月己丑朔越十七日乙巳之辰，今據山西潞安府潞城縣平原鄉翟店後里人氏現在羌城村居住，暨領合社人等，糞壤微生，里社空貧，久缺歲時之祭。神明護祐，當遵往古之盟。誠惶誠恐，稽首頓首，百拜謹言。緣為慶賀雨澤，祭善雷風，春祈有望，秋報之誠，敬循舊例，於今月十七日幸遇某神聖誕之辰，摳電呈祥之表，聖哲千齡之慶，布雲示宴交臣，鄰四海之歡。共集神庭，同修善祝。臣ム人等俯罄愚誠，仰酬先願。惟神聖慈階下，恩行萬國，道冠百王。山河帶礪，萬國車書之同軌；九州八荒，一統乾坤之大柄。臣ム人等庸俗，冒瀆靈聰。九品樂奏，聲騰海閣之歡；一瓣香煙，贊祝天齊之壽。仰祝千秋，千秋嵩岳，三呼聖壽無疆福無疆，下情無任瞻天拜聖激切屏營之至。右謹具表以聞。　年號　日下民社首人等。老人星。

壽星與筵主上壽酒贊語　三盞。曹國舅。

頭戴沖天一字冠，未分天地我生前。南極星君添人壽，年年下界上壽筵。諸仙臨寶會，眾真降香壇。寶鼎分瑞靄，金爐起祥煙。一派仙音奏，兩行歌舞彈。星君奉壽表，王母獻壽篇。金童進壽酒，玉女捧靈丹。祝贊星君前，聖壽等齊天。伏乞聖壽無疆福無

疆，萬壽萬壽萬萬壽。曹國舅致詞。終獻禮。畢。

　　筵主回贈壽星表　　紅寫。不用鄉貫。頭盞。東海王母。

　　某神回賀南極注生大帝老人星君。恭惟君等長生美醞，見黃河
九渡之清；服不老靈枝，更碧海三番之渴。靈龜白鶴唧天表，玉女
金童列壽筵。仰謝尊神，再報洪庥，謹具表奏，以聞贊祝星君。壽
星奉敕下天關，按落雲軒到此間。王母蟠桃添來壽，老君妙藥獻靈
丹。休言彭祖誇年邁，謾說蟠桃不改顏。日月南山如松柏，紀神同
率一時班。恭惟南極注生大帝老人星君，暫離星闕，即便還宮。伏
望星慈，無任激切屏營之至。右謹具表以聞。ㄙ年月日下民社首ㄙ
人。

　　某神回賀。東王母。

　　社首奉壽星表　　紅寫。維鄉貫同前社首奉筵主表。二盞。東華帝君。

　　敬循舊例，於本月ㄙ日幸遇某神聖誕之辰，謹以清酌庶饈之奠，_{秋報}
敢昭告於南極注生大帝老人星君位前曰：惟星君煌煌在於混沌之
前，朗朗顯於宇宙之內。神恩廣大，與天地之齊年；聖壽無疆，同
乾坤而永固。皇圖國祚，賴之以安寧。伏望星君萬壽萬壽萬萬壽。
太上玉皇詔，飄雲下九高。仙童捧壽酒，玉女進仙桃。來添神聖
壽，國祚永堅牢。綠毛龜後引，朱頂鶴飛繞。聖壽無疆福無疆，萬
壽萬壽萬萬壽。右謹具表以聞。　年號　日下民社首ㄙ人各局社首
ㄙ人。東華帝君。

　　筵主與壽星回酒贊語　　三盞。呂洞賓。

　　望南山祥雲靄靄，觀南極紫霧騰騰。空中裏仙音響亮，彩雲內
仙樂齊鳴。幢幡寶蓋前頭引，龍鳳花扇後遮身。金線綠龜前引路，
朱頂白鶴後隨身。八仙扶老人星南極下界，排鑾駕乘鳳輦早降香

壇。乘白髮銀系眉鬍鬚三綹,鶴樓高紅粉面貌似童顏。頭戴著透玲瓏七星冠子,腳上穿雲鳳履踏著雲端。穿一領雲鶴氅長生仙服,包天地日月星海嶽山川。取一根龍頭杖噴煙吐火,持一本救苦經度道升仙。上天宮下地府神通廣大,遊海角走天涯變化多般。斬妖魔降邪怪神鬼皆懼,與人間降吉祥益壽延年。有麌鹿唧仙花竟來上殿,有猿猴獻仙果來赴金鑾,有金童並玉女謹奉仙酒,有王母持壽表添壽遐延。排兩行窈窕女齊動仙樂,擺一堂風流女歌舞吹彈。寶鼎焚百味香一爐三炷,香煙起通聖意紫霧毫光。慶尊神年年添壽,願尊神壽等齊天,願尊神壽同日月,願尊神壽如山川。伏乞聖壽無疆福無疆,萬壽萬壽萬萬壽。暫停樂部。慢品笙簧。貼鞭。呂洞賓特來承獻。終獻禮。畢。

壽星與合廟諸神表　普祝文。頭盞。由頭鄉貫同前。

於本月厶日幸遇某神聖誕之辰,謹以清酌庶饈之奠,敢昭告於昊天玉皇上帝暨領闔境諸神位前曰:惟神皇穹益算,上帝增添,與天地之長久,共乾坤之齊年。握權宇宙,當北極造化之尊;撫掌華夷,享南山無疆之壽。惟當令帝道遐昌,使國祚長延,皇圖永固,乃聖德難量,其功莫測。普濟群生,早賜細雨清風,潤稼穡之茂盛。年年風調雨順,歲歲五穀豐登。皇清瞻仰,設壇而重祀於南郊,歷代欽崇薦位而配享於後帝。今者茲逢某神聖誕之辰,願神海嶽之遐齡,幸遇聖辰,祝眾神金石之彌壽。香煙起處,兩相擺列龜齊,瑞氣分時,左右排班。鶴羽金童擎長生旨酒,玉女進益壽仙桃。巍巍聖德,如日之恒;赫赫神庥,如月之明。綿綿化化,同天地之長久;赫赫輝輝,共乾坤以延長。伏願諸神,聖壽無疆福無疆。右謹具表以聞。厶年月日下民社首各局社首。漢鍾離。

與諸神上壽酒贊語　二盞。頭盞普祝文，二盞贊語，三盞贊語。

伏以尊神，神心易感，天耳遙聞。鼎焚百和之真香，共祝諸神添壽酒。南極星君降，乘鸞下九天。綠毛龜前引，朱頂鶴後邊。金童持丹詔，玉女捧壽篇。王母奉壽酒，星君添壽筵。八仙來赴會，祝神壽萬千。慶賀諸神壽，聖壽等齊天。伏乞聖壽無疆福無疆，萬壽萬壽萬萬壽。暫停樂部。慢品笙簧。玉女壽詞承獻。

與諸神進壽酒贊語　三盞

伏以尊神，專祈天地氣和，陰陽之正。國家道泰，雨順風調。諸蟲不作，螟蝗不生。田疇萬倍，五穀收成。年年豐稔，歲歲倉盈。家家樂業，戶戶康寧。人口進祿，牛馬成群。托上天聖眾，布慈祥之德。賴下界諸神，垂陰祐之恩。無物可酬皇天，無物可酬后土。天地之恩，寔難上報。只憑一炷明香，只憑三杯清酒，只憑金紙銀錢，只憑花果燈燭，排一堂笙簧鼓樂承獻，列兩行歌舞吹彈奉神。謝皇天及時雨露，謝后土五穀滋榮，謝神祐八方寧靜，謝神祐四海升平，謝神祐干戈永息，謝神祐賊盜不生，謝神祐舟船穩重，謝神祐境土安寧，謝神祐諸邪掃蕩，謝神祐瘟疹不生。乞年年慶賀雨澤，願歲歲鼓樂齊鳴。酬天地好生之德，報有感有應神明。伏乞聖壽無疆福無疆，萬壽萬壽萬萬壽。暫停樂部。慢品笙簧。壽詞承獻。終獻。畢。

開皿文　一盞，二盞，靠樂唱。三盞，念文。

伏以尊神，合行奏稟。今有社首香老諸般執事人等，乃逢祭祀之辰，各人齋戒念經三日。上神同宮，在筵獻享，下民亦當飲福受胙，未敢擅專，伏候聖意。進旨。玉皇上帝尊神同合席諸神，賜下民飲福受胙。伏祈諸神赦冒犯之愆，免褻瀆之罪。社眾虔誠。酒行

終獻。

送壽星文

頭一盞。伏以尊神，香消寶鼎，燭盡銀臺。筵中茶寒酒冷，案上食饌消疏。神無常享，聖不久留。今獻金紙銀錢，權作酬恩微禮。奉送尊星，上升碧樂天宮；餞行高真，歸於華堂玉殿。來時降幅，去後留恩。社眾虔誠。　二盞。伏以尊星，上登雲路，鳳輦升騰。望星君而歡慰，乞南極以留恩。家家添壽，戶戶安寧。下民虔誠，降杯餞行。亞獻禮。

送壽星表　紅寫。由頭鄉貫同前。三盞。

幸遇某神^{聖誕}^{秋報}之辰，謹以清酌庶饈之奠，敢昭告於南極注生大帝老人星君。恭惟蓋聞金風吹起，玉露初零。一仙來降之神，眾聖賀生辰之日。茲者幸逢^{聖誕}^{秋報}之辰，伏望南極老人星君，不辭仙路之迢遙，享似松柏之齊年。伏以星君庶垂朗鑒，欽惟尚享！右謹具表以聞。厶年月日下民社首厶人。終獻禮。畢。

拋太陽文　或不念文，只用一盞，唯讀祭文畢。

頭盞。夫香者，出自仙山，來從廣海。氳氤於寶鼎之中，瑞氣於金爐之上。欲通聖意，須降香壇煙。伏乞靈明，俯垂歆享。入壇上香。初獻禮。　二盞。夫酒者，造成瑤池玉液，釀就紫府瓊漿。能添壯士膽，善解錦繡腸。飲百杯而壽延千歲，沾一醉與天地年長。此酒可獻尊神，特來奉酌，伏乞飲享。亞獻。　三盞。讀文畢。部頭小連特來承獻。用獻食之鍾，照太陽拋。

慶聖壽文　三杯酒文

頭盞。夫酒者，造成清香美味，釀就玉液瓊漿。李白邀皓月，劉伶醉春風。琉璃盞內蓮花白，琥珀杯中竹葉青。達神祇而下降，

通聖駕以來臨。特來酌慶賀尊神。社眾虔誠。初獻禮。　二盞。夫酒者，美味沖天地，香醪噴乾坤。愁深似海三杯鮮，事大如山一醉休。聖前執筓乞上聖，願領螻蟻之誠，位下降杯，使下民感謝洪恩之祐。人喜神歡歌舞醉，誠心端正獻金臺。社眾虔誠。亞獻。　三盞。夫酒者，三杯能和萬事，一醉善解千愁。李翰林痛飲杯傾，畢吏部醉倒賠甕。噀一杯救一火之災，飲百鍾解鴻門之難。白玉杯中滴滴，光浮琥珀；黃金盞內冷冷，色瀉珍珠。此酒再酌再酌，恭惟眾聖之歡忻；重獻重杯，伏乞神明而降幅。來格來歆，社眾虔誠。終獻。畢。

祭風文

頭盞。夫香者，香煙靄靄，能舒造化之恩；瑞氣紛紛，善別陰陽之正。檀藞焚鼎，通聖眾降真，獻爐達神明。神乎神乎，來格來享，入壇上香。初獻。　二盞。夫酒者，俗呼玉液，道號流霞。貴者，米麥之津，尊者，長生秘訣。一杯竹葉穿心過，兩朵桃花上臉來。無任虔恭。亞獻。　三盞。讀文畢。

拋太陰文　或念壽詞承獻

頭盞。夫香者，香煙起處，神意遙知。上徹碧落天宮，下透黃泉地府。富商巨賈，不辭萬里之徒勞；社眾虔誠，勿吝千金之易得。焚獻金爐，乞神尚享！初獻禮。　二盞。夫酒者，琉璃鍾琥珀，檀槽滴珍珠，一杯初獻上。獻一面之桃花瓊漿，展放兩眉之愁鎖。此酒凡處難淆，當可奉神，無任虔恭。亞獻。　三盞。讀文畢。

迎盤文

頭盞。夫香者，產於廣西之僻壤，出處非凡；生於塞北之諸方，得來筐貢。聖賢雖遠，唯香信以能通；蒼空香香，憑香至而聞

遠。蕩蕩乎沖天之上，巍巍乎藝地之浮。乞神尚享！初獻禮。 二
盞。夫酒者，釀就醇醪噴清香，傳授仙方自杜康。珠滴檀槽收玉
液，蟻浮金甕泛瓊漿。聖前執斝懃斟獻，局內供杯莫怠荒。人喜神
歡歌舞醉，不負凡情報上蒼。無任虔恭。亞獻。 三盞。讀文畢。起身
不念文，只唱盞亦可。

　　到廟上獻盤。畢。文總奠三鍾酒，俱燒香。畢。可奠酒念文。

　　頭盞。夫香者，香焚寶鼎，達三界之聖眾；蒸向金爐，布十方
之神祇。乃道德之源流，表丹誠之懇虔。無神不享，有感必通。伏
惟尚享！初獻。 二盞。夫酒者，上獻周天，中獻聖嶽，下獻地祇。
禮無不敬，敬莫至於能誠；享有多儀，儀必勤於後志。下民獲福悠
久，答報無窮，雖無百味珍饈，可獻尊神歆享。無任虔恭。亞獻。
三盞。夫酒者，一杯長生不老，二盞天地同春。祭祀者，酒無一杯
而終；獻神者，奠有三巡之禮。金荷再酌，玉酒重斟。祈本境家給
人足，保四方風雨調均。年年有收成之望，歲歲無嗟歎之聲。感諸
神垂慶，報眾聖宏恩。終獻禮。畢。供盞文畢。

　　茶文

　　夫茶者，三春采就□芽，四時收成芷草。撥春岩之殘雪，得萌
頂之嫩花。煎成盞內香無賽，斟入杯中味可誇。謹敬獻來休怠慢，
可供江南上品茶。誠心上供，神祇享之。尚享！茶詞承獻。

　　夫茶者，誠然仙都上品，實為玄圃□苗。將來煎造，祭獻神
祇。盞內斟時扶雪浪，甌中點處似金花。沾唇氣爽香難比，過物甘
甜味可誇。能除凡渴，善解聖心。虔誠供茶，神祇享之。尚享！茶
詞承獻。

　　送太陰文　同前歸寢文

伏以尊神，神仙景界，不夜長春，世俗光陰，才朝又暮。況以蘋蘩之薦，多有食饌。荒疏草木，凡愚久屈真聖。夜筵已畢，暫離荒宴，歸於寢室。下民無任，啟神四拜。禮。　又文。伏以尊神，香煙寶鼎，燭盡銀臺。迢迢玉漏更移，耿耿銀河夜淨。既終聖宴，有屈諸神。伏乞神祇，暫離宮殿，歸於寢室。下民無任虔恭之至，啟神四拜。禮。

第三日，報曉文，開寢出戶文，出寢文，盥漱文，供茶文，俱同前。

送眾神文

伏以尊神，上登雲路，回馬升天。今者下民祭祀已畢，筵中茶寒酒冷，案上食饌消疏。蓮炬燭滅，爐內香消。多有褻瀆神明，不敢久留聖駕。伏願尊神，來時下馬之杯，去時送路之酒。社眾虔誠。初獻。　二盞。讀謝罪文。亞獻。　三盞。讀送神文。如無文，又有二盞送神文。

伏以尊神，虔送高真，以安尊位。龍旗綽約，引仙杖而詣清都；鸞馭飄颻，乘飛雲而歸碧落。謹獻金紙銀錢，以作酬恩微禮。蔡倫造楮，鑿為鄧氏之銅；周氏遺俗，以表今人之意。保本境風調雨順，祐四方五穀豐登。送神上路，社眾虔誠。

伏以尊神，香消寶鼎，酒灌金臺。神無常享，聖不久留。駝輿獻以階前，海馬留於案下。天神駕鳳輅，祥雲上升碧落天宮；地祇乘寶馬，香車歸於華堂玉殿。滿斝玉液，奉送尊神。來時降福，去後留恩。祈家家而樂業，保戶戶以安寧。社眾虔誠。

末場節為止，生取執壺，在筵主位前斟鍾圓。社首執鍾，鼓樂迎引至正東拋太陽。生唱兩拜跪，一人執盞。生讀拋太陽文。畢。

小臉特來承獻。

　　樂人吹笛。畢。祭酒。又兩拜平身。

　　亭子撒臺盞。生祝文。畢。壽詞承獻。樂人唱【木仙子】，祭酒三盞。撒酒畢。又獻羹粥。又斟茶。生祝茶文。茶詞承獻。唱舞燒香樂神。又供卯筵三盞。畢。斟茶。茶詞。畢。扮卯筵隊子，各執事納從物。下殿四拜。出門往東南祭風，西北抛盞。畢。樂次單狀：國號云云。社首厶今雇到雲遊奉神樂部微工前行古論厶人後行古論厶人。廚子單狀：國號云云。今雇到奉神膳夫厶人。生謝罪文。三人畫字。開單狀，撒酒三盞。唱堂上樂。打匙筋排軍。唱安排果桌。幃子應。生唱進果。頭一盞。吹一曲盡，補空也是。吹一曲盡，女樂轉一遭。只唱盞。第二盞。唱一曲盡。唱盞。補空也是，唱一曲盡。唱盞。唱趁閃禮跪擎臺執盞樂人排盞男婦鼓樂前。壽星迎引轉下。戲臺上兩班站，前行古論叩頭使禮罷。

　　頭場分百花頭盞。一名百花三臺，一名百花三賦。講盡吹。頭盞。吹一曲盡，前行開詩。唱盞。女樂上廟轉一遭畢。唱盞。補空也是吹。第二盞。靠樂唱。補空也是唱。第三盞。舞杖鼓。大鼓鑼齊攢三堂。前行開詩。唱盞。三盞已畢。各無所管，照樂次。扮隊子。供盞畢。斟茶。茶詞承獻。排軍。唱。各下淨羅，幃子應，各納從物。打下匙筋，下殿四拜，分班圓揖。入坐下排隊子。

　　迎盤到廟，安盤奠三鍾酒。院本。雜劇。供晚筵八盞。送陰神歸寢。頭場與末場一理。末場排無殘狀樂。畢。外備酒文。

　　夫酒者，愍酒惟殷，西伯所以致謹；酒惟元祀，武王所敬匪輕。矧神覆洪恩，禮當誠敬。牧奉金液波，權作醍醐之味。謹獻庶饈，聊充肴饌之陳。伏乞神慈俯垂。亞獻禮。

　　夫酒者，實夷狄掌上之妙法，真趙母神中之甘露。端能祭祀，實可筵賓。飛鳥聞香皆化鳳，遊魚咂味俱成龍。此酒滿斝，玉斝盈酌。金鐘上祭周天之聖眾，下獻地祇之神明。社眾虔誠。

　　夫酒者，祭依古典，禮當常儀。列滿宴之嘉餚，盈金罇之美醞。伏乞尊神，不棄凡情。共宴長生之會，同飲流霞之羹粥。

　　羹粥太平鼓。太平鼓板打一堂轉一遭盡。講八帝宗盡。又打一堂盡。前行說。女樂舞。又前行說盡。燒香舞樂盡。唱盞。無任虔恭。酒行。亞獻禮。

　　夫酒者，透骨髓而無尋，注膚顏而有色。醞釀原無比，甜香不敢聞。劉伶一醉，臥倒三春方醒；李白聞香，噴醉終朝酩酊。神之深恩，實難上報。只憑洞庭之瓊漿，權作酬恩之表意。謹奉尊神，伏乞歆享。社眾虔誠。

　　夫酒者，夷狄傳方，杜康造下。祭天賀壽，誠如醞釀。為先春祈秋報，當奠醇醪為上。神仙聞香留玉佩，卿相知味解金龜。謹具清罇，普神上供。伏乞尊神，來格來享。

　　夫酒者，釀成九用之功，取用四時之祭，輒投誠預請於案前，代仰異暫降於塵下。琥珀杯中斟菊酒，傾臺降盞獻尊神。無任虔恭。酒行。獻禮。

　　夫酒者，竹葉清香好，何方飲數巡。高高排列坐，滿滿奉金杯。無任虔恭。酒行。獻禮。

　　夫酒者，劉伶一盞，張儀三杯。牧童遙指杏花村，仙客醉歸蓬萊島。無任虔恭。酒行。獻禮。

　　角亢氐房心尾箕。屬角音，東方甲乙木所管。春動七宮。

　　鬥牛女虛危室壁。屬羽音，北方壬癸水所管。冬動七宮。

奎婁胃昂畢嘴參。屬商音，西方庚辛金所管。秋動七宮。

井鬼柳星張翌軫。屬徵音，南方丙丁火所管。夏動七宮。

八樂

金屬商生兌正西。作鍾鍋鐸之音。

石生乾西北。作磬。

絲屬徵生離正南。作琴瑟弦也。

竹屬角生震正東。作管簫。

八音

匏生艮東北。作笙。

土生坤西南。作塤。

革屬羽生坎正北。作鼓桃鼓也。

木生巽東南。作柷敔無。

八卦

乾坎艮震巽離坤兌

五音

宮商角徵羽

請壽星文。讀畢。供卯筵三盞。壽星另用香老供盞。三盞畢。做小雜劇。

會賽總文

維大清咸豐十一年歲次辛酉厶月厶厶朔越厶日厶厶之辰，今據山西潞安府潞城縣平原鄉厶里厶村下民都社首厶人大社首厶人一同暨領閤社人等，糞壤微生，里社空貧，久缺歲時之祭。神明護祐，當遵往古之盟。誠惶誠恐，稽首頓首，百拜謹言。緣為慶賀雨澤，祭善雷風，春祈有望，秋報之誠。幸遇某神於厶月厶日係聖誕之辰，或

擇於厶月厶日詣於某神廟預祝_{或秋報}之辰，敬循舊例。伏為昔年，各有預□，□以今歲社首厶人等迎選四景神車厶人幾輪，迎選神樓厶人幾十、排軍厶人、四名報食厶人、二名□幃厶人等幾十名諸執事人等，謹以清酌庶饌之羹，敢昭告於某神暨領閤境諸神各降祭所曰：惟神察一方之善惡，鑒人間之是非。或有不義生忿小民，不恩祭神之重事，專生褻瀆鹵莽之奸心。神明暗降非災，急時便生橫禍。明中□□，暗裏扶持。總社首厶人等，下情無任瞻天拜聖激切屏營之至，伏惟尚享！右謹具狀以聞。年號。下民都社首厶人 大社首厶人 酒局社首厶人 食局社首厶人 燈局社首厶人 香局社首厶人 寢伍社首厶人 財紙社首厶人 神車社首厶人 神樓社首厶人 神馬社首厶人 亭子社首厶人 排軍厶人 報食厶人 幃子厶人 掌扇厶人 傘頭厶人 簇馬厶人。

稟狀文　<small>鄉貫同會賽文</small>

維百拜謹言緣為慶，賀雨澤祭善雷風，春祈有望秋報之誠，敬循舊例，今有下民社首厶人，謹以清酌庶饈之奠，敢昭告於某尊神位前合行奏稟。伏為厶月厶日幸遇某神_{聖誕}_{秋報}之辰，資以屆期詣於厶日就於本境某神祠廟內設立香壇，鼓樂致祭三日期辰，奏稟尊神。聖駕灝純，匪肉眼以能通，禮法詳明，豈塵心而可測。齎此心香，遙空祈請。欽惟閤境諸神，同降宮庭而配享，未敢擅便。伏望聖慈大賜靈祝，俯順凡情，至期來格。為此恭具表奏，□達聖知之至。右謹具牒奏稟。年號厶月厶日都社首厶人。

委付牒

厶神仙旨牒下當村土地，今有山西等處承宣佈政使司某府州縣厶鄉厶里現在村居住下民社首厶人暨領合社人等，某神位前為酬素願，率集本村眾信人等，就於某神祠前建立壇場，茶酒筵宴三日，

右牒仰差值符使者厶日迎神厶日罷散，故此牒者，須議出給，今開配享。聖號於後，照神傳排聖名。

右牒下當村土地祠開拆准此厶年月日，特發委付牒行。

總請狀文

維大清咸豐十一年歲次辛酉厶月厶厶朔越厶日厶厶之辰，今據山西潞安府潞城縣平原鄉厶里厶村居住下民社首厶人等，糞壤微生，里社空貧，久缺歲時之祭。神明護祐，當遵往古之盟。誠惶誠恐，稽首頓首，百拜謹言。緣為慶賀雨澤祭善雷風，春祈有望秋報之誠，敬循舊例，於厶月厶日幸遇某神$_{秋報}^{聖誕}$之辰，祈賽預祝闔境諸神。蓋聞神聖往來，必在香冥之際；塵凡迎接，應於影響之間。愚請難達於神聽，拜請必資於宰職。今者下民社首厶人等，謹以清酌庶饈之奠，敢昭告於當境土地正神位前曰：惟神邑郡之宰，百家之司，內懷正直之權，外執災祥之柄。凡有所祈，必先預報。伏望正神速馭鳳馳，遠達神宮，敬持詔請之明文，願赴天宮諸神之寶殿，眾真之共會期，以今月於厶日於厶處某神廟內設樂致祭，獻享三朝，預陳配享。畢。罷散。諸神聖號於後，自上而下排聖名。伏望奉迎諸神來詣祭所，伏祈尊神不棄凡情，俯從愚願，暫天宮聖境，駕龍車鳳輦而下降，乘鸞翼鶴羽以來臨，寔有生之甚幸，伏惟尚享！右謹具狀以聞。厶年月日下民社首厶人。

各神請狀 由頭鄉貫同前。

祭善雷風，幸遇某神$_{秋報}^{聖誕}$之辰，謹以清酌庶饈之奠，敢昭告於某神位前曰：惟神伏以神無往而不在，即聞禱以遙知。聖感則通，無應誠而弗屆。今歲甘霖應候，比屋蒙恩，室家無旱歎之災，道路有謳歌之音，降皆得所，孰不歡心。是以社首厶人等率集眾社，預於

某神廟內敬展明禋，仰酬甘霖之澤，設樂致祭三日期辰筵。畢。罷散。伏望尊神，來詣祭所，駕龍車鳳輦而下降，乘鸞翼鶴羽以來臨，寔有生之甚幸。社首厶人等下情無任瞻天拜聖皎潔屏營之至。右謹具狀以聞。厶年月日下民社首厶人。

圓神文　鄉貫由頭同前。

祭善雷風，幸遇某神^{聖誕}_{秋報}之辰，敬循舊例，昔年各有預願，伏以下民，蒙天地洪庥之恩，感神明生成之德，圖報難忘，專心拜請。今歲陰陽有序，風雨依時，夏秋將見於收成，百穀咸登於暢茂，暨蒙厚德，宜答洪庥。是以率諸社眾丹誠虔懇預擇於今月厶日就於某神廟內設立壇場，普備香筵，動樂致祭，欽惟本境廟內之眾神，宜請宮庭而配享，以厶神主其祀事，土地為其知客。茲以預期是日，合行謹請諸神，於今月厶日詣於厶處或今村場內謹嚴尊導縱，奉迎諸神詣於祭所，獻享三朝。伏冀尊神，不棄凡情，俯從愚願，共賜來臨。下民社首厶人等。下情無任激切拜迎之至。謹請諸（闕文）

(二)《排神簿》

說明：

此抄本封面分題「排神簿　諸神位列」、「咸豐十一年歲次辛酉仲秋月立」、「選擇堂記」。共 27 面。抄本字體基本一致，倒數第二面左側另題「張過盛、張來明記」，筆跡不同。此抄本為山西省潞城市羌城村第九代陰陽張開太先生家珍藏，封面題「選擇堂」可能是張家祖上某位陰陽先生的名號，「選擇堂」與「張過盛」或「張來明」有何關係，尚待考。抄本記錄了崇道、富村、東西小天貢、翟店、羌城、西天貢金頂、蝗皇崗等地辦賽的排神法，

另記錄了祭瘟的排神法。西天貢金頂「社會教」排神與潞城、長子等地的常見神靈完全不同。（附圖 3：《排神簿》封面（複印件））（附圖 4：《排神簿》內文（複印件））

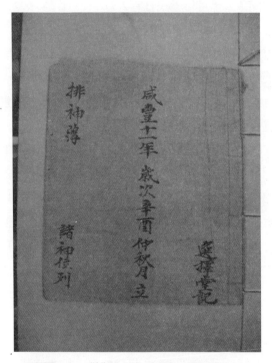

附圖 3：《排神簿》封面（複印件）

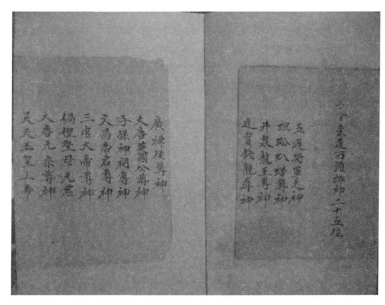

附圖4：《排神簿》內文（複印件）

三月十八日崇道西頭排神二十五位：

五道將軍之神

蟆蚣蠟尊神

井泉龍王尊神

進寶錢龍尊神

廣禪侯尊神

大唐英國公尊神

子孫神祠尊神

文昌帝君尊神

三官大帝尊神

　　媧媓聖母元君

　　大唐玄宗尊神

　　昊天玉皇上帝

　　夏祖大禹聖帝

　　大唐太宗皇帝

　　九天聖母碧霞元君

　　義勇武安王尊神

　　九龍王尊神

　　社稷五穀尊神

　　昭澤王尊神

　　今歲行雨龍王尊神

　　大羅沖淑真人

　　大羅沖惠真人

　　電公電母尊神

　　當村土地正神

　　　日宮天子

　前天地三界十方萬靈真宰

　　　風伯雨師

排神三十二位　富村

崇道村排神簿　行常崇道西頭排神三十二位：

　　五道將軍之神

　　太尉將軍之神

　　白雲太子之神

　　感應城隍尊神

　　大唐英國公尊神

　　封賜廣禪侯尊神

　　北極玄天祖師上帝尊神

　　廣德靈澤王尊神

　　齊聖廣祐王尊神

　　護國靈貺王尊神

　　三界伏魔大帝

　　大唐太宗皇王聖帝

左　東嶽天齊仁聖帝

　　夏祖大禹聖帝

　　神農炎帝尊神　　日宮天子太陰星君

　　昊天玉皇上帝　　天地三界十方萬靈真宰

　　南海觀音菩薩　　風伯雨師尊神

　　九天聖母元君

　　夏后啟帝尊神

右　大羅沖淑沖惠真人

　　大唐玄宗尊神

　　山川社稷五穀尊神

　　昭澤龍王尊神

　　大唐仙師尊神

　　護國顯澤王尊神

　　五方行雨龍王神位

十代明醫尊神

大唐鄂國公尊神

風穴龍王尊神

電公電母神位

靈官元帥之神

當村土地之神

東西小天貢村排神二十四位：

大唐太宗蝗王聖帝　在內獨坐

五道將軍之神

馬鳴王廣禪侯尊神

電公電母尊神

大唐英國公尊神

子孫神祠廣天帝

白衣大士菩薩

社稷五穀尊神

三界伏魔大帝

北極玄天祖上帝

左　大唐玄宗尊神

夏祖大禹聖帝

昊天玉皇上帝

三教古佛尊神

南海觀音菩薩

右　媧媓聖母元君

護國靈貺王尊神

文昌奎星帝君

夷狄酒仙尊神

進寶錢龍增福財神

井泉龍王尊神

大唐鄂國公尊神

螟蚣八蠟尊神

感應城隍尊神

當村土地尊神

天地前三位：

風伯雨師尊神

天地三界十方萬靈真宰

日宮太陽星君

羌城村排神二十四位：

太尉將軍之位

五道將軍之位

五方行雨龍王尊神

大唐先師菩薩

齊聖廣祐王尊神　　移前對面坐觀席

社稷五穀尊神

護國顯澤王尊神

大唐玄宗尊神

大唐太宗皇王聖帝

左　夏后啟帝尊神

夏祖大禹聖帝

昊天玉皇上帝

后土皇帝尊神

九天聖母元君

右　大羅沖淑真人

大羅沖惠真人

護國靈覬王尊神

三界伏魔大帝

廣德靈澤王尊神

昭澤龍王尊神

風伯雨師尊神

廣禪侯尊神

李公司之位

當村土地之位

天地前三位：

風伯雨師尊神

天地三界十方萬靈真宰

日宮太陽星君

翟店村排神：

玄壇尊神之位

五道將軍之位

太尉將軍尊神

螟蚣八蠟尊神

廣禪侯尊神

大唐英國公尊神

社稷五穀尊神

大唐仙師菩薩

齊聖廣祐王尊神

左　亞玉伏魔大帝

夏祖大禹聖帝

神農炎帝尊神

昊天玉皇上帝

九天聖母元君

救苦救難觀音菩薩

夏后大禹啟帝

右　大羅沖淑惠真人

護國顯王尊神

廣德靈澤王尊神

大唐鄂國公尊神

十大明醫尊神

電公電母尊神

靈光元帥尊神

當村土地尊神

董將軍之神

桃元帥之神

天地前三位：

　　風伯雨師尊神

　　天地君親師位

　　　日宮太陽星君

唐太宗獨坐

西天貢金頂社會教排神二十八位：

　　當境正值土地神位

　　左監壇大元帥神位

　　天罡河魁擁前遏後大神

　　掌籍散官賞罰大神官

　　北極右聖院府官軍將吏

　　天乙真慶宮中真仙聖表

　　執纛捧劍大車較劫力士

　　統兵助法大將軍

　　金五屯衛二大將軍

　　掌印珪管冠玉女真人

左　北極武曲印化真人

　　玄天祖師仁威上帝

　　聖師豐乾大天帝

　　聖父天君明真天帝

聖母天后瓊真上帝

開化文昌梓潼帝君

西嶽金天順聖大帝

右　北極虛危二宿星君

神龜聖蛇二大將軍

六丁六甲五雷八卦大神

統攝八極大將軍

毒龍猛獸臣蛇獅子神君

崔盧寶鄧四大天丁

雷霆諸司院府宮君將吏

武當仙五百得道靈官

元和仙校院府官君將吏

右監壇大元帥仙

敕封監齋神位

　　　　　　坊神之位

蝗皇崗　　　貓神之位

　　　　　　農神之位

英國公　　先嗇神位

大唐太宗皇帝　天地君親師

鄂國公　　司嗇神位

　　　　　　郵表神位

排神位　　虎神之位

　　　　　　水神之位

祭瘟　東

　　　　　　勸善大士　陳　庚

　　　　西　　　　　周　信

　　　　　　　　　　李　奇

　　正　　方　行瘟使者

　　　　　　　　　　朱天麟

　　　　南　　　　　楊文輝

　　　　　　和瘟道士　孫　通

排神　北

參考文獻

古籍類：

1. 〔漢〕許慎·說文解字[M]·北京：中華書局，1996。
2. 〔宋〕朱熹·四書章句集注[M]·北京：中華書局，1983。
3. 〔宋〕釋道原·景德傳燈錄[M]·四部叢刊·三編·子部·上海：上海書店，1985。
4. 〔宋〕高承·事物紀原[M]·叢書集成初編（1209－13），北京：中華書局，1985。
5. 〔元〕馬端臨·文獻通考[M]·北京：中華書局，1986。
6. 〔清〕聶劍光著，岱林等點校·泰山道里記[M]·濟南：山東友誼書社，1987。
7. 〔清〕張廷玉等撰·明史[M]·北京：中華書局，1974。
8. 〔清〕潘榮陛·帝京歲時紀勝[M]·北京：北京出版社，1961。
9. 〔清〕胡聘之·山右石刻叢編[M]·太原：山西人民出版社，1988。

方志類：

1. 山西通志[M]·明成化十一年刻本。
2. 山西通志[M]·清康熙二十一年刻本。
3. 山西通志[M]·清雍正十二年刻本。
4. 山西通志[M]·清光緒十八年刻本·北京：中華書局，1991。
5. 平定州志[M]·清乾隆三十四年刻本。
6. 潞安府志[M]·清乾隆三十五年刻本。

7. 潞安府志[M]·清順治版、乾隆版·山西省長治市地方誌辦公室整理·北京：中華書局，2002。

8. 長治縣誌[M]·清康熙十二年刻本。

9. 長治縣誌[M]·清乾隆二十八年刻本。

10. 長治縣誌[M]·清光緒二十年刻本。

11. 長子縣誌[M]·明正德八年刻本。

12. 長子縣誌[M]·清嘉慶二十一年刻本。

13. 長子縣誌[M]·清光緒八年刻本。

14. 屯留縣誌[M]·清雍正八年刻本。

15. 屯留縣誌[M]·清光緒十一年刻本。

16. 潞城縣誌[M]·清康熙四十五年刻本。

17. 潞城縣誌[M]·清光緒十年刻本。

18. 潞城縣誌[M]·民國二十五年刻本。

19. 平順縣誌[M]·清康熙三十二年刻本。

20. 平順縣誌[M]·清光緒十年刻本。

21. 壺關縣誌[M]·清道光十四年刻本。

22. 壺關縣誌[M]·清光緒七年刻本。

23. 襄垣縣誌[M]·清康熙四十五年刻本。

24. 襄垣縣誌[M]·清乾隆四十七年刻本。

25. 襄垣縣誌[M]·民國十七年刻本。

26. 黎城縣誌[M]·清康熙二十一年刻本。

27. 黎城縣誌[M]·清光緒九年刻本。

28. 澤州志[M]·明萬曆三十九年刻本。

29. 澤州志[M]·清康熙四十五年刻本。

30. 澤州府志[M]·清雍正十三年刻本。

31. 鳳臺縣誌[M]·清乾隆四十九年刻本。

32. 鳳臺縣誌[M]·清光緒八年刻本。

33. 高平縣誌[M]·清順治五年刻本。

34. 高平縣誌[M]·清乾隆三十九年刻本。

35. 高平縣誌[M]・清光緒六年刻本。

36. 陵川縣誌[M]・清光緒八年刻本。

37. 陵川縣誌[M]・民國二十二年刻本。

38. 沁州志[M]・清康熙十三年刻本。

39. 沁州志[M]・清乾隆三十六年刻本。

40. 沁州志[M]・清光緒六年刻本。

41. 沁水縣誌[M]・清光緒七年刻本。

42. 武鄉縣誌[M]・清乾隆五十五年刻本。

43. 武鄉縣誌[M]・清光緒五年刻本。

44. 武鄉縣誌[M]・民國十八年刻本。

45. 沁源縣誌[M]・清雍正八年刻本。

46. 沁源縣誌[M]・清光緒六年刻本。

47. 沁源縣誌[M]・民國二十二年刻本。

48. 丁世良，趙放・中國地方誌民俗資料彙編・華北卷[M]・北京：北京圖書館出版社，1989。

專著類：

1. 墨遺萍・蒲劇史魂[M]・太原：山西省文化局戲劇工作研究室，1981。

2. 山西省文化局戲劇工作研究室編・山西劇種概說[M]・太原：山西人民出版社，1984。

3. 烏丙安・中國民俗學[M]・瀋陽：遼寧大學出版社，1985。

4. 陶立璠・民俗學概論[M]・北京：中央民族學院出版社，1987。

5. 廖奔・宋元戲曲文物與民俗[M]・北京：文化藝術出版社，1989。

6. 中國戲曲志・山西卷[M]・北京：文化藝術出版社，1990。

7. 王安祈・明代戲曲五論・臺北：大安出版社，1990。

8. 馮寶志・三晉文化[M]・瀋陽：遼寧教育出版社，1991。

9. 張庚，郭漢城主編・中國戲曲通史[M]・北京：中國戲劇出版社，1992・第2版。

10. 中國戲曲志・河北卷[M]・北京：中國 ISBN 中心出版，1993。

11. 高丙中·民俗文化和民俗生活[M]·北京：中國社會科學出版社，1994。

12. 董曉萍，〔美〕歐達偉 R. David Arkush·華北民間文化[M]·石家莊：河北教育出版社，1995。

13. 陳守仁編·實地考查與戲曲研究[M]·香港：香港粵劇研究計劃，1997。

14. 王銘銘，潘忠黨主編·象徵與社會：中國民間文化的探討[M]·天津：天津人民出版社，1997。

15. 黃竹三·戲曲文物研究散論[M]·北京：文化藝術出版社，1998。

16. 鍾敬文·民俗學概論[M]·上海：上海文藝出版社，1998。

17. 馬戎，周星·田野工作與文化自覺[M]·北京：群言出版社，1998。

18. 寒聲主編·上黨儺文化與祭祀戲劇[M]·北京：中國戲劇出版社，1999。

19. 申雙魚主編·上黨民間文藝觀[M]·香港：天馬圖書有限公司，1999。

20. 郭于華主編·儀式與社會變遷[M]·北京：社會科學文獻出版社，2000。

21. 廖奔，劉彥君·中國戲曲發展史[M]·太原：山西教育出版社，2000。

22. 楊孟衡校注·上黨古賽寫卷十四種箋注·臺北：財團法人施合鄭民俗文化基金會，2000。

23. 馮俊傑主編·太行神廟及賽社演劇研究[M]·臺北：財團法人施合鄭民俗文化基金會，2000。

24. 董曉萍，〔美〕歐達偉 R. David Arkush·鄉村戲曲表演與中國現代民眾[M]·北京：北京師範大學出版社，2000。

25. 王懷中，孫舒松，郭生妘編著·三晉石刻總目·長治市卷[M]·太原：山西古籍出版社，2000。

26. 項陽·山西樂戶研究[M]·北京：文物出版社，2001。

27. 車文明·二十世紀戲曲文物的發現與曲學研究[M]·北京：文化藝術出版社，2001。

28. 張振濤·冀中鄉村禮俗中的鼓吹樂社──音樂會[M]·濟南：山東文藝出版社，2002。

29. 王娟·民俗學概論[M]·北京：北京大學出版社，2002。

30. 苑利·二十世紀中國民俗學經典·信仰民俗卷[M]·北京：社會科學文獻出版社，2002。

31. 馮俊傑・戲劇與考古[M]・北京：文化藝術出版社，2002。

32. 馮俊傑主編・山西戲曲碑刻輯考[M]・北京：中華書局，2002。

33. 〔日〕田仲一成著，雲貴彬，于允譯，黃美華校譯・中國戲劇史[M]・北京：北京廣播學院出版社，2002．

34. 喬健等・樂戶：田野調查與歷史追蹤[M]・南昌：江西人民出版社，2002。

35. 趙世瑜・狂歡與日常：明清以來的廟會與民間社會[M]・北京：三聯書店，2002。

36. 陸學藝・當代中國社會階層研究報告[M]・北京：社會科學文獻出版社，2002。

37. 周華斌・中國戲劇史新論[M]・北京：北京廣播學院出版社，2003。

38. 容世誠・戲曲人類學初探[M]・桂林：廣西師範大學出版社，2003。

39. 曲六乙，錢茀・中國儺文化通論[M]・臺北：臺灣學生書局，2003。

40. 董曉萍・田野民俗志[M]・北京：北京師範大學出版社，2003。

41. 劉文峰・中國戲曲文化史[M]・北京：中國戲劇出版社，2004。

42. 康保成・中國古代戲劇形態與佛教[M]・上海：東方出版中心，2004。

43. 卜鍵・從祭賽到戲曲[M]・北京：文化藝術出版社，2005。

44. 木兵編著・民俗尋根：民俗卷[M]・北京：北京燕山出版社，2005。

45. 程伏舜，葛來保編著・梨園尋芳：戲曲卷[M]・北京：北京燕山出版社，2005。

46. 王福才編著・山西師範大學戲曲博物館館藏拓本目錄[M]・太原：山西古籍出版社，2005。

47. 馮俊傑・山西神廟劇場考[M]・北京：中華書局，2006。

48. 楊太康，曹占梅・三晉戲曲文物考[M]・臺北：財團法人施合鄭民俗文化基金會，2006。

49. 魅力長治：賽社與樂戶文化手冊[M]・2006山西長治賽社與樂戶文化國際學術研討學術委員會編輯組編印，2006。

50. 〔美〕韋思諦編，陳仲丹譯・中國大眾宗教[M]・南京：江蘇人民出版社，2006。

51. 趙世瑜・小歷史與大歷史：區域社會史的理念，方法與實踐[M]・北京：三聯書店，2006。

52. 何朝暉・明代縣政研究[M]・北京：北京大學出版社，2006。

53. 周星主編・民俗學的歷史，理論與方法[M]・北京：商務印書館，2006。

54. 中國民俗學會，北京民俗博物館編・節日文化論文集[M]・北京：學苑出版社，2006。

期刊論文類：

1. 羅香林・碧霞元君[J]・民俗：合訂本第四冊・上海：上海書店影印，1983：69－70，1－67。

2. 張振南，冀光明・對子戲與迎神賽社[J]・晉東南行署文化局・戲劇資料：戲曲志資料專輯，1982，3：53－55。

3. 張振南・樂劇和賽[J]・晉東南行署文化局・戲劇資料：戲曲志資料專輯，1984，1：1－17。

4. 〔英〕龍彼得・中國戲劇源於宗教儀式考[J]・中國文學論著譯叢・臺北：臺灣學生書局，1985：523－547。

5. 山西省戲劇研究所・上黨古賽史料新發現[J]・戲友，1986，4：65－80。

6. 張振南・長子戲曲研究概況[J]・陳翼主編，政協山西省長子縣委員會文史資料研究委員會編・長子文史資料：第二輯，1986：127－153。

7. 原雙喜，栗守田・上黨樂戶戲概說[J]・山西省上黨戲劇院・戲劇資料，1987，1（15下）：464－480。

8. 原雙喜，栗守田・訪陵川縣東陳犬溝「咽喉師」廟[J]・山西省上黨戲劇院・戲劇資料，1987，1（15下）：545－546。

9. 原雙喜，栗守田・訪老藝人崔路則[J]・山西省上黨戲劇院・戲劇資料，1987，1（15下）：546－547。

10. 栗守田，原雙喜・陽城縣迎神賽社及樂戶演出活動[J]・山西省上黨戲劇院・戲劇資料，1987，1（15下）：551－555。

11. 原雙喜・土地堂[J]・山西省上黨戲劇院・戲劇資料，1987，1（15下）：349－350。

12. 原雙喜·過五關，斬華雄[J]·山西省上黨戲劇院·戲劇資料，1987，1
    （15下）：354－356。

13. 原雙喜·隊戲角色行當體制[J]·山西省上黨戲劇院·戲劇資料，1987，1
    （15下）：367－368。

14. 原雙喜·上黨戲演出習俗[J]·山西省上黨戲劇院·戲劇資料，1987，1
    （15下）：368－370。

15. 李元興·追述南舍「調龜」[J]·山西省上黨戲劇院·戲劇資料，1987，1
    （15下）：458－463。

16. 楊孟衡·古劇折光——論山西古賽戲的構成方式[J]·戲友，1987，3：23
    －27。

17. 寒聲，栗守田，原雙喜，常之坦·《迎神賽社禮節傳簿四十曲宮調》注
    釋[J]·中華戲曲：第三輯·太原：山西人民出版社，1987：51－117。

18. 寒聲，栗守田，原雙喜，常之坦·《迎神賽社禮節傳簿四十曲宮調》初
    探[J]·中華戲曲：第三輯·太原：山西人民出版社，1987：118－136。

19. 黃竹三·我國戲曲史料的重大發現——山西潞城明代《禮節傳簿》考述
    [J]·中華戲曲：第三輯·太原：山西人民出版社，1987：137－152。

20. 張之中·隊戲、院本與雜劇的興起[J]·中華戲曲：第三輯·太原：山西
    人民出版社，1987：153－167。

21. 寶楷·試論「啞隊戲」[J]·中華戲曲：第三輯·太原：山西人民出版
    社，1987：168－178。

22. 馮俊傑·賽社：戲劇史的巡禮·中華戲曲：第三輯·太原：山西人民出
    版社，1987：179－194。

23. 楊孟衡·宋金古劇在山西之流變——對上黨地區發現院本考辨[J]·戲曲
    研究：第二十六輯·北京：文化藝術出版社，1988：45－61。

24. 廖奔·《迎神賽社禮節傳簿四十曲宮調》劇目內容考（未完）[J]·中華
    戲曲：第七輯·太原：山西人民出版社，1988：145－167。

25. 〔荷〕伊維德，胡忌譯·院本是十五，十六世紀戲劇文學的次要形式
    [J]·藝術研究：第九輯·杭州：浙江藝術研究所，1988：46－67。

26. 何雲山·古老的上黨彩臺[J]·長治市政協文史處編·長治文史資料：第

五輯 · 1988：107－109。

27. 胡忌 · 金元院本的流傳[J] · 藝術研究：第九輯 · 杭州：浙江藝術研究所，1988：68－104。

28. 張振南 · 略述我縣一處古沿——《迎神賽社》祀神禮節[J] · 長子文史資料：第四輯 · 1989：128－144。

29. 張振南 · 繼潞城《禮節傳簿》之後長子又采得一處研究戲曲瑰寶[J] · 長子文史資料：第四輯 · 1989：145－149。

30. 楊樹田整理 · 長子鼓書、道情的沿革[J] · 長子文史資料：第四輯 · 1989：118－127。

31. 胡忌 · 「院本」之概念及其演出風貌[J] · 中華戲曲：第八輯 · 太原：山西人民出版社，1989：1－28。

32. 廖奔 ·《迎神賽社禮節傳簿四十曲宮調》劇目內容考（續）[J] · 中華戲曲：第八輯 · 太原：山西人民出版社，1989：112－131。

33. 張之中 · 中國古代戲曲的南北交流：《禮節傳簿》探索之二[J] · 中華戲曲：第八輯 · 太原：山西人民出版社，1989：132－146。

34. 寒聲等 ·《禮節傳簿》研究：上，中，下[J] · 民俗曲藝：第 60，61，62 期 · 臺北：財團法人施合鄭民俗文化基金會，1989：4－60，38－81，94－114。

35. 楊孟衡 · 三晉古賽的深層開掘——代編者語[J] · 戲友，1990，增刊：1－2。

36. 李天生 ·《唐樂星圖》校注[J] · 戲友，1990，增刊：3－48。

37. 李天生 ·《唐樂星圖》散論[J] · 戲友，1990，增刊：49－75。

38. 何加焉，王安庭 · 儺戲衍變的文化背景[J] · 中華戲曲：第十輯 · 太原：山西人民出版社，1991：156－165。

39. 〔日〕磯部彰 · 關於《禮節傳簿》中的《西遊記》隊舞戲[J] · 中華戲曲：第十輯 · 太原：山西人民出版社，1991：167－186。

40. 班友書 · 談談我對「供盞隊戲」部分曲目的淺見：讀《禮節傳簿》[J] · 中華戲曲：第十輯 · 太原：山西人民出版社，1991：187－195。

41. 寒聲，栗守田，原雙喜 ·《迎神賽社祭祀文範及供盞曲目》注釋 · 中華

戲曲：第十一輯·太原：山西人民出版社，1991：1－62。

42. 寒聲，栗守田，原雙喜·《迎神賽社祭祀文範及供盞曲目》的史料價值[J]·中華戲曲·第十一輯·太原：山西人民出版社，1991·63－71。

43. 李文虎·《唐樂星圖》二十七劇管見[J]·戲友，1991，2：59－62。

44. 張振南·漫談《迎神賽社》古老民間俗規揭示上黨梆子淵源深層底蘊[J]·陳翼主編，政協山西省長子縣委員會文史資料研究委員會編·長子文史資料：第五輯·1991：174－203。

45. 張振南·清板秧歌簡史[J]·陳翼主編，政協山西省長子縣委員會文史資料研究委員會編·長子文史資料：第五輯·1991：204－212。

46. 張之中·山西儺戲概述[J]·中華戲曲：第十二輯·太原：山西人民出版社，1992：132－147。

47. 張正明·明代的樂戶[J]·明史研究，1991，1。

48. 〔美〕姜士彬（David Johnson）·明清俗文化的傳播[J]·明史研究，1991，1。

49. 周華斌·中原儺戲源流[J]·中華戲曲：第十二輯，太原：山西人民出版社，1992：1－27。

50. 韓樹偉·上黨隊戲與賽和儺[J]·中華戲曲：第十二輯·太原：山西人民出版社，1992：311－325。

51. 楊孟衡·由「儺」入「賽」說[J]·中華戲曲：第十二輯·太原：山西古籍出版社，1992：180－192。

52. 常之坦·由「儺祭禮儀」到「儺戲」淺說[J]·戲友，1993，3：14－17。

53. 景李虎·神廟文化與中國古代劇場[J]·民俗曲藝：第81期·臺北：財團法人施合鄭民俗文化基金會，1993：175－208。

54. 張振南，暴海燕·上黨民間的「迎神賽社」[J]·民俗曲藝：第81期·臺北：財團法人施合鄭民俗文化基金會，1993：209－230。

55. 楊孟衡·「目連三段」論——兼談古賽「目連」之歷史地位[J]·民俗曲藝：第86期·臺北：財團法人施合鄭民俗文化基金會，1993：21－49。

56. 李天生·《唐樂星圖》校注·中華戲曲：第十三輯·太原：山西古籍出版社，1993：1－130；

57. 李天生·賈村賽社採訪記[J]·中華戲曲:第十三輯,太原:山西古籍出版社,1993:126－129。

58. 廖奔·晉東南祭神儀式抄本的戲曲史料價值[J]·中華戲曲:第十三輯·太原:山西古籍出版社,1993:131－157。

59. 張振南·樂劇與賽[J]·中華戲曲:第十三輯·太原:山西古籍出版社,1993:230－259。

60. 〔美〕姜士彬(David Johnson)·Temple Festivals in Southeastern Shansi: The *Sai* of Nan-she Village and Big West Gate[J]·民俗曲藝:第91期·臺北:財團法人施合鄭民俗文化基金會,1994:641－734。

61. 寒聲·從三晉儺戲看中原儺戲的流變[J]·三晉文化研究論叢:第 1 輯·太原:山西人民出版社,1994:31－51。

62. 李坤亨·「樂戶」朱氏世家[J]·文史月刊,1994,5:110－115。

63. 王福才·河北儺戲《捉黃鬼》源於山西上黨賽社考[J]·山西師大學報,1995,3:47－49。

64. 楊孟衡,張振南,暴海燕·《賽上雜用神前本》校注[J]·中華戲曲:第十六輯·太原:山西古籍出版社,1995:32－81。

65. 楊孟衡,張振南·上黨古賽祭儀考述[J]·中華戲曲:第十六輯·太原:山西古籍出版社,1995:82－100。

66. 張振南,暴海燕·上黨民間的「迎神賽社」再探[J]·中華戲曲:第十六輯·太原:山西古籍出版社,1996:103－123。

67. 喬淑萍·民間祭賽與戲曲的初級形式:隊戲[J]·山西師大學報,1996,3:49－51。

68. 項陽·山西「樂戶」考述[J]·音樂研究,1996,1:76－88。

69. 廖奔·神廟演劇考[J]·民俗曲藝:第 101 期·臺北:財團法人施合鄭民俗文化基金會,1996:139－181。

70. 閆鍾·中國的祭儀,音樂戲劇及其社會環境學術研討會綜述[J]·民族藝術,1997,3:202。

71. 延保全,張明芳·道教與民間迎神賽社[J]·中華戲曲:第二十輯·太原:山西古籍出版社,1997:135－154。

72. 張振南，暴海燕・上黨地區古廟賽日期[J]・中華戲曲：第二十輯・太原：山西古籍出版社，1997：156－157。

73. 王秋桂・《山西賽社專輯》前言[J]・民俗曲藝：第 107/108 期（山西賽社專輯）・臺北：財團法人施合鄭民俗文化基金會，1997：1－2。

74. 馮俊傑・陽城縣下交村湯王廟祭考論[J]・民俗曲藝：第 107/108 期（山西賽社專輯）・臺北：財團法人施合鄭民俗文化基金會，1997：3－36。

75. 延保全・陽城縣澤城村湯帝廟及賽社演劇題記考[J]・民俗曲藝：第 107/108 期（山西賽社專輯）・臺北：財團法人施合鄭民俗文化基金會，1997：37－68。

76. 呂文麗・陽城縣屯城村東嶽廟及其迎神賽社考[J]・民俗曲藝：第 107/108 期（山西賽社專輯）・臺北：財團法人施合鄭民俗文化基金會，1997：69－90。

77. 王福才・沁水縣下格碑村聖王行宮元碑及賽戲考[J]・民俗曲藝：第 107/108 期（山西賽社專輯）・臺北：財團法人施合鄭民俗文化基金會，1997：91－116。

78. 曹飛・沁水縣三嵕祠及其二層獻殿禮樂考[J]・民俗曲藝：第 107/108 期（山西賽社專輯）・臺北：財團法人施合鄭民俗文化基金會，1997：117－134。

79. 白秀芹・沁水縣郭壁村府君廟及其戲臺考[J]・民俗曲藝：第 107/108 期（山西賽社專輯）・臺北：財團法人施合鄭民俗文化基金會，1997：135－160。

80. 楊孟衡等・山西賽社樂戶陰陽師廚戶傳記[J]・民俗曲藝：第 107/108 期（山西賽社專輯）・臺北：財團法人施合鄭民俗文化基金會，1997：161－289。

81. 張振南，暴海燕・《苗村賽食賑》校注[J]・民俗曲藝：第 107/108 期（山西賽社專輯）・臺北：財團法人施合鄭民俗文化基金會，1997：290－306。

82. 張振南，暴海燕・上黨西南呈廟賽（附錄：上黨各地廟賽日期）[J]・民俗曲藝：第 107/108 期（山西賽社專輯）・臺北：財團法人施合鄭民俗文

化基金會，1997：353－357。

83. 〔美〕姜士彬（David Johnson）·晉東南的賽廟[J]·民俗曲藝：第
    107/108 期（山西賽社專輯）·臺北：財團法人施合鄭民俗文化基金會，
    1997：359－370。

84. 楊孟衡·山西古賽論著目錄[J]·民俗曲藝：第 107/108 期（山西賽社專
    輯）·臺北：財團法人施合鄭民俗文化基金會，1997：371－375。

85. 段友文·晉東南潞城迎神賽社習俗考述[J]·民俗曲藝：第 110 期·臺
    北：財團法人施合鄭民俗文化基金會，1997：1－20。

86. 車文明·山西晉城周村東嶽廟考[J]·民俗曲藝：第 110 期·臺北：財團
    法人施合鄭民俗文化基金會，1997：21－38。

87. 李天生·讀者來信──由《山西賽社專輯》引出的話[J]·民俗曲藝：第
    110 期·臺北：財團法人施合鄭民俗文化基金會，1997：179－198。

88. 楊孟衡·「儺」在「賽」中──上黨古賽「監齋」剖析[J]·戲友，
    1998，2：10－14。

89. 李天生，田素蘭·賽社祭儀與樂戶伎藝[J]·民俗曲藝：第 115 期·臺
    北：財團法人施合鄭民俗文化基金會，1998：211－246。

90. 黃竹三·談隊戲[J]·民俗曲藝：第 115 期·臺北：財團法人施合鄭民俗
    文化基金會，1998：247－266。

91. 楊孟衡·潞城南舍調家龜[J]·民俗曲藝：第 115 期·臺北：財團法人施
    合鄭民俗文化基金會，1998：267－310。

92. 閆鍾，喬健·樂戶的婚姻[J]·民俗曲藝：第 115 期·臺北：財團法人施
    合鄭民俗文化基金會，1998：311－324。

93. 馮俊傑·平順聖母廟宋元明清戲曲碑刻考[J]·中華戲曲：第二十三輯·
    北京：文化藝術出版社，1999：1－48。

94. 曹飛·晉城東四義清震觀歌臺碑刻考述[J]·中華戲曲：第二十三輯·北
    京：文化藝術出版社，1999：103－120。

95. 郝譽翔·從儀式到戲劇：一個以中國民間迎神賽社為例的初步研究[J]·
    東華人文學報，1999，1：211－233。

96. 王廷信·清代的儺戲[J]·戲劇，1999，4：68－75。

97. 曲六乙・祭禮・儺俗與民間戲劇[J]・大舞臺，1999，3：4－5。

98. 李玉蓮・山西潞城明代《禮節傳簿》的發現與研究[J]・文獻，2000，1：172－178。

99. 景蔚崗・山西民間吹打樂申論[J]・中國音樂學，2000，2：28－35。

100. 王寧・咽喉神：一種頗具特色的地方性戲神[J]・民俗研究，2000，3：81－85。

101. 麻國鈞・「行」的儀禮→「停」的戲劇[J]・戲劇，2000，3：49－66。

102. 郝麗霞・晉城市五聚堂紀德碑考論[J]・民俗曲藝：第 125 期・臺北：財團法人施合鄭民俗文化基金會，2000：133－152。

103. 王福才・山西中南部神廟碑刻中的戲曲民俗資料輯錄[J]・民俗曲藝：第 127 期・臺北：財團法人施合鄭民俗文化基金會，2000：23－56。

104. 吳秀玲・論晉東南古賽演戲的儀式性因素[J]・民俗曲藝：第 128 期・臺北：財團法人施合鄭民俗文化基金會，2000：275－300。

105. 高丙中・社會團體的合法性問題[J]・中國社會科學・2000，2：100－109。

106. 段友文・「賤民」外史——晉東南「樂戶」生存狀況調查[J]・民間文化，2000，1：23－26。

107. 康保成・竹竿子再探[J]・文藝研究，2001，4：103－110。

108. 康保成・竹竿子補說[J]・民俗曲藝：第 133 期・臺北：財團法人施合鄭民俗文化基金會，2001：9－42。

109. 項陽・樂戶與鼓吹樂[J]・文藝研究，2001，5：84－96。

110. 項陽・輪值輪訓制——中國傳統音樂主脈傳承之所在[J]・中國音樂學，2001，2：11－20。

111. 田承軍・清代東北地區的碧霞元君廟[J]・泰安師專學報，2002，1：18－21。

112. 李天生・西社村王姓樂戶考[J]・晉東南師範專科學校學報，2002，6：39－45。

113. 楊孟衡・民間社賽「樂星圖」解——上黨古賽樂藝建構考析[J]・文藝研究，2002，6：83－93。

114. 趙英霞·鄉土信仰與異域文化之糾葛——從迎神賽社看近代山西民教衝突[J]·清史研究，2002，2：68－75。

115. 王寧·中國崇神民俗多面觀[J]·山西師大學報，2002，2：81－84。

116. 曹飛·山西上黨戲神類型概說[J]·山西師大學報，2002，3：24－28。

117. 黃竹三·上黨祭祀活動的「供盞獻藝」[J]·戲曲研究：第五十九輯·北京：文化藝術出版社，2002：18－32。

118. 王星榮·山西高平市良戶村玉墟觀及歌舞樓考述[J]·戲曲研究：第六十輯·北京：文化藝術出版社，2002：96－106。

119. 曹飛·山西上黨樂戶行業神略考[J]·戲曲研究：第六十輯·北京：文化藝術出版社，2002：107－116。

120. 喬健·底邊社會——一個對中國社會研究的新概念[J]·西北民族研究，2002，1：27－33。

121. 項陽·樂戶與宗教音樂的關係[J]·音樂藝術，2002，2：72－82。

122. 廖奔·社火與隊戲[J]·中華戲曲：第二十六輯·北京：文化藝術出版社，2002：1－11。

123. 王福才·高平炎帝陵及其行宮演奇樓考[J]·中華戲曲：第二十六輯·北京：文化藝術出版社，2002：98－110。

124. 楊孟衡·古賽贊詞考[J]·中華戲曲：第二十八輯·北京：文化藝術出版社，2003：263－316。

125. 閆鍾·雍正皇帝與樂戶[J]·山西大學學報，2003，1：82－86。

126. 劉文峰·試論戲曲多樣性的成因[J]·藝術百家，2003，1：4－9。

127. 王亮·晉東南明清迎神賽社祭儀及其音樂戲劇[J]·黃鍾，2003，3：46－49。

128. 張正明·明代及清初樂戶研究[J]·寒聲主編·黃河文化論壇：第十三輯·北京：中國戲劇出版社，2005：212－226。

129. 寒聲·北方「吟誦體」戲劇是宋雜劇遺響中國代言體戲劇的第一梯隊[J]·寒聲主編·黃河文化論壇：第九輯·北京：中國戲劇出版社，2003：207－232。

130. 劉永華·閩西四保地區所見五種祭文本[J]·華南研究資料中心通訊，

2003，33：15。

131. 劉永華·亦禮亦俗——晚清至民國閩西四保生的初步分析[J]·歷史人類學學刊，2004，2(2)：53－82。

132. 張豔琴·長子說書及其戲劇化傾向[J]·民俗曲藝：第 151 期·臺北：財團法人施合鄭民俗文化基金會，2006：31－96。

133. 高丙中·一座博物館——廟宇建築的民族志——論成為政治藝術的雙名制[J]·社會學研究·2006，1。

134. 一點說明[J]·中國儺戲學研究會通訊，2006，9。

135. 傅謹·祠堂與廟宇：民間演劇的空間闡釋[J]·民族藝術·2006，2：34－40，68。

136. 葉濤·論碧霞元君信仰的起源[J]·民俗研究·2007，3：194－201。

報紙類：

1. 李天生·弘揚傳統文化，挖掘文化遺產——我市積極研究整理賽社文化[N]·長治日報，1997.4.6，周末版。

2. 山西樂戶[N]·山西日報，2003.10.21。

3. 王春平·古劇遺響——上黨隊戲[N]·太原日報，2005.8.8。

4. 張文舉·即將失傳的民間社火文化[N]·山西晚報，2006.6.6(38)。

5. 史俊長·民情風俗演繹精魂神韻——我市國家級非物質文化遺產介紹·民間社火[N]·上黨晚報，2006.6.11(9)。

6. 崔燕·國際目光聚焦長治「原生態文化」——本報專訪市文化新聞出版管理局局長陳秀英[N]·上黨晚報，2006.7.9(3)。

7. 「山西長治賽社與樂戶文化國際學術研討會」即將開幕[N]·長治日報，2006.7.28(1)。

8. 賽社與樂戶文化國際學術研討會在我市開幕[N]·長治日報，2006.8.12(1)。

9. 長治賽社表演受到專家高度評價[N]·長治日報，2006.8.13(1)。

10. 楊亞娟·保護失落的民間文化——訪中國儺戲學研究會會長曲六乙·上黨晚報，2006.8.13(1)。

11. 民間社火迷倒中外學者：紛紛評價潞城賽社是「華北民間第一社火」[N]．上黨晚報，2006.8.15(1)。

12. 「山西長治賽社與樂戶文化」國際學術研討會圓滿結束[N]．長治日報，2006.8.17(1)。

13. 潞城賈村賽社風遠俗長[N]．太原晚報，2006.8.17(C38)。

14. 賈村賽社震驚中外賓客[N]．太原晚報，2006.8.17(C39)。

15. 嚴霞．長治賽社與樂戶──穿越時空的原味民俗[N]．生活晨報，2006.8.18。

16. 趙雪峰．鐘鼓琴瑟餘音繚繞，上黨八音傳承古今──上黨八音會、上黨樂戶概述[N]．山西日報，2005.8.19。

17. 王旭．聚焦「華北民間第一社火」[N]．中國文化報，2006.8.31。

18. 楊亞娟．追尋歷史的足音[N]．上黨晚報，2006.9.10。

19. 李曉芳．賽社見證非物質文化遺產[N]．山西日報，2006.9.12(C3)。

20. 周華斌．祭禮與戲劇──上黨賽社的文化啟示[N]．中國文化報，2006.9.14。

學位論文類：

1. 林立仁．明代嘉隆間戲曲三論[D]．臺灣輔仁大學博士論文．中國國家圖書館博士論文文庫藏，2003。

2. 閻鍾．樂戶：一個賤民群體的變遷[D]．北京大學博士論文．中國國家圖書館博士論文文庫藏，2003。

3. 戎龔婷．樂戶流變研究[D]．山西大學碩士論文．中國國家圖書館博士論文文庫藏，2004。

4. 白秀芹．迎神賽社與民間演劇[D]．中國藝術研究院博士論文．中國國家圖書館博士論文文庫藏，2004。

5. 吳凡．秩序空間中的儀式性樂班──陽高廟會中的陰陽與鼓匠[D]．中國藝術研究院博士論文．中國國家圖書館博士論文文庫藏，2006。

民間抄本類：

1. 轉賽書[M]·清咸豐十一年抄本·賈村杜同海提供。

2. 賽書[M]·清咸豐十一年抄本·賈村杜同海提供。

3. 排神簿，諸神位列[M]·清咸豐十一年抄本·賈村杜同海提供。

4. 排神簿[M]·清光緒八年抄本·賈村杜同海提供。

5. □景豐[M]·清宣統二年抄本·賈村杜同海提供。

6. 迎神賽社[M]·抄本年代不詳·賈村杜同海提供。

7. 堯王山大賽底[M]·清抄本·賈村杜同海提供。

音像資料類：

1. [上黨地區戲曲資料搜集][CD]·1985·山西省戲劇研究所提供。

2. [1996 碧霞宮四月會錄影][CD]·賈村杜同海藏。

3. [1997 碧霞宮仿古大賽錄影][CD]·賈村杜同海藏。

4. [1999 碧霞宮四月會錄影][CD]·賈村杜同海藏。

5. [2001 碧霞宮二月二香火會錄影][CD]·山西師大戲研所提供。

6. [潞城市文物旅遊發展中心民間賽社文化研究會、潞城市文物旅遊發展中心賈村文物保護站、長治學院賽社文化賈村研究基地掛牌儀式][CD]·2004.5.21·賈村杜同海藏。

7. [賈村皇杠鑾駕參加中央電視臺春節特別節目《一年又一年》表演][CD]·2005.1.14·賈村杜同海藏。

8. [長治廣電總臺綜藝星空錄製賈村年俗][CD]·2005.2.1·賈村杜同海藏。

9. [賈村鑾駕皇杠參加潞城市元宵節][CD]·2005.2.22·賈村杜同海藏。

10. [賈村賽社研究會成立一周年研討會][CD]·2005.5.11·賈村杜同海藏。

11. [隊戲《八仙慶壽》《斬華雄》參加中央電視臺《走遍中國·魅力長治》節目演出][CD]·2005.7.22·賈村杜同海藏。

12. [中國儺戲學研究會赴賈村考察][CD]·2005.11.16·賈村杜同海藏。

13. [2006 年碧霞宮四月會花祭製作過程][CD]·賈村杜同海藏。

14. [2006 年碧霞宮四月會預演準備工作][CD]·賈村杜同海藏。

15. [曲六乙看賈村排練：賈村 8 月會賽前準備及各部準備方案][CD]·

2006.7.25 · 賈村杜同海藏。

16. [曲六乙與翟店鎮鎮長張潞萍商談][CD] · 2006.7.25 · 賈村杜同海藏。

賽社檔案類：

1. 《潞城市崇道鄉南賈村碧霞宮農曆四月初四古廟會簡介》[Z] · 賈村杜同海提供。

2. 《九七年四月會大賽情況》[Z] · 賈村杜同海提供。

3. [賈村村委會向長治文化局請求舉辦四月四賽會的信][Z] · 1997.3.27 · 賈村杜同海提供。

4. [李天生給賈村村委會的信][Z] · 1997.4.3 · 賈村杜同海提供。

5. [市文化局給賈村村委會的信][Z] · 1997.5.4 · 賈村杜同海提供。

6. 《九七年四月會大賽安全措施》[Z] · 賈村杜同海提供。

7. [曹培林給杜同海的書畫][Z] · 賈村杜同海提供。

8. 《集資修廟倡議書》[Z] · 2001.4.25 · 賈村杜同海提供。

9. [1997 年仿古大賽收支][Z] · 賈村杜同海提供。

10. [2006 年四月四預演支出][Z] · 賈村杜同海提供。

11. 《張枝群老先生簡介》[Z] · 賈村張枝群祠內擺放。

12. 《賽社文化研究會會員宗旨》[Z] · 賈村碧霞宮內張貼。

13. 《「山西長治賽社與樂戶文化國際學術研討會」會前賽社活動觀摩及大會籌備紀要》[Z] · 2006.5.3 · 中國儺戲學研究會提供。

14. 《賽社與樂戶文化國際研討會會談紀要》[Z] · 2006.5.15 · 中國儺戲學研究會提供。

15. 《長治市人民政府辦公廳關於舉辦賽社與樂戶文化國際學術研討會有關事宜的通知》[Z] · 2006.4.7 · 中國儺戲學研究會提供。

16. [曹培林給宋枝群的信][Z] · 賈村宋紅日提供。

17. [壺關沙窟村牛姓樂戶四代譜系][Z] · 壺關牛琦雲提供。

會議論文類：

1. 山西區域社會史研討會論文集[C] · 山西太原，2003。

2. 朱萬曙編・戲曲・民俗・徽文化論集[C]・合肥：安徽大學出版社，2004。

3. 鄉民藝術與近現代華北社會學術研討會論文集[C]・山東濟南，2006。

4. 麻國鈞、劉禎主編・賽社與樂戶論集：山西長治賽社與樂戶文化國際學術研討會論文集[C]・北京：中國戲刻出版社，2006。

網路資源類：

1. 賈村村情簡介[OL]・翟店鎮人民政府網：
http://www.lc.gov.cn/zaidian/zd/cqjj4.htm。

2. 李培林・村落進入和研究方法[OL]。
http://www.cass.net.cn/file/2004071515402.html。

3. 李強・韋伯、希爾斯與卡理斯瑪式權威[OL]。
http://www.bdstar.org/Article/ShowArticle.asp?ArticleID=3696。

4. 聯合國・人類口頭和非物質遺產代表作申報書編寫指南[OL]・中國文化報文化傳播網・
http://www.ccdy.cn/pubnews/493845/20060614/493847.htm。

5. 烏丙安・民俗文化空間：非物質文化遺產保護的重中之重[OL]。
http://discovery.cctv.com/special/C17729/20070216/103563.shtml。

6. 田兆元・上海地區殘廟信仰個案及其意義[OL]・民間文化青年論壇・
http://www.pkucn.com/chenyc/thread.php?tid=7827。

國家圖書館出版品預行編目資料

民間信仰的社會互動——
山西賈村賽社及其戲劇活動

王學鋒著. – 初版. – 臺北市：臺灣學生，2012.02
面；公分

ISBN 978-957-15-1538-0 (平裝)

1. 民間信仰 2. 民俗活動 3. 社會互動 4. 歷史
5. 山西省潞城市賈村

671.49/151.4   100015586

民間信仰的社會互動——
山西賈村賽社及其戲劇活動（全一冊）

著　作　者：王　　　　學　　　　鋒
出　版　者：臺　灣　學　生　書　局　有　限　公　司
發　行　人：楊　　　　雲　　　　龍
發　行　所：臺　灣　學　生　書　局　有　限　公　司
　　　　　　臺北市和平東路一段七十五巷十一號
　　　　　　郵 政 劃 撥 帳 號：0 0 0 2 4 6 6 8
　　　　　　電　話：(0 2) 2 3 9 2 8 1 8 5
　　　　　　傳　眞：(0 2) 2 3 9 2 8 1 0 5
　　　　　　E-mail：student.book@msa.hinet.net
　　　　　　http：//www.studentbook.com.tw
本 書 局 登
記 證 字 號：行政院新聞局局版北市業字第玖捌壹號
印　刷　所：長　欣　印　刷　企　業　社
　　　　　　新北市中和區永和路三六三巷四二號
　　　　　　電　話：(0 2) 2 2 2 6 8 8 5 3

定價：新臺幣四二○元

西 元 二 ○ 一 二 年 二 月 初 版

臺灣 學生書局 出版

文獻學研究叢刊